Frauen unterwegs

10 bewegende Geschichten über Mut, Abenteuer und das Glück des Wanderns

Herausgegeben von

Laura Pfaffenbach

www.pfade-finden.de

Frauen unterwegs
Herausgegeben von Laura Pfaffenbach

ISBN Print:978-3-9822-9990-7
ISBN eBook: 978-3-9822-9991-4

Lektorat: Romy Schneider www.kopfreisen-lektorat.de
Umschlaggestaltung, Satz & Layout: Laura Pfaffenbach
www.laurapfaffenbach.de
Cover Illustration: Melanie Danner

Für Fragen und Anregungen:
info@pfade-finden.de
www.pfade-finden.de
www.instagram.com/pfadefinden

Gehe einmal im Jahr irgendwohin,
wo du noch nie warst.

Dalai Lama

INHALTSVERZEICHNIS

Vom Unterwegssein – ein Vorwort

Laut Duden bedeutet „unterwegs sein“ auf Reisen sein. Dabei weckt „unterwegs sein“ sicherlich viele weitere Assoziationen. So können wir beim Reisen mit verschiedenen Vehikeln unterwegs sein, doch auch bei unserer schulischen Laufbahn oder in der Karriere sind wir unterwegs. Dabei geht es immer darum, von A nach B zu kommen. Wir gehen in die Schule, um zu studieren. Wir studieren, um zu arbeiten. Wir arbeiten, um befördert zu werden. Bis hin zur Rente und nehmen uns kaum eine Auszeit, damit wir möglichst viel Geld verdienen, um uns materielle Dinge, die uns vermeidlich glücklich machen, zu leisten.

Wenn wir Menschen im Sterbebett fragen würden, ob es im Leben ums Ankommen geht, dann würden diese uns sicherlich eines Besseren belehren. Im Leben geht es darum, unterwegs zu sein und dabei den Weg als Ziel zu sehen. Mutig zu sein, Erfahrungen zu machen und das eigene Leben mit Leben zu füllen. Seit dem Moment, als wir aus Liebe entstanden sind, entdecken wir Neues und Unbekanntes. Gerade als Kinder sind wir unglaublich neugierig und erkunden die Welt mit all unseren Sinnen. – Wir springen in Pfützen, naschen an Gänseblümchen, umarmen Bäume oder fallen in den Dreck, amüsieren uns darüber, wischen uns die Träne weg, stehen auf und machen weiter. Wir sind neugierig, urteilsfrei und haben eine kindliche Leichtigkeit, die mit steigendem Alter immer mehr verloren geht.

Mit meinem Eintritt in die Roverrunde bei den Pfadfindern hatte ich 2007 zum ersten Mal Berührungspunkte mit dem Begriff „unterwegs sein“. „Unterwegs sein“ ist nämlich das Motto der 15-20-jährigen der *DPSG Pfadfinder*. Gerade in dieser Altersspanne sind Jugendliche nicht nur unterwegs zu verschiedenen Orten, sondern vor allem auch unterwegs zum Erwachsenwerden und zu sich selbst. Gerade hier ist es unglaublich spannend anzusetzen, um die kindliche Neugierde weiter aufrechtzuerhalten.

In meinen Augen endet das Unterwegssein aber nicht mit dem Erwachsensein, da wir jeden Tag neue Erfahrungen machen und uns weiterentwickeln. Es kommt vielmehr darauf an, welche Beachtung wir dem Unterwegssein geben. Unterwegs sein bedeutet „in Bewegung sein", also aktiv sein, lebendig sein und damit auch in der Bewegung ich selbst sein. Genau das ist es, was ich seit meinem Rover-Sein und weit darüber hinaus auf der Reise meines Lebens erfahren durfte. Herausfinden, wer ich bin. Herausfinden, was meine Fähigkeiten, Stärken, Schwächen und Bedürfnisse sind. Herausfinden, was mich beflügelt und welche unglaubliche Kraft in mir steckt.

Im Alltagstrott – getrieben vom Ankommen und Höher-Schneller-Weiter – vergessen wir manchmal, wer wir sind und welche Kraft wir haben. Die verschiedenen Rollen – als Tochter, Freundin, Arbeitskollegin, Mutter, Unternehmerin usw. – bringen unterschiedliche Verantwortungen mit sich. Gefühlt rennen wir von einer zur nächsten Verpflichtung und stellen uns selbst dabei oft ganz hinten an, was bei einem vollen Tagesablauf schon mal hinten runterfallen kann. Aber was soll's, morgen ist ja ein neuer Tag, vielleicht dann. So vergehen Tage, Monate, Jahre und schwups erinnert uns vielleicht ein Schicksalsschlag an all die Träume, die wir noch haben und dann vielleicht aus gesundheitlichen Gründen nicht mehr erleben können.

Doch warum und worauf warten?

Die folgenden 10 Geschichten sollen ein Beispiel dafür sein, welche Wunder das Unterwegssein bringt. Welches persönliche Wachstum entsteht, wenn der Mut gefasst wird, das Unbekannte zu entdecken.

Die Natur ist ein Ort voller Möglichkeiten. Hier können wir alle Masken und Verpflichtungen für einen Moment ablegen. Hier können wir ganz wir selbst sein und uns mit uns und unserem Ursprung verbinden. Hier können wir Abenteuer erleben, über uns hinauswachsen und Geschichten schreiben.

Ich bin davon überzeugt, dass wir am Ende unseres Lebens genau von diesen Erfahrungen erzählen werden. Von den Momenten, wo wir „unterwegs waren“: Wo wir von Plänen abgewichen sind, weil wir auf unser Bauchgefühl gehört haben. Wo wir völlig erschöpft am Gipfel standen und eine tiefste Dankbarkeit uns durchflutet hat. Momente, in denen wir in die Knie gezwungen wurden und aufgeben mussten, weil die Natur uns etwas lehren wollte. Wo wir an uns geglaubt und Unmögliches möglich gemacht haben. Wo wir gelernt haben, dass es nicht viel braucht, um glücklich zu sein – lediglich ein paar Wanderschuhe und den Entschluss, sich auf den Weg zu machen.

Genau deshalb ist das Unterwegssein zu Fuß eine der schönsten Arten, um sich selbst eine Auszeit zu schenken.

Dieses Buch soll dich inspirieren, mehr (R)Auszeiten in dein Leben zu integrieren und dein Leben zu einem bunten Abenteuer zu machen. Ich wünsche dir viel Freude beim Lesen und hoffe, dass das Glück des Wanderns überspringt und auch deine Seele beflügelt.

Lust auf ein gemeinsames Abenteuer & Naturerlebnis?

Besuche www.pfade-finden.de

und @pfadefinden

Ich freue mich auf dich!

Deine Laura

Elfen, Trolle und Naturwunder

Pfade Finden Coaching-Reise
Island, August 2019

von Laura Pfaffenbach

Mit 44 Kilo schwerem Gepäck stehe ich nun also am Flughafen von Reykjavík. Noch nie bin ich mit so viel Gewicht verreist, wobei ich schon auf so einige Reisen mit einem Lächeln im Gesicht zurückblicken darf. Bereits in meiner Kindheit bin ich mit meinen Eltern viel unterwegs gewesen – Campervan-Urlaube in Spanien, mit Zelt in Kroatien oder auch der Besuch der Tante in den USA. Mit 19 Jahren hat mich das Reisefieber endgültig gepackt, als ich mich für ein Jahr auf Weltreise begeben habe. Seitdem gibt es für mich nichts Schöneres, als unterwegs zu sein: Semesterferien in Norwegen, Auslandssemester in Thailand, Seminare in London, Yogaausbildung auf Bali, Workation in Portugal oder eben eine Coaching-Reise nach Island.

Doch warum um alles in der Welt nimmt man ein 44 Kilo schweres Gepäck mit auf eine Reise? Ja, das frage ich mich aktuell auch. Denn mit zwei Rucksäcken und zwei Taschen ist es wirklich ein anstrengendes Prozedere am Flughafen. Zum Glück gibt es kostenlose Gepäckwagen und nette Busfahrer. Ohne zu fragen, was ich mit all dem Kram vorhabe, hilft mir der Busfahrer, die Taschen in den Bus zu hieven. Ziel ist das *Reykjavík City Hostel*, das zum internationalen Jugendherbergsverband gehört und direkt am Laugardalur Park liegt.

In den Taschen befinden sich, neben meinem eigenen Outdoor-Equipment, drei Zelte, 50 Tüten Trekkingnahrung, mehrere Tütensuppen und 50 einzeln, von Hand verschweißte Frühstückstüten mit einer Mischung aus Haferflocken, Couscous, Nüssen, Zucker, Zimt und Cranberrys. Alles, was wir für die anstehende Coaching-Reise durch Island brauchen werden.

Nachdem die 44 Kilo im Mehrbettzimmer so einigermaßen gut verstaut sind, muss ich mich erst mal ins Bett fallen lassen, um zu verstehen, was hier gerade passiert. Da bin ich nun: In Island – im Land der Kontraste. Bereits der Anflug war spektakulär. Aus dem Fenster konnte ich schon die ersten heißen Quellen und Geysiere (Wasserfontänen, die in unregelmäßigen Abständen aus dem Boden schießen), die schroffen Felsen und das karge Land der Insel, die weltweit für ihr Feuer und Eis bekannt ist, bewundern. Hier wird sie also in wenigen Tagen starten: Die erste ausgebuchte *Pfade Finden* Coaching-Reise.

Die Idee von *Pfade Finden* und dem Angebot von Coaching-Reisen kam mir ein knappes Jahr zuvor – während meiner Coaching-Weiterbildung. In einer Visualisierungsübung hatte ich das Bild vor meinem inneren Auge, wie ich mit Rucksack und Wanderschuhen mit einer Gruppe durch die Prärie ziehe und wir gemeinsam an Grenzen stoßen, mutig sind und uns selbst finden.

Es hieß, du darfst groß träumen.
Es hieß, es gibt keine Grenzen.
Es hieß, alles ist möglich.

Und auch, wenn ich in den Monaten zuvor vieles über die Macht der Gedanken gelesen hatte, war das für mich noch nicht greifbar. So heißt es beispielsweise, dass das Gehirn nicht zwischen tatsächlicher und ausgedachter Realität unterscheiden und jeder mit ein bisschen Übung und mentaler Vorstellungskraft alles in seine Wirklichkeit ziehen kann. Klingt im ersten Moment vielleicht etwas fragwürdig. Doch jetzt, wo ich hier in meinem Hostelbett in Reykjavík liege und in wenigen Tagen genau diese Vorstellung, eine Gruppe von Frauen durch die Natur Islands zu führen, Realität wird, kann ich schon eher behaupten: Da scheint was Wahres dran zu sein!

Ich kann es kaum erwarten, die Stadt zu erkunden. Außerdem gibt es noch einige Dinge zu erledigen, bevor es losgehen kann. Zunächst muss ich den Brennstoff für unseren Multifuel-Kocher besorgen – und wer weiß, vielleicht finde ich ja einen Elfen oder Troll auf dem Weg. In Island gibt es nämlich bis heute noch die Vermutung, dass Trolle und Elfen existieren. Deshalb gibt es auch einen offiziellen Elfenbeauftragten, der bei Baugenehmigungen prüfen muss, ob Kulturgut geschädigt und Trolle und Elfen gestört werden. Kein Witz, das ist nur einer der vielen Fun-Facts, die ich über Island bei meiner Reisevorbereitung herausgefunden habe.

Die Stadt ist in Regenbogenfarben gehüllt. In diesem Jahr ist das 20-jährige Jubiläum des *Pride Days* – der weltweite Gedenktag für die Schwulen- und Lesbenbewegung – in Reykjavík, deshalb wird ganze zehn Tage lang gefeiert. Am Samstag, wenn unsere Tour losgeht, findet eine große Parade und ein Outdoor-Festival statt. Etwas schade, dass wir da schon in ganz anderen Welten sein werden.

Das Auffinden des Brennstoffs ist ein leichtes Spiel. In der Stadt gibt es zahlreiche Outdoorläden – liegt wahrscheinlich daran, dass der Tourismus in Island boomt. Die Popularität des Landes ist seit der Fußball-EM 2016, durch spektakuläre Filmszenen bei *Game of Thrones* und *Star Wars*, die dort gedreht wurden, oder auch durch Musikvideos von Musik-Ikonen wie Justin Bieber mehr und mehr gestiegen. Die Touristenzahlen sind sogar regelrecht explodiert. 2018 kamen 2,34 Millionen Touristen, das ist mehr als das Sechsfache der Bevölkerung des Landes. Gerade auf der Ringstraße und an den Hauptattraktionen in Reykjavík ist die Überfüllung der Insel deutlich zu spüren. Es wird davon gesprochen, eine Regulierung einzuführen und nur noch eine bestimmte Anzahl von Touristen in das Land zu lassen, da der Tourismus Spuren hinterlässt. Trotz Verbote werden Absperrungen übertreten und Wege verlassen, um Fotos zu machen. Sogar Gegenstände werden mitgenommen. Das ist oftmals nicht nur respektlos, sondern schadet vor allem auch der Natur und bringt das sensible Ökosystem der Insel aus dem Gleichgewicht. Das isländische Moos beispielsweise ist sehr empfindlich und benötigt Hunderte von Jahren, bis es nachwächst oder sich erholt. Deshalb ist im Hochland auch das Wildcampen strengstens verboten. Weshalb wir während unserer Tour die Campingplätze der gut organisierten *Iceland Touring Association* ansteuern.

Unbedingt zu berücksichtigen ist auch das Wetter in Island, denn es ist unberechenbar. Plötzlich auftretende Schneestürme können bei fehlender Erfahrung zu Orientierungslosigkeit und fatalen Fehlern führen. Deshalb sind Wanderungen in Island immer mit einem hohen Risiko verbunden. Auch, wenn wir mit Kompass, Karten und zusätzlichem GPS-Gerät ausgestattet sind und ich durch meine jahrelange Tätigkeit als Pfadfinderin eine gewisse Expertise habe, werde ich unsere geplante Tour bei *Savetravel.is* anmelden. Sicher ist sicher. Denn genau solche Themen dürfen nicht unterschätzt werden – egal welches Erfahrungslevel mitgebracht wird.

Bevor es zurück ins Hostel geht, muss ich noch zum Supermarkt. Frische Äpfel, Müsliriegel und Schokolade dürfen bei der Tour nicht fehlen. Und weil Klaudia gleich ankommen wird, brauche ich zusätzlich noch ein kleines Willkommensgeschenk. Klaudia war von der ersten Minute an Fan von *Pfade Finden*. Eigentlich war sie sogar bei der Geburt des Projekts dabei. Im September 2018 waren wir gemeinsam mit unserer Mastermind bei einer Workation in Portugal.

Eine „Mastermind" ist eine kleine Gruppe gleichgesinnter Menschen, die selbstständig sind und sich in regelmäßigen Abständen treffen, um für ihre aktuell größten Herausforderungen Feedback und Lösungsvorschläge zu bekommen. „Workation" ist eine Kombination aus „Work" und „Vacation", also Urlaub und Arbeiten. Gemeinsam eine Unterkunft anmieten, an den eigenen Projekten arbeiten, gemeinsam brainstormen, aber eben auch nicht nur arbeiten, sondern auch die Zeit zusammen in der neuen Umgebung genießen.

„Mastermind“ und „Workation“, Begriffe, die mir zwei Jahre zuvor noch nichts gesagt haben. Zwei Jahre zuvor sah mein Leben noch deutlich anders aus. Normal – würde ich rückblickend sagen. Ich war in einem 40 Stunden Bürojob angestellt, habe zweimal die Woche Sport gemacht, mich mit Freunden zum Feiern verabredet und von Wochenende zu Wochenende gelebt. Montag war jede Woche aufs Neue eine Überwindung. Mittwochs haben wir Bergfest gefeiert. Und Freitag haben wir liebevoll „Freutag“ genannt, weil wir dem kommenden Wochenende entgegengefiebert haben. Mein Job war sehr interessant und ich durfte spannende Konzepte für die größten Automobilhersteller erstellen. Ich hatte tolle Kollegen und eine herzliche Chefin. Nach meinem Praktikum, das ich zunächst absolviert hatte, wurde ich wunderbar in der Agentur aufgenommen, was mir den Start in die Berufswelt nach meinen vielen Reisen und dem gefühlten Abschied von diesen leichter gemacht hat.

Doch so schön alles war, kann ich mich noch genau an diesen Moment im September 2017 am Frankfurter Flughafen erinnern: Lisa, die ich 2010 in Südafrika kennengelernt habe, war auf dem Weg nach Myanmar. Weil wir uns schon lange nicht mehr gesehen hatten, trafen wir uns auf eine Tasse Kaffee in der Besucherhalle. Und zu gerne wäre ich anschließend mit ihr in den Flieger gestiegen, aber ich musste zurück zur Arbeit.

Zwischen Lisa und mir ist seit unserem Kennenlernen eine besondere Freundschaft gewachsen. Insbesondere unsere Zeit in Uganda und das Slumkids-Projekt *Hope4Katanga Kids*, das wir seit 2016 unterstützen und an das *Pfade Finden* auch jährlich einen Teil des Gewinns spendet, hat uns zusammengeschweißt.

Kurz bevor Lisa dann durch die Sicherheitskontrolle am Frankfurter Flughafen lief, meinte sie mit ernster Stimme zu mir: „Du hast dich verändert Laura.“

Ihre Worte haben mich sehr getroffen. Auch, wenn ich es anfangs nicht wahrhaben wollte, wusste ich genau, was sie meinte. Der Bürojob hatte mich verändert. Zwar habe ich jede Woche etwas Neues gelernt, aber der Job hat mir meine Abenteuerlust und das Funkeln in den Augen genommen. Mein Leben ist eintönig, vorhersehbar und fremdbestimmt geworden. Es ist nur so an meinem hart erkämpften Fensterplatz vorbeigezogen. Ich habe ständig die Bedürfnisse von anderen erfüllt und mich dabei immer hintenangestellt. Dieser innere Kampf hat mich zerrissen und tagein, tagaus erschöpft ins Bett fallen lassen. Es war höchste Zeit für eine Auszeit und ein Abenteuer, um mich und mein Leben mal wieder zu spüren. Um herauszufinden, was passiert ist. Und um das Funkeln in meinen Augen wieder zu entfachen.

Ich entschied mich damals, Lisa in Myanmar zu besuchen. Blöd nur, dass der Jahresurlaub schon ausgeschöpft war. Und so kam es schneller als erwartet, dass die Kündigung auf dem Tisch meiner Chefin lag und ich ein Jahr, nachdem Lisa diese vier Worte zu mir gesagt hatte, selbst dort am Flughafen stand und ein völlig neues Kapitel in meinem Leben begann.

Da war sie wieder, die Abenteuerlust und Vorfreude, gepaart mit Unsicherheit, Angst und Respekt. Ein Gefühlscocktail, der mir immer wieder aufs Neue bewusst macht, dass ich am Leben bin.

Klaudia hat ihr Leben ebenfalls ziemlich auf den Kopf gestellt und ist eine der taffsten Frauen, die ich kenne. Die optimale Partnerin an meiner Seite, um diesen verrückten Traum der Coaching-Reise in Island zu verwirklichen.

Mit einem breiten Grinsen fallen wir uns in die Arme. Auf meine Frage, ob wir bereit sind, sagt sie nur: „Ich denke schon.“

Tag 1 – Wenn Fremde zusammenkommen und ein gemeinsames Ziel haben

Heute ist der 17. August 2019, die Nacht im Hostel war kurz, da wir uns schon um 06:45 Uhr an der vereinbarten Bushaltestelle in Reykjavík treffen. Die Aufregung ist groß, gleich werden die Teilnehmerinnen das erste Mal aufeinandertreffen. Vier Stunden dauert die Busfahrt bis zum Landmannalaugar, unserem Wanderstartpunkt. Genügend Zeit, um sich mit den Mitreisenden vertraut zu machen. Schon spannend, oder?

Und hier sitzen wir nun: Zehn fremde Frauen von Anfang 20 bis Mitte 40. Frauen, die nur hier sind, weil ich den Mut hatte, *Pfade Finden* ins Leben zu rufen und meiner Mission, die Welt abenteuerreicher und naturverbundener zu machen, gefolgt bin. Wenn ich genauer darüber nachdenke, macht es mich sprachlos. Doch wir sind nicht ohne Grund hier. Wir haben alle ein gemeinsames Ziel: Ein unvergessliches Abenteuer in Island erleben. Wir werden an Grenzen stoßen und uns selbst dadurch besser kennenlernen. Genau das ist es, was uns verbindet, was aus Fremden Weggefährtinnen macht und was uns die nächsten Tage, wenn die Kräfte schwinden werden, antreiben wird.

Bereits die Anfahrt zum Landmannalaugar ist spektakulär. Die unter Naturschutz stehende Gegend, nahe dem Hekla-Vulkan im Südwesten von Island, gilt als eine der schönsten und beeindruckendsten der Insel. Wir fahren vorbei an Wasserfällen und grün-schwarzen Lavafeldern, alles einzigartige Panoramen. Die Straßen hier sind nur in den Sommermonaten geöffnet – und das auch nur für 4x4-Fahrzeuge. Warum das so ist, wird mir schon nach wenigen Metern abseits der geteerten Ringstraße klar: Schotterstraße, Schlaglöcher und Flussquerungen fordern 100% Konzentration unseres Busfahrers.

Am Landmannalaugar, was übersetzt „die warmen Quellen der Leute von Land(sveit)“ bedeutet, heißen uns die Naturgewalten willkommen. Ein kalter, kräftiger Wind bläst uns um die Ohren und lässt uns realisieren: Wir sind in Island.

Nachdem die Gruppe angemeldet ist, heißt es: Zeltbuddy finden. Mit diesem wird die nächsten fünf Nächte die Privatsphäre auf wenigen Quadratmetern geteilt. Auch wenn sie es sich nicht anmerken lassen, geht der ein oder anderen Teilnehmerin sicherlich ein unwohler Gedanke durch den Kopf.

Als die Zelte aufgestellt und eingerichtet sind, treffen wir uns in einem großen Mannschaftszelt, das von der *Iceland Touring Association* zum Schutz aufgestellt wurde. Hier können wir uns aufwärmen und ohne Wind über den Couscous-Salat, unserem ersten gemeinsamen Essen auf dieser Reise, hermachen.

Die Stimmung ist gut. Es wird gelacht und die Gruppe lernt sich mehr und mehr kennen. Doch auch die ersten Sorgen kommen hoch: So wundert sich Janin, ob ihr Schlafsack wohl dick genug ist. Auch Maria macht sich Gedanken darüber, ob es nachts nicht zu kalt werden wird.

Das Thema Unterkühlung ist nicht zu unterschätzen und selbst in unseren Breitengraden Notfallgrund Nummer 1. Genau deshalb haben wir auch in der Vorbereitung viel über die Wichtigkeit von Funktionskleidung, Merinowolle, dem Zwiebelprinzip oder auch einem guten Schlafsack gesprochen. Für den Fall der Fälle habe ich noch zwei Notfall-Biwaksäcke und jede Menge Rettungsdecken dabei.

Bevor wir es uns zu gemütlich machen, aktiviere ich die Mädels: „Habt ihr Lust, die Gegend zu erkunden? Na kommt schon, los geht’s!“

Wir packen uns dick ein und machen uns auf den Weg.

„Sammelt alle Naturmaterialien, die euch gerade ansprechen“, gebe ich als Aufgabe mit.

Fragende Blicke.

„Einfach mal machen“, sage ich.

Nach den ersten Metern auf dem Laugavegur Wanderweg erkläre ich die Übung weiter: „Es geht darum, deine aktuelle Situation in einem Bild darzustellen. Wo stehst du gerade im Leben? Warum bist du hier? Welches Thema beschäftigt dich? Lass deiner Kreativität freien Lauf. Es gibt kein Richtig und Falsch. Die Natur wird dir die richtigen Hinweise geben, was zu deiner aktuellen Situation im Leben passt und warum du hier bist.“

Stirnrunzeln und ein paar Rückfragen. Als klar ist, was zu tun ist, verteilen sich alle und beginnen, Steine, Blätter, Stöcke und viele weitere kleine und große Naturschätze zu sammeln und in ein Bild zu legen. Jedes Bild ist einzigartig.

„Wer möchte, kann uns nun etwas über sein Bild erzählen“, sage ich, als wir uns nach einiger Zeit wieder sammeln.

Kurzes Zögern, bis die Erste anfängt zu erklären, warum sie was gesammelt und welche Bedeutung und Übertragung es auf ihr Leben hat.

„Möchtest du Feedback von uns haben?“, frage ich und beginne bei Zustimmung, das Bild aus meiner Sicht zu interpretieren.

„Stell dich mal auf die gegenüberliegende Seite, was macht das Bild jetzt mit dir? Stört dich was an deinem Bild? Nimm es mal weg. Wie geht es dir damit?“

Und so steigen wir schon voll ins Natur-Coaching ein. Die Landart-Übung ist eins meiner Lieblingstools, da hier schon sehr viel Reflexionsarbeit stattfindet und auch das Mitgefühl und Vertrauen in der Gruppe gestärkt werden.

Das Hochland von Island, und gerade die Region von Landmannalaugar, ist eine riesige geothermische Oase. Nur wenige Meter von unseren Zelten entfernt, befindet sich eine heiße Quelle. Genau das Richtige, um die ausgekühlten Knochen aufzuwärmen und die Muskeln vor der 55 Kilometer langen Wanderung nochmals zu entspannen. Badewannenwarmes Wasser – einfach nur herrlich.

Auch wenn wir heute kaum gewandert sind, war es dennoch ein anstrengender Tag. Deshalb sind wir auch schon früh im Zelt. Gerade in der ersten Nacht braucht man meistens ein wenig mehr Zeit, bis man sich organisiert hat.

„Wie fandest du den ersten Tag?", frage ich Klaudia.

„Aufregend", antwortet sie, „spannende Gruppe – jeder ganz auf seine eigene Art besonders."

„Absolut", entgegne ich ihr.

Und so tauschen wir uns noch etwas über die Teilnehmerinnen aus und gehen gemeinsam das Programm und die Strecke des nächsten Tages durch.

Als wir das Licht unserer Taschenlampen löschen, habe ich nur einen Gedanken im Kopf: Unfassbar, dass wir tatsächlich hier sind und morgen die Wanderung im Herzen Islands losgeht.

Tag 2 – Wir brechen auf (Landmannalaugar bis Hrafntinnusker: 12 km)

Der Tag startet um sieben Uhr. Entgegen meiner Erwartungen sind bei meinem Weckrundgang schon alle wach. Die erste Nacht bei Temperaturen, die an den Gefrierpunkt rangehen, ist etwas Besonderes. Ich blicke in müde und verfrorene Gesichter. Doch kurze Zeit später im Gemeinschaftszelt, bei warmem Tee, Kaffee und Porridge, werden die ersten Zeltgeschichten, die sich in der letzten Nacht auf den knapp zwei Quadratmetern abgespielt haben, ausgetauscht.

Nach dem Frühstück geht's ans Packen. Heute sind Klaudia und ich noch gefragt und können nützliche Tipps beim Organisieren der Rucksäcke geben: Regenjacke, Müsliriegel und Traubenzucker immer griffbereit verstauen; schwere Sachen an den Rücken und tendenziell eher nach oben packen; schauen, dass nichts am Rucksack baumelt; das Auffüllen der Trinkflaschen nicht vergessen usw. Den Regenschutz machen wir lieber schon mal um die Rucksäcke, denn das Wetter scheint recht durchwachsen zu sein.

Wir sammeln uns vor der Island-Flagge und ich beginne mit meiner kleinen Motivationsrede: „Ein spannender Tag wartet heute auf uns, voller Abenteuer und eindrucksvoller Landschaftsbilder. Bis zu unserem Schlafplatz, der auf 1.075 Höhenmetern liegt, sind es 12 Kilometer. Wir werden heute also auch ein paar Berge erklimmen und sicherlich hier schon an die ersten Grenzen stoßen. Deshalb macht euch gerade auf den ersten Metern nochmal bewusst, warum ihr hier seid. Das wird euch helfen in den Momenten, wenn es anstrengend wird. Und keine Sorge, wir schaffen das!“

Und so starten wir unsere Wanderung mit einem lauten und dreifachen: „Pfade – Finden, Pfade – Finden, Pfade – Finden!“

Auf den ersten Metern begrüßen uns ein paar Schafe und andere Wanderer. Der Laugavegur Wanderweg ist sehr beliebt und deshalb in der Hochsaison stark frequentiert. Meine Empfehlung ist, ihn in der Randsaison zu begehen, auch wenn in dieser Zeit das Wetter unbeständiger ist. Eine gute Planung, Flexibilität und ein wenig Glück werden letztlich entscheiden, wie deine Tour verlaufen wird.

Zunächst führt uns der Weg durch das Lavafeld Laugahraun – eine recht karge Landschaft, die an eine Mondlandschaft erinnert. Doch dieses Bild bleibt nicht lange bestehen. Die Farben verändern sich und werden intensiver. Die Berge leuchten in unterschiedlichen Tönen: rot, orange, schwarz, braun, grün. Eine Wahnsinnskulisse. Das Grün kommt vom Moos, das Schwarz vom Lavastein und das Rot vom Rhylitgestein, das ebenfalls eine vulkanische Gesteinsart ist, die in ihrer Zusammensetzung einem Granit entspricht. Gerade der Brennisteinsalda – der auch als „Regenbogenvulkan“ bezeichnet wird – ist durch die Kombination aus Schwefel, dem Pflanzenleben und dem roten Eisen spektakulär gefärbt. Er zählt deshalb zu den schönsten Vulkanen der Welt.

Wir kommen ins Schwitzen. Der Steilhang bringt uns körperlich bereits jetzt schon an die Grenzen – die einen mehr, die anderen weniger. Die Gruppe spaltet sich. Ein erstes Murren ist zu hören. Nun ist Mentaltraining gefragt.

Was sagst du dir selbst in diesen Situationen, in denen du nicht mehr kannst? Welche Worte werden laut? Schaffst du es, dich selbst zu motivieren, durchzuhalten und weiterzumachen?

Aufgeben ist keine Option, deshalb sind wir nicht hier. Dennoch ist es unglaublich herausfordernd, ruhig und konzentriert zu bleiben und Schritt für Schritt diesen Berg zu erklimmen.

Auch im Alltag haben wir immer wieder diese Berge, die an unseren Kräften zerren. Genau dann kann die Erfahrung von einer Wanderung helfen, um fokussiert zu bleiben und den Glauben an sich selbst nicht zu verlieren.

In solchen Momenten liebe ich meinen Job als Outdoor-Coach. Genau hier setzen wir an, um blockierende Glaubenssätze aufzulösen und Emotionen freizusetzen. Genau in solchen Momenten können wir die innere Antriebskraft aktivieren.

Ich muss grinsen, als ich dem Gespräch von Andrea und Janin lausche: „Ich bin eine weiße Massai", sagt Andrea.

Dieses Mantra hat ihr schon bei der ein oder anderen Bergtour einiges an Konzentration und Durchhaltevermögen gegeben. Janin ist skeptisch, probiert es aber aus. Und siehe da, es hilft. Zumindest sieht es von außen betrachtet so aus.

Die gegenseitige Motivation in der Gruppe bestärkt weiterhin, nicht aufzugeben. Gerade in einer reinen Frauengruppe besteht mehr Mitgefühl als Konkurrenzkampf. Wenn wir in die Coaching-Themen eintauchen, habe ich die Erfahrung gemacht, dass in reinen Frauengruppen sehr schnell ein sehr vertrauter Rahmen entsteht.

Für unsere Mittagspause suchen wir uns einen windgeschützten Ort inmitten von kleineren Schneefeldern. Wir lassen uns auf ein paar Steine nieder und saugen wohltuende Sonnenstrahlen auf. Die Pause nutze ich, um einen kleinen Input zu Karte, Kompass und GPS zu geben.

„Verlass dich niemals nur auf ein GPS-Gerät", sage ich, „die Technik kann immer mal versagen, und was dann? Dann solltest du mit Karte und Kompass umgehen können", erkläre ich weiter. „Diese Fähigkeit solltest du dir, wenn du alleine losziehst, schon vor der Tour aneignen, damit du sie im Ernstfall auch anwenden kannst."

Mir war beispielsweise lange Zeit nicht bekannt, dass das geografische Norden nicht mit dem magnetischen Norden übereinstimmt. Erst durch das intensive Auseinandersetzen und dem Besuch von weiterführenden Trainings habe ich das Wissen aufgebaut.

„Je nachdem, wo du dich auf der Erde befindest, entsteht eine Missweisung oder auch „Deklination" genannt. Gerade in Island ist diese erheblich und muss berechnet oder am Kompass eingestellt werden", erkläre ich den gespannt lauschenden Teilnehmerinnen.

Gestärkt und mit neuer Energie begeben wir uns auf Teil zwei der heutigen Tour. Der Ausblick ist atemberaubend.

„Schaut mal, da hinten sind wir gelaufen", meint Janin und wir blicken uns verwundert um. Kilometerweit können wir unsere zurückgelegte Strecke verfolgen.

Der Blick nach vorne zeigt aufsteigenden Dampf der idyllischen Quelle von Storihver, welche wir gleich passieren. Daran anschließend begeben wir uns in einen weiteren spannenden Streckenabschnitt: Das erste große Schneefeld. Beim Anblick daran erinnere ich mich an meine Norwegen-Tour 2012, wo unser Weg überraschenderweise auch auf ein Schneefeld führte. Damals konnten wir nicht einschätzen, was sich unter dem Schnee befindet, und ein mögliches Risiko einzubrechen, war uns zu groß. Deshalb haben wir einen großen Umweg gemacht und sind außen entlanggewandert. Da hier im Schnee allerdings deutlich ein schmaler Trampelpfad zu erkennen ist, trauen wir uns drauf. Ein ungewohntes Gefühl, wenn der Schnee so unter den Wanderschuhen knirscht. Ich vermute, dass hier unter dem Schnee ein Felsen ist, doch sicher kann man sich bei solchen Schneefeldern nie sein, deshalb ist immer Vorsicht geboten.

Wir überwinden es ohne große Vorkommnisse und werden sogar mit einem in den Schnee gemalten Herz begrüßt.

Die Kräfte schwinden so langsam. Gerade der erste Tag ist meistens der härteste, weil sich der Körper erst an das Gewicht des Rucksacks und die Belastung gewöhnen muss. Noch ein letzter Anstieg auf 1.132 Meter zum Söðull – dem höchsten Punkt unserer Wanderung – steht uns bevor. Insgesamt 565 Höhenmeter haben wir heute zurückgelegt. Ich bin richtig stolz auf meine Mädels.

Am Panoramagipfel angekommen erblicken wir den Zeltplatz. Erleichterung. Fast geschafft. Die letzten Meter führen uns durch die feuersteinhaltige, rabenschwarze Glasachatwüste, die zum Namen *Hrafntinnusker* inspirierte, da *hrafn* „Rabe" auf isländisch bedeutet.

Der Zeltplatz macht im ersten Moment einen merkwürdigen Eindruck auf uns. Überall sind runde, kleine Steinmauern. Als wir näherkommen und den kräftigen Windzug spüren, verstehen wir warum.

Die Zeltbuddys sichern sich jeweils eine kleine Mauer und können so ihr Zelt windfest aufschlagen. Da die letzte Nacht sehr kalt war und viele gefroren haben, verteile ich noch die mitgebrachten Rettungsdecken und rufe den fleißigen Händen zu: „Wenn ihr fertig seid, treffen wir uns im Gemeinschaftszelt."

Dort gibt es erst mal einen heißen Tee zum Aufwärmen.

„Ich hasse Wandern", meint Janin, die heute wirklich an Grenzen gestoßen ist und große Zweifel bekämpft hat. Genau das hat sie allerdings auch stärker gemacht.

Während wir unsere Hände an der Trekkingnahrung aufwärmen, meint Anja: „Den heutigen Tag werde ich wie einen wunderbaren Schatz in mir tragen, den ich bestimmt in manchen Situationen gut gebrauchen kann, um wieder bei mir anzukommen."

Solche Sätze berühren mich jedes Mal aufs Neue.

Für viele der Teilnehmerinnen ist es das erste Mal, dass sie Trekkingnahrung probieren. Genau deshalb startet Klaudia auch direkt einen

Contest: „Welche Note gibst du deinem Essen? Zur Auswahl stehen Couscous mit Gemüse, Pasta Primavera oder Spaghetti mit Soja-Bolognese."

Der große Vorteil von Trekkingnahrung ist das geringe Gewicht, da die Zutaten gefriergetrocknet sind. Außerdem ist die Zubereitung sehr ressourcenschonend, weil lediglich heißes Wasser in die Tüte gegossen werden muss.

Mit vollgeschlagenem Bauch begeben wir uns nach dem Essen zügig ins Zelt, um uns in den warmen Schlafsack zu kuscheln. Für Klaudia und mich heißt es zunächst Reflexion, Abstimmung und Planung, bis auch wir die Augen zumachen können.

Tag 3 – Freiheit pur zwischen Schneefeldern und Gipfeln (Hrafntinnusker – Álftavatn: 12 km)

Was für eine Nacht! Mehrmals werde ich aus dem Schlaf geschüttelt. Geschüttelt vor Kälte. Obwohl ich meine Funktionsunterwäsche anhabe und mein Daunenschlafsack normalerweise locker diese Temperaturen um den Gefrierpunkt abkann, friere ich. Doch meine aufblasbare Isomatte scheint Luft zu verlieren, denn ich liege direkt auf dem eiskalten Boden, der meinem Körper die Wärme entzieht. Diesen Effekt nennt man „Konduktion". Ein erneutes Aufblasen meiner Isomatte hält knappe drei Stunden, bis ich wieder aufwache und erneut auf dem Boden liege.

„So ein Mist", fluche ich innerlich, „das kann jetzt wohl nicht wahr sein!"

Doch Aufregen bringt mich nicht weiter, ich brauche eine Lösung.

Von meinem Wildnistrainer Marco Plass habe ich, als es um das Thema Unterkühlung ging, folgendes gelernt: Um Konduktion vorzubeugen, ist es wichtig, eine Distanz zwischen den Körper und den kalten Boden zu bringen. Das kann mit Laub, Reisig, einer Matte oder in meinem Fall mit dem Rucksack sein.

Mit dem Rucksack? Ganz genau, das ist meine Lösung! Bequem ist das auf keinen Fall, aber darum geht es jetzt nicht. Durch die dicke Polsterung des Rucksacks, den ich vorher ausleere, kann sich meine Körpermitte wieder aufwärmen. Was bedeutet, dass ich doch noch ein paar weitere Stunden Schlaf finden werde.

Etwas gerädert und in Nebel eingehüllt, sammeln wir uns am nächsten Morgen im Gemeinschaftszelt. Meine Isomattengeschichte behalte ich zunächst für mich, das ist mir als Trainerin, die zigmal erwähnt hatte, das Equipment vor Tourstart auch ja zu testen, zu peinlich. Dass mich Klaudia ausgelacht hat, hat mir schon gereicht.

Wir sind eingehüllt in Wolken, deren Feuchtigkeit sich auf unsere Zelte gelegt hat. Um den Zelten noch eine kleine Chance zum Trocknen zu geben, verabreden wir uns auf der Terrasse der Wanderhütte. Zeit für einen kleinen Morgenimpuls zum Thema Atem.

„Unser Atem ist ein wunderbares Geschenk, mit dem wir gezielt arbeiten können", erkläre ich dick eingepackt.

„Gerade bei Stress und Angst können wir verschiedene Atemtechniken nutzen, um uns zu beruhigen. Die wechselseitige Nasenatmung ist eine von vielen Atemtechniken, die ich euch heute beibringen möchte. Sie hat eine harmonisierende Wirkung auf unseren Körper und unseren Geist. Gerade in stressigen Situationen im Alltag, aber auch bei einer Outdoor-Tour, ist es ein tolles Werkzeug, um sich selbst zu beruhigen", erkläre ich weiter. „Bring deinen rechten Daumen an dein rechtes Nasenloch, atme durch links ein, verschließe mit dem Ringfinger dein linkes Nasenloch – atme durch rechts aus, atme rechts ein – verschließe dein rechtes Nasenloch, öffne dein linkes Nasenloch, atme aus", leite ich die Gruppe an.

Nach ein paar Atemzügen merke ich, wie die ersten Hände kurz ausgeschüttelt und in die Tasche gesteckt werden, was mich darauf aufmerksam macht, dass solch eine Übung bei einstelligen Temperaturen ohne Handschuhe vielleicht nicht die beste Idee ist. Das Wetter scheint jedoch gnädig mit uns zu sein. Gestartet haben wir die Übung in einem Meer von Nebel, beenden dürfen wir sie bei aufgezogenem Himmel und mit Blick auf ein unglaubliches Panorama. Eine Landschaft wie auf einem fremden Planeten: Zahlreiche karge Berge, gefleckt mit weißen Schneedecken, die hier auf dem Hochplateau kaum schmelzen. Es wirkt als wäre diese Umgebung unendlich.

„Lasst uns zusammenpacken und dieses Panorama erkunden", sage ich mit funkelnden Augen zu den Mädels.

Bevor wir uns auf die heutige 12-km-Tour begeben, ein kurzer Check-In und eine Wie-geht's-mir-Runde. Solche Runden sind mir gerade bei einer Gruppenreise sehr wichtig. Denn nicht nur für jeden persönlich sind diese Momente der Innenschau wertvoll, sondern auch für die Gruppe ist es wichtig zu erfahren, was den anderen beschäftigt, um mögliche Emotionen besser einordnen zu können.

„Mir geht es gut. Ich bin total gespannt, was wir heute erleben und sehen werden. Und ich freue mich riesig, jetzt aufzubrechen", teile ich als Letzte der Gruppe mit.

Trotz einer kurzen Nacht bin ich richtig energiegeladen. Diese unglaublich beeindruckende Landschaft, die Gruppe und die Verantwortung, die ich trage, geben mir sehr viel Kraft, wie ich merke. Der Spaß und das Lachen beflügeln mich ebenfalls. Auch Stina freut sich und hat ein Leuchten in den Augen und Jeanette kann es kaum erwarten, endlich loszulaufen. Ihr dauert das Zusammenpacken morgens immer eindeutig zu lange.

Ich mag es, Klaudia als Co-Trainerin dabeizuhaben, weil sie mit ihrem Humor die Gruppe immer wieder erheitert und selbst in grenzwertigen

Momenten zum Lachen bringt. Heute ist es wieder soweit. Als ich nach einigen Metern zurückblicke, traue ich meinen Augen kaum. Klaudia rutscht auf dem Popo den Berg herunter und fuchtelt wild mit ihren Wanderstöcken umher. Dass sie bei dieser Aktion die Schutzhülle unseres Zeltes zerstört, kann ich ihr nicht übelnehmen. Zu witzig ist dieser Anblick. Das Profil von ihren Wanderschuhen ist schon zu sehr abgenutzt und hat keinen Grip mehr, was bei diesem Geröll hier am Hang jedoch fatal ist.

„Bei der nächsten Tour werde ich neue Wanderschuhe haben", verspricht sie mir.

Ich hoffe, sie hält ihr Versprechen, denn ohne gutes Schuhwerk und der ständigen Vorsicht nicht abzurutschen, macht das Wandern keinen Spaß und strengt deutlich an.

Der erste Abschnitt der Strecke führt uns durch ein paar Gletscherrinnen und mehrere Schneefelder. Hier ist jetzt Vorsicht geboten, denn teilweise fließen Bäche darunter und nicht jede Schneedecke ist automatisch auch tragend!

Entlang der Reykjafjoll-Berge folgen wir dann den rot markierten Holzpollern und kommen aus dem Staunen kaum heraus. Inzwischen haben wir die bunten Rhyolith-Berge hinter uns gelassen und erreichen Palagonit-Berge, die vereinzelt von schneebedeckten Gletschern bedeckt sind.

Die Kulisse und die Aussichten sind fantastisch. Deshalb müssen wir uns auch die Zeit für ein kleines Fotoshooting nehmen. Die Gesichter strahlen eine Mischung aus Glück, Freude, Anstrengung und Faszination aus, und ich weiß jetzt schon, dass dieses Gruppenbild von diesem Ort eins meiner Lieblingsbilder von der gesamten Reise sein wird.
Immer wieder nehme ich mir ein paar Minuten, in denen ich ganz für mich allein laufe. Das brauche ich, um all das, was gerade passiert, zu reflektieren. Aber auch, um weitere Impulse für die Themen, die mir im Eins-zu-eins-Gespräch offenbart werden, zu sammeln.

Ein paar Schritte vor mir höre ich auf einmal: „Und 1 und 2 und 3 und 4 und 5 und 6 und 7 und 8 …"

Das muss ich mir genauer anschauen und lege einen kleinen Sprint hin.

„… ein Hut, ein Stock, ein Re-gen-schirm und vorwärts, rückwärts, seitwärts, ran, Hacke, Spitze, hoch das Bein."

Ich muss schmunzeln, mich freut es, wenn die Teilnehmerinnen Kindheitserinnerungen aufleben lassen. Das Singen bringt ein Strahlen auf die Gesichter.

Wir erreichen den Jökultungur und genießen einen Weltklasse-Blick über eine bizarre Landschaft von moosbewachsenen Vulkankegeln und glitzernden Seen bis zu den südlichen Eiskappen Islands. Diese Weite macht mich ehrfürchtig und lässt das Gefühl endloser Freiheit in mir aufkommen.

Genau hier und genau jetzt muss ich diesem Gefühl Ausdruck verleihen und stoße einen kräftigen Schrei aus. Auch wenn mir bewusst ist, dass man das in den Bergen aufgrund von Lawinengefahren lieber nicht machen sollte. Bei der zweiten Runde machen die Mädels mit und es gibt ein herrliches Echo. Das musste jetzt einfach raus. Hoffentlich haben sich die Schafe, die wir ein paar Meter weiter beim Abstieg ins Tal antreffen, nicht allzu sehr erschreckt.

Die Temperaturen steigen, die Sonne strahlt und der Fluss, an dem wir vorbeikommen, bietet frisches, klares Gletscherwasser. Der optimale Platz für eine Rast und eine leckere Sternchensuppe. Normalerweise bin ich kein Tütensuppen-Fan, vor allem versuche ich, Produkte von *Nestlé* weitgehend zu vermeiden. Doch die Sternchensuppe von *Maggi* ist von meiner Outdoor-Essensliste kaum mehr wegzudenken.

Da ich selbst auch zum ersten Mal den Laugavegur Wanderweg laufe, muss ich sehr flexibel entscheiden, wo und wann der richtige Moment für einen weiteren Coaching-Input ist. Natürlich muss es auch zur allgemeinen Stimmung in der Gruppe passen, da die mentale Anstrengung nicht zu unterschätzen ist. Hier in der Sonne am Flussbett habe ich ein gutes Gefühl. Nachdem wir schon einen kleinen Outdoor-Input zum Kompass hatten, widmen wir uns jetzt dem Thema innerer Kompass: Wer bin ich? Was zeichnet mich aus? Was ist meine Identität?

„Schließe deine Augen und spüre einmal in dein Herz. Stell dir vor, du könntest dir selbst eine neue Identität geben. Wer würdest du sein? Welche Charakterzüge würdest du haben? Wie würdest du dich fühlen? Mit wem würdest du dich umgeben?“, beginne ich, eine kleine Visualisierungsübung anzuleiten.

Nach einem regen Austausch über unser Identitäts-Statement satteln wir die Rucksäcke wieder auf. Bis zum Schlafplatz liegen noch dreieinhalb Kilometer vor uns.

„Ah“, höre ich es stöhnen, als der Rucksack auf die ersten Druckstellen an Hüftknochen und Schlüsselbein stößt. Auch hieran muss sich der

Körper erst gewöhnen und eine leichte Hornhaut bilden.

Der Schmerz ist bald vergessen, als wir auf den ersten Fluss, den wir durchqueren müssen, stoßen. „Furten“ sagt man hier im Norden. Der Gletscherbach ist etwa knöcheltief. Und auch, wenn ein Balancieren auf den Steinen eventuell möglich wäre, gebe ich die Anweisung, die Wanderschuhe gegen die Wasserschuhe zu tauschen. Das Risiko, mit samt dem Gepäck auf dem Rücken auf den nassen Steinen auszurutschen, ist zu hoch. Während die ersten schon selbstsicher durch das Wasser furten, gebe ich noch vereinzelt Tipps: „Nutze die Wanderstöcke als Wattstock. Halte immer drei Punkte zur Stabilisierung am Boden.“

Wacker schlagen wir uns ans andere Ufer, wo die nassen Schuhe wieder gegen die warmen und trockenen Wanderschuhe getauscht werden.

Die letzten Meter bis zum Zeltplatz ziehen sich wie Kaugummi. Nach einiger Zeit plagt mich der Alptraum eines jeden Wanderers. Die Blase drückt. Weit und breit kein Baum, nicht mal ein Busch – diese haben wir seit Tagen schon nicht mehr gesehen. Da wir uns dem nächsten Zeltplatz nähern, sind nun auch mehrere Wanderer um uns herum, was meine aktuelle Lage deutlich herausfordernder macht. Irgendwann kann ich nicht mehr. Ich lasse mich etwas nach hinten fallen und verlasse den Weg für ein paar Meter. Hose runter und ... Erleichterung.

Die Gruppe hole ich erst am Zeltplatz wieder ein, wo das Sonnenlicht wunderschön in dem danebenliegenden See glitzert.

„Wir haben es geschafft, ich bin stolz auf euch!“, rufe ich der Gruppe laut und freudig zu.

Die Zeltbuddys sind mittlerweile ein eingespieltes Team, deshalb geht das Aufstellen der Zelte auch richtig fix. Vielleicht treibt uns aber auch der Wunsch einer heißen Dusche an. Auch wenn die meisten Zeltplätze kein Strom haben, gibt es fast überall Duschen. Hier in Álftavatn sogar mit heißem Wasser, erhitzt durch Gas.

Nach drei Tagen ist die heiße Dusche eine richtige Wohltat. Die Wartezeit in der eisigen Kälte wird mit einer Chips-Spende von Anja aufgelockert.

Auf dem heutigen Zeltplatz gibt es kein Gemeinschaftszelt, deshalb findet das Abendessen heute etwas isoliert statt. Der Wind bläst so stark, dass ein Draußensitzen nach der heißen Dusche uns unnötig auskühlen würde. Deshalb entschließe ich kurzerhand, einfach das Wasser in der Mitte unseres Zeltkreises zu kochen und einen Room-Service bzw. Tent-Service anzubieten. Ein Abendessen im Bett quasi. Hat was, oder?

Später im Zelt schau ich mir mit Klaudia die Tour für den nächsten Tag an. Es wartet ein kniffliger Weg auf uns – eine Sandwüste und ein breiter Fluss, der durchquert werden muss. Das Wetter soll unbeständiger werden, heißt es – das macht mir etwas Sorgen. Von der Leistung der Gruppe jedoch bin ich wirklich beeindruckt. Wir sind die letzten zwei Tage definitiv alle schon an unsere Grenzen gekommen. Aber die Mädels kämpfen und unterstützen sich gegenseitig, das freut mich ungemein.

Tag 4 – Naturgewalten und Wunder der Natur (Álftavatn – Hvanngil – Emstur: 15 km)

Jeden Morgen beim Öffnen des Zeltreißverschlusses ist dieser kurze Moment der Spannung: Welches Wetter erwartet uns wohl? Heute blickt mir eine dichte Wolkendecke entgegen. Ganz leicht ist ein Regenbogen zu erkennen. Das heißt dann wohl: Regen liegt in der Luft.

„Endlich!", höre ich mich sagen. Seitdem mir Klaudia im Hostel ihre pinkfarbene Regenhose gezeigt hat, freue ich mich auf diesen Moment. Die allgemeine Stimmung ist jedoch verhalten. Ohne große Worte wird zusammengepackt. Alle wollen zügig den Platz verlassen. Es windet. Es regnet. Es ist kalt. Die Sicht ist eingeschränkt und zu allem Übel hat

Klaudia auch noch ihren Handschuh verloren. Was bei Temperaturen von drei Grad die Stimmung nicht unbedingt besser macht.

Dadurch dass der Wind uns den Regen ins Gesicht peitscht, sind wir bis auf Augen und Nase komplett eingehüllt. Jeder läuft für sich. Jeder fokussiert sich auf sich. Jeder ist mit seinen Gedanken und Gefühlen alleine. Jetzt kommen echte Emotionen hoch. Von Frust und Ärger über Wut bis hin zur Verzweiflung. Jetzt vermischt sich die Anstrengung mit der Last, die wir auch im Alltag tragen. Jetzt haben wir Zeit zum Nachdenken. Auch, wenn diese Momente wirklich hart sind und wir sie verfluchen, sind es aber genau diese Momente, die uns stark machen und uns zeigen, wo wir uns eine Veränderung wünschen. Genau deshalb mag ich es, wenn auf meinen Pfade Finden-Touren auch mal ein Regentag dabei ist.

Wir kommen an eine Brücke und einen reißenden Fluss. Ein wunderbares Zeichen der Natur, das gerade sehr gut passt: Der Fluss des Lebens – manchmal ganz schön wild. Doch am Ende des Tunnels ist immer Licht. Was sich in unserem Fall durch eine Wanderhütte zeigt, die am Horizont auftaucht.

Die Franzosen, die die Hütte gebucht haben, heißen uns herzlichst willkommen. Regensachen aus und Pause. Was für ein Glück. Und das Glück wird noch größer, als ich in der Free-Food-Kiste eine Packung Schokopulver entdecke. Spätestens jetzt glaube ich wirklich an das Gesetz der Anziehung. Die letzten drei Tage wurde mir täglich mehrfach von Klaudia vorgehalten, dass ich keinen Kakao eingepackt habe und dass Kakao auf keiner Wandertour fehlen darf.

Die riesige Überraschung zum Nachtisch hebt die Stimmung gleich wieder auf die Spitze. Das Ausruhen in den Betten hat sicherlich auch dafür gesorgt, dass die Strapazen des Vormittags schnell vergessen sind und die Mädels nun wieder ein Lächeln im Gesicht haben.

Es hat aufgehört zu regnen. Weiter geht's, denn der schwierigste Teil der ganzen Tour wartet noch auf uns. An der Hütte finden wir eine kleine Notiz von anderen Wanderern: „Nicht an der Stelle der Reifenspuren furten, sondern etwa 50 Meter weiter rechts."

Okay, verstanden.

Auch wenn ich schon geahnt hatte, was auf uns zukommt, gerät mein Herz ins Stocken, als wir kurze Zeit später vor dem Fluss stehen. Er ist etwa sechs Meter breit, weist eine gute Strömung auf und hat eine Temperatur von schätzungsweise fünf Grad. Eine Flussquerung erfordert volle Konzentration. Gerade bei diesen Temperaturen und der Kraft des Wassers kann ein Fehler lebensbedrohlich werden. Insbesondere, wenn der Schlafsack und alle wärmenden Klamotten nass werden. Klaudia hatte mir am Vortag von einem Erlebnis in Neuseeland erzählt. Dort war sie dabei gewesen, als eine Wanderkollegin in einen Fluss gestürzt ist und einen traumatischen Kälteschock aufgrund eines vorherigen Erlebnisses erlitt. Diese Erfahrung hilft uns beiden, den Teilnehmerinnen die Bedeutung der vollen Konzentration klarzumachen, auch wenn wir diese Geschichte erst im Nachgang teilen wollen.

Zunächst testen Klaudia und ich verschiedene Einstiegsstellen – ohne Rucksack. Es braucht zwei Anläufe, bis wir eine gute Stelle finden. Der Plan sieht folgendermaßen aus: Zwei Teams à drei bis vier Personen, um Wanderstöcke und Wechselschuhe weiterzugeben. Denn entgegen meiner Empfehlung haben nicht alle Teilnehmerinnen Wanderstöcke und ein zweites Paar Schuhe dabei. Klaudia und ich begleiten jedes Team und geben Hilfestellung – sowohl physisch als auch mental. Denn genau darauf kommt es jetzt an: Volle Konzentration, Selbstvertrauen und Respekt, aber keine Angst. Genau das und den Glauben, dass jeder von uns die Durchquerung schaffen wird, versuche ich mit aller Kraft auszustrahlen, obwohl mein Puls in dem Moment auf 180 ist.

Nach einer gefühlten Ewigkeit und mindestens fünfmal durch das fünf Grad kalte Wasser furten, schreien meine eiskalten Zehen förmlich nach den warmen Wandersocken. Eine große Erleichterung geht durch die Runde, als alle trocken an der anderen Flussseite ankommen.

Der nächste Streckenabschnitt führt uns durch die schwarze Wüste Mælifellssandur. Der Sand ist rabenschwarz und es scheint wiederholt so, als wären wir auf einem anderen Planeten. Ich bin froh, dass es heute Morgen geregnet hat, denn dadurch ist der Sand nass und wird vom Wind nicht allzu stark in unser Gesicht geweht.

Es gelingt mir allerdings nicht, die Gruppe beisammenzuhalten, was mich etwas unzufrieden und nervös macht. Kleine Gruppen haben sich gebildet, die einen gleichen Rhythmus gefunden haben. Ab und an wird aufeinander gewartet, aber wir schaffen es nicht, alle zu sammeln. Plötzlich bemerke ich, dass Klaudia und Maria weg sind, ich war die Letzte aus der 10-köpfigen Gruppe. Wenn sie also auf dem Weg geblieben sind – was ich schwer hoffe – dann werden wir sie irgendwann einholen. Ein absolut ungutes Gefühl zu realisieren, dass du zwei Gruppenmitglieder verloren hast.

Die heutige Etappe bei den Wetterbedingungen hat es in sich. Wir müssen dringend eine Pause machen, auch wenn wir dadurch riskieren, die beiden nicht mehr einzuholen. Wir brauchen eine Stärkung. Genau dafür habe ich immer Panzerkekse und Schokolade dabei. Das steigert nämlich nicht nur den Energiespiegel im Blut, sondern hebt auch die Stimmung – was wir gerade deutlich gebrauchen können.

Auf den letzten Metern bis zum Zeltplatz kommt die Sonne raus und schenkt uns nochmal einen fantastischen Blick über die Berge. Mittlerweile ist die Landschaft in ein saftiges Grün getaucht. Ein herrlich schöner Anblick.

Die letzte Kurve und da weht sie auch schon: Die Island-Flagge – das Zeichen, dass wir da sind. Mein Puls steigt und ich schicke ein kurzes Stoßgebet ab: „Bitte lass Klaudia und Maria hier sein."

Ein Glück. Da sitzen sie auf der Veranda. Vor Erleichterung falle ich den beiden um den Hals – während Klaudia meint: „Entschuldige, aber ich musste durchziehen, meine Hände waren so kalt."

Und da erinnere ich mich: Na klar, der verloren gegangene Handschuh.

Die heutigen 15 Kilometer waren wirklich extrem. Der Pausentag morgen sei uns gegönnt!

Bei der Anmeldung im Office höre ich, dass heute Nacht ein starker Wind erwartet wird, und bereits am Abend merken wir, dass dieser schon jetzt deutlich zugenommen hat. Die Zeltplanen werden ziemlich eingedrückt, was mich etwas beunruhigt. Durch den starken Wind stehen die Zelte nicht korrekt. Das Überzelt klebt am Unterzelt, was die Wahrscheinlichkeit, dass Feuchtigkeit eindringt, erhöht.

Der Boden ist so hart, dass es kaum möglich ist, die Heringe gut zu positionieren, also sammle ich ein paar große Steine, um die Zelte weiter abzuspannen.

Einer der wichtigsten Knoten, den ich den Teilnehmerinnen beibringe, ist der sogenannte „Jurten Spannknoten". Er ist zum Abspannen wunderbar geeignet, weil ein Lösen und Nachspannen sehr einfach möglich ist. Bei den Pfadfindern verwenden wir diesen zum Abspannen unserer großen Schwarzzelte, die „Jurte" genannt werden. Deshalb auch „Jurten Spannknoten".

Beim Nachspannen der Zelte fällt mir auf, dass diese schon an der ein oder anderen Stelle deutlich gelitten haben. So sind ein paar Laschen gerissen oder Reißverschlüsse defekt. Auch die scharfkantigen Steine, die zum Beschweren auf die unteren Ränder der Zeltplane gelegt wurden, haben ein paar Löcher hinterlassen.

Diese Zelte haben definitiv in ihrer Qualität versagt und ich nehme mir vor, sie beim Hersteller zu reklamieren, in der Hoffnung, dass er Kulanz zeigt.

Die Nacht ist für mich ziemlich aufregend und an Schlaf nicht zu denken. Mindestens dreimal stehe ich auf und wandere mit der Stirnlampe um die Zelte. In meinem Kopf gehe ich mehrfach den Abbruch der Tour durch. Noch nie zuvor habe ich bei solch starkem Wind, auf offener Fläche in einem Zelt verbracht. Auch Klaudia ist wach und versucht, mich zu beruhigen. Eine wichtige Aufgabe für sie, denn auch als Trainerin brauche ich ab und an den Input von außen, an meine Tools erinnert zu werden, um mich wieder zu fokussieren und runterzukommen.

Tag 5 – Die Wohltat einer Pause (Emstur)

Als ich am nächsten Morgen die Augen öffne, muss ich erst mal kräftig husten. Klaudia und ich sind in eine feine, schwarze Staubschicht eingehüllt. Unser Zelt hat an den oberen Seiten große Poren, wo heute Nacht eine Menge Lavastaub reingepustet wurde. Aus meiner Nase kommt selbst nach dem dritten Schnäuzen noch schwarzer Dreck heraus. Unglaublich, dass diese Lavaasche 2010, beim Ausbruch des Eyjafjallajökull, das ganze Land eingenebelt und den kompletten Flugverkehr von Europa tagelang stillgelegt hat.

Der Vulkan ist übrigens keine 20 Kilometer von uns entfernt. Das Wetter ist allerdings so schlecht, dass wir ihn heute noch nicht sehen können.

Ich informiere mich bei der Belegschaft der Wanderhütte, wie die Wettervorhersage für den Tag und die kommende Nacht aussieht. Mir wird versichert, dass die heftigsten Winde schon an uns vorbeigezogen sind. In der letzten Nacht hatten wir wohl eine Windstärke von 50 Kilometern pro Stunde. Der Tag soll allerdings verregnet bleiben. Perfektes Timing also für unseren Pausentag.

Es ist sehr laut und wuselig im Gemeinschaftszelt. Doch nach und nach brechen alle Wanderer auf und wir können es uns gemütlich machen. Vier ereignisreiche Tage liegen hinter uns. Es ist wirklich schön, nun Zeit für tiefere Gespräche, weitere Übungen, ein paar weitere Knoten und zum Spielen zu haben. Beim Erraten von Heidi, Mickey Mouse oder dem Sams beim Spiel „Wer bin ich" wird heiter gelacht. Auch das Massieren der Schultern der Sitznachbarin kommt richtig gut an.

Unser Mittagessen können wir mit Erbsen und Brot aus der Free-Food-Box aufpimpen. Bei unserem Trekking-Food-Contest ist mittlerweile Pasta Primavera der Favorit.

Das Wetter wird von Stunde zu Stunde besser. Gegen Nachmittag können wir dann auch die zwei beeindruckenden Gletscher Eyjafjallajökull und Myrdalsjökull bewundern. Außerdem ist es nicht mehr so windig, was viele von uns dazu bewegt, doch noch eine Dusche inklusive Haarwäsche zu nehmen. Das muss bei diesen Temperaturen durchaus zweimal überdacht werden, nicht dass wir uns verkühlen.

Der Tag ist sehr erholsam und schweißt die Gruppe nochmal um einiges zusammen. Meine Bedenken vom Vorabend, die Tour abzubrechen, sind wie vom Winde verweht.

Tag 6 – Ein Ende in Sicht (Emstur – Þórsmörk: 15 km)

Die letzte Wanderetappe steht an: 15 Kilometer bis nach Þórsmörk, was übersetzt „die Wälder von Thor" bedeutet. Ich habe zwar nie wirklich die Serie *Game of Thrones* geschaut, aber ich kann mir gut vorstellen, wie die Bilder aus der 7. Staffel, die hier gedreht wurde, beeindrucken.

Die Sonne strahlt mit uns um die Wette. Der Pausentag hat uns wirklich gutgetan – wie in der morgendlichen Wie-geht's-mir-Runde bemerkbar wird. Das Packen ging fix, ein letzter Schlachtruf und los geht's.

Zunächst führt uns der Weg bergauf und bergab durch die Täler und Schluchten von Emstur. Teilweise sind Ketten zum Festhalten in die Felsen geschlagen, was meine Teilnehmerinnen mit Höhenangst nochmal deutlich an ihre Grenzen bringt. Den Canyon des Gletscherflusses Fremri-Emstrua überqueren wir über eine Brücke, denn das wäre zum Furten unmöglich. Der Fluss ist reißend und zeigt wieder mal die unglaubliche Kraft der Natur. Auch der mächtige Gletscher Mýrdalsjökull, der sich nicht weit von uns emporhebt, bringt ein Gefühl der Ehrfurcht hervor. Genau das ist es, warum ich mich immer und immer wieder in die Natur sehne. Die Sehnsucht nach diesem Gefühl von Ehrfurcht, das mir zeigt, Teil von etwas Großem zu sein.

Die Vegetation wird allmählich wieder dichter und fruchtbarer. Es ist schön, seit Tagen mal wieder Bäume zu sehen. Auch wenn die Birken hier deutlich anders geformt sind, als ich es aus Deutschland kenne. Sie haben keine langen Stämme, sondern sind eher kleinwüchsig und buschig. Dadurch haben sie sich an die klimatischen Gegebenheiten hier wunderbar angepasst.

Wir haben einiges an Höhenmetern hinter uns gelassen, deshalb ist es heute bei dem Sonnenschein sehr angenehm, im dünnen Pulli zu laufen. An unseren Rucksäcken baumeln also nicht nur die Müllbeutel, sondern auch unsere dicken Jacken. Den Müll müssen wir seit Tag 1 mit uns mittragen – und da kommt bei 10 Personen doch einiges zusammen. Auch wenn ich ein großer Fan von Trekking-Food bin, frustriert mich diese große Müllproduktion auf der Island-Tour ziemlich. Ich nehme mir vor, mich auf die Suche nach einem Kooperationspartner zu machen, der ausschließlich recycelbare Verpackungen anbietet. Manchmal brauchen wir diese negative Erfahrung, um einen positiven Wandel zu bewirken, das habe ich schon in vielerlei Hinsicht erfahren können.

Unsere Mittagspause verbringen wir zwischen den Bäumen, direkt neben dem Fluss. Nach dem Essen nehmen wir uns noch ein bisschen Zeit, weiter mit unserem Schlauen Buch – das Workbook der Tour – zu arbeiten. Viele der Teilnehmerinnen sind hier, weil sie sich an einem Scheidepunkt im Leben, sei es nach der Ausbildung, dem Studium oder auch mitten im Berufsleben, befinden. Sie werden von den Fragen „Wie soll es weitergehen?" und „Was macht mich überhaupt glücklich?" geplagt.

Nachdem wir nun schon ganze sechs Tage inmitten der Wildnis verbracht und den Alltag voll und ganz hinter uns gelassen haben, ist nun der richtige Zeitpunkt, um Antworten für diese Fragen zu finden. Eine wunderbare Übung, die ich dafür nutze, heißt „Ikigai". Ikigai bedeutet übersetzt „wofür es sich zu leben lohnt".

Und genau darum geht es. Mithilfe von vier Fragen und dem anschließenden Austausch in Kleingruppen herauszufinden, wofür es sich zu leben lohnt. Was ist es, was ich gut kann, was ich liebe, was die Welt braucht und wofür Menschen mich bezahlen?

Mit dieser Übung habe ich für mich herausgefunden, dass mein Ikigai folgendes ist: Draußen unterwegs sein und Frauen dabei helfen, Natur zu erleben, um dadurch ihren eigenen Pfad wiederzufinden.

Die beiden Fragen „Was kann ich gut?" und „Was liebe ich?" sind von den Teilnehmerinnen schnell beantwortet. Bei der Frage „Was braucht die Welt?" kommen viele ins Grübeln.

„Ich tue mich schwer bei der Frage", meint Caro, als Laura – meine Namensvetterin auf dieser Tour – direkt einlenkt: „Deine Backkünste braucht die Welt!"

Der Austausch mit den neu gewonnenen Weggefährtinnen ist hier für viele sehr hilfreich.

Unser heutiges Ziel ist der Campingplatz *Volcano Huts* im Husadalur Tal. Zur Feier des Tages wartet ein traditionell isländisches Buffet auf uns. Denn nach 55 Kilometern Wandern und Selbstfindung dürfen wir uns auf jeden Fall etwas gönnen.

Die letzten Meter bis zum Ziel sind für mich sehr bewegend, deshalb laufe ich auch ganz alleine und als Letzte. Eine Mischung aus Stolz, Erleichterung und purer Freude erfüllen mich. Ich bin dankbar, dass wir alle gesund und mit dieser unfassbaren Erfahrung nun fast am Ziel sind.

Die Zelte sind schnell aufgestellt und dann stürmen wir in den Dining-Room. Die Teller werden vollgeladen, es wird gelacht und gefeiert.

Im Zelt sage ich nur zu Klaudia: „Unfassbar, dass wir es geschafft haben und nun hier sind."

Tag 7 – Der Moment, wenn dich die Zivilisation wieder packt (Porsmök)

Etwas träge pelle ich mich heute ein letztes Mal für diese gemeinsame Reise aus dem Schlafsack. Bevor der Bus uns um 16 Uhr abholt und nach Reykjavík zurückbringt, habe ich noch ein paar Programmpunkte und Highlights geplant. Zunächst starten wir mit einer herrlich entspannenden Yogasession in der wohl schönsten Kulisse, in der ich je eine Yogastunde gehalten habe. Die Schatten der weißen Wolken ziehen über die braun-grün schimmernden Berge. Vereinzelt sieht man ein paar Bäume. Die kleinen, dunkelbraunen Holzhütten geben der Landschaft ein zusätzliches skandinavisches Flair.

Yoga ist als aktive Form der Meditation für mich die schönste Art, Körper, Geist und Seele in Einklang zu bringen. Deshalb ist es auch ein wesentlicher Bestandteil meiner Outdoor-Coaching-Reisen. Leider kam es die letzten Tage etwas zu kurz, deshalb nehmen wir uns jetzt besonders viel Zeit dafür.

„Bring die Hände vor deinem Herz zusammen. Schließe deine Augen. Lass die Gedanken vorbeiziehen. Schenk dir selbst ein Lächeln und komme an, hier auf deiner Matte mitten in Island“, beginne ich, unsere Yogastunde anzuleiten.

Völlig entspannt folgt das nächste Highlight gleich im Anschluss. Direkt vor unseren Zelten ist ein kleiner Badeteich und dahinter eine Fasssauna. Für unsere müden Muskeln nach der 55-km-Wanderung genau das Richtige. Auch die warme Dusche danach tut einfach unfassbar gut. Genau diese Wertschätzung, die auf einmal wieder für alltägliche Dinge entsteht, liebe ich nach jeder Outdoor-Tour aufs Neue.

Bevor die Zelte ein letztes Mal zusammengepackt werden, widmen wir uns noch einmal unserer Transformation, die auf der Reise passiert ist. Nicht nur körperlich hat uns diese Wanderung an Grenzen gebracht. Auch mental ist einiges ins Rollen gekommen. Die Teilnehmerinnen sind alle mit ihrer ganz eigenen Geschichte angereist und haben nun, weit weg vom Alltag, Zeit gefunden, um darüber nachzudenken. Es wurden Entscheidungen getroffen, Lösungsansätze abgewogen und auf die eigenen Bedürfnisse gehört.

Um die letzten Bedenken und Ängste loszulassen, nutze ich gerne das Element Feuer, in unserem Fall mit einer Kerze. Feuer fasziniert seit Menschengedenken. Ein Lagerfeuer zum Beispiel ist nicht nur ein Ort, wo Menschen zusammenkommen und Geschichten und Traditionen weitererzählen, sondern auch ein Ort von Schutz, Sicherheit und Fantasie. Wer kennt sie nicht, diese Momente, in denen die tanzenden Flammen die volle Aufmerksamkeit einnehmen und das Träumen beginnt.

Ein Highlight jeder Coaching-Reise ist das Versprechen, was eine Art Commitment an sich selbst ist. Es ist eine Möglichkeit, sich nochmal ganz bewusst dafür auszusprechen, etwas Bestimmtes in seinem Leben zu verändern oder neue Gewohnheiten zu etablieren. Das können Dinge wie mehr Zeit in der Natur verbringen, auf die eigene Intuition hören, mehr auf sich selbst achten oder auch sich selbst mehr wertschätzen sein.

Das Versprechens-Ritual kenne ich aus meiner Pfadfinderzeit. Beim Wechsel in eine höhere Altersstufe wurde ebenfalls ein Versprechen abgegeben. In meinem Pfadfinderverein war es immer etwas ganz Besonderes, da es ein sehr feierlicher Anlass war und tagelang vorbereitet wurde. Als Leiterin und Vorstand habe ich das Versprechen den Kindern abnehmen dürfen, was mich nicht nur sehr stolz gemacht, sondern mir auch verdeutlicht hat, welchen prägenden Einfluss Bezugspersonen haben. Bei jedem Kind hatte ich Gänsehaut, als ich ihm mitteilen durfte, welch wunderbarer Mensch er oder sie ist und dass ganz besondere Fähigkeiten, Stärken und Charaktereigenschaften in ihm oder ihr schlummern.

Als Outdoor-Coach sehe ich mich in einer ähnlichen Verantwortung, um meine Coachees daran zu erinnern, dass genau das auch in ihnen steckt. Dieses Feuer, diese Einzigartigkeit und diese Besonderheit, die in die Welt getragen werden darf. Bei den Versprechen sind schon einige Tränen geflossen – damals wie auch heute.

Vielen meiner Teilnehmerinnen wird in diesem Moment bewusst, dass sie nicht alleine sind, dass sie gesehen werden und dass es Zeit ist, die Ketten zu sprengen und sich selbst wieder mehr zu vertrauen.

Auch dieses Mal habe ich wieder Pipi in den Augen, als wir mit den Fackeln zum Versprechens-Platz laufen, ich jede Teilnehmerin in den Arm nehme und ihr ganz persönliche Worte für ihren weiteren Lebensweg mitgebe.

Doch wie heißt es so schön: Man soll aufhören, wenn es am schönsten ist. Gerade waren wir noch in dieser völlig anderen Welt, wo Zeit keine Rolle gespielt hat, und schwupp sind wir bei Ankunft des Shuttles wieder von der Realität gepackt. Zu schnell hat uns die Zivilisation zurück, als die Busfahrerin uns mit: „Wir fahren jetzt sofort ab!", stresst.

Die Gespräche auf der Rückfahrt halten sich in Grenzen. Zu sehr ist jeder in seinen Gedanken versunken. Die meisten von uns, mich eingeschlossen, blicken dabei nur stumm aus dem Fenster und versuchen, die Erlebnisse und Eindrücke der letzten Tage zu verarbeiten.

Im Hostel angekommen werden direkt die Mehrbettzimmer bezogen. Nach dem Essen heißt es schon zu ein paar wenigen der Gruppe Tschüss sagen, weil sie mitten in der Nacht zum Flughafen aufbrechen müssen.

„Danke für alles, bis ganz bald", meint Anja, als sie einen nach dem anderen in den Arm nimmt.

Da ist er wieder, dieser Moment, der mein Herz höherschlagen lässt, wenn ich erkenne, dass Fremde zu Freunden geworden sind.

Mit dem Großteil der Gruppe gibt es am nächsten Morgen noch eine Reflexionsrunde.

„Es war mit Abstand der tollste Urlaub – obwohl es kein Entspannungs- oder Meerurlaub war. Mir hat es unglaublich weitergeholfen und ich gehe mit einem Gefühl nach Hause, dass es mich ein Stück weitergebracht hat", sagt Caro.

„Ihr beide habt das ganz toll gemacht, man hat sich nie alleine gelassen gefühlt. Es ist unglaublich, mit welcher Hingabe du das alles gemacht hast", schwärmt sie weiter, was Klaudia und mich etwas erröten lässt.

Eine der besten Aussagen, die uns wieder mal alle zum Lachen bringt, ist die von Janin.

„Ich bin He-Man. Zu Hause braucht mir keiner mehr was erzählen. Ich kann alles, die können mir nichts."

Bis dato kannte ich die Actionfiguren-Serie *Masters of the Universe* noch nicht. Doch ich muss Janin zustimmen: Diese Reise nach Island hat uns alle zu He-Men bzw. She-Women gemacht!

Die Tage danach – Wie das Glück kaum zu stoppen ist

Nachdem die Teilnehmerinnen abgereist sind, fahre ich mit Klaudia noch den Golden Circle ab. Hier liegen die bekanntesten Sehenswürdigkeiten des Landes, der Strokkur Geysir, der Gullfoss Wasserfall und der Þingvellir-Nationalpark, wo sich die Grabenbruchzone der nordamerikanischen und eurasischen Kontinentalplatte befindet. Innerhalb weniger Stunden werden wir erneut Zeugen der unfassbar beeindruckenden Landschaft Islands.

Doch auch für uns heißt es nun Abschied nehmen. Wann wir uns wiedersehen werden, das wissen wir nicht. Dass das nächste Abenteuer auf uns wartet, wenn wir uns wiedersehen, ist allerdings gewiss. Denn Klaudia ist auch in Zukunft als Co-Trainerin bei weiteren Touren an meiner Seite.

Für mich beginnt nun eine Woche Urlaub. Ich möchte Island-Pferde streicheln, Seerobben in der Gletscherlagune Jökulsárlón beim Schwimmen zusehen und die Eiskristalle am Diamond Beach zählen. Die Ruhe und die Zeit alleine tun mir gut. Ich mache ausgiebige Strandspaziergänge und besuche Museen und Ausstellungen. Dort lerne ich viel über die Einheimischen, die Ausmaße des Tourismus und über Aurora Borealis – die Nordlichter. Die grün tanzenden Lichter am Himmel faszinieren mich schon seit Langem. Schade, dass wir sie bisher auf unserer Wanderung noch nicht gesehen haben. Vielleicht waren sie da. Doch wir waren zu erschöpft, als dass wir nachts hätten wach bleiben können.

Nicht so an diesem Abend, hier auf der Halbinsel Reykjanes, direkt vor dem Leuchtturm am Atlantischen Ozean. Als ich das Auto parke, kann ich das Gefühl, dass es heute soweit ist, ganz genau spüren. Aufgeregt telefoniere ich mit Lisa, die Freundin, die 2010 am Flughafen in Frankfurt zu mir sagte: „Du hast dich verändert Laura."

Und ja, das habe ich. Und auch diese Reise nach Island mit 44 Kilo Gepäck hat mich wieder ein weiteres Stück verändert. Und während ich in Gedanken versunken bin, erscheinen sie ganz zart am Himmel – die tanzenden Polarlichter.

Rückblickend kann ich sagen, dass ich einige Jahre etwas umhergeirrt bin. Ich bin den Pfaden gefolgt, die schon so viele vor mir gegangen sind, mit dem Glauben, dass es auch für mich das Richtige ist. Einige Jahre hat sich das gut angefühlt, auch wenn ich mich dadurch mehr und mehr von dem, was mich wirklich erfüllt, entfernt habe. Um herauszufinden, was mich glücklich macht, hat mir die Natur und das Unterwegssein geholfen. Hier konnte ich mich mit meinem Ursprung verbinden und groß träumen. Dank vieler wundervoller Weggefährten und dem Mut, einfach mal zu machen, habe ich erkannt, dass kein Traum unerreichbar ist. Denn genau hier in Island sind Träume wahr geworden.

............................Mein Fazit für dich.................................

Mein größtes Learning auf der Tour:

Es lohnt sich, groß zu träumen, mutig zu sein und daran zu glauben, Unmögliches möglich zu machen.

Deshalb war die Tour so wichtig für mich:

Der Startschuss für Pfade Finden, da das Feedback mir gespiegelt hat, dass Coaching-Reisen Leben verändern, für immer in Erinnerung bleiben, unbekannte Potenziale und Selbstvertrauen wecken und dabei helfen, mehr Klarheit im Leben zu finden.

Diese Fähigkeiten habe ich gelernt oder gestärkt:

Die Macht der Gedanken kann, mit dem richtigen Mindset und einer passenden Strategie, alles in unser Leben ziehen, was wir uns wünschen.

Das durfte ich über mich lernen:

Ruhe, Gelassenheit und Zuspruch in heiklen Situationen auszustrahlen, gibt Sicherheit und Vertrauen – ich freue mich darüber, dass dies als Outdoortrainerin zu meinen Stärken zählt.

Das konnte ich über die Natur lernen:

Sie ist voller Gegensätze, Kontraste und Wunder, die uns zum Staunen bringen und daran erinnern, dass manche Dinge, die wir im Alltag als wichtig empfinden, auf einmal völlig unwichtig werden, und wir trotzdem – oder genau deswegen – glücklich und zufrieden sind.

Das kann ich dir mitgeben:

Wenn du gestresst bist und das Gefühl hast, dass es Zeit für eine Veränderung ist: Nimm dir eine Auszeit in der Natur. Sei neugierig und entdecke dich und die Wunder in der Natur – alleine oder mit Weggefährt:innen, z. B. bei einer Coaching-Reise.

Laura Pfaffenbach

Laura ist Abenteurerin, Outdoor-Coach und Gründerin von *Pfade Finden*. Das Unterwegssein begleitet sie schon seit ihrer Jugend, als sie den Entdeckungsort Natur bei den Pfadfindern für sich gefunden hat. Zahlreiche Reisen durch Deutschland und um die Welt haben ihr die Faszination und das Potenzial der persönlichen Weiterentwicklung, die in ihr und dem Reisen liegen, verdeutlicht.

Nach einigen Jahren auf dem klassischen Pfad – durch Studium und Berufsleben – hat sie erkannt, was ihre wahren Werte sind und dass diese mit dem Pfad nicht in Einklang zu bringen sind. So hieß es erneut: Pack den Rucksack, zieh die Wanderschuhe an und los geht's in ein ortsunabhängiges Leben als Unternehmerin.

Als Outdoor-Coach und Naturexpertin ist es zu ihrer Mission geworden, die Welt abenteuerreicher und naturverbundener zu machen. Mit *Pfade Finden* unterstützt sie Frauen dabei, ihren Pfad im Leben zu finden und sich auf den Weg zu machen.

www.pfade-finden.de

Zwei Tage Grenzen überwinden

Vulkanbesteigung, Guatemala, Januar 2018

von Aline Pfeil

10 Schritte – 20 Sekunden Pause, 10 Schritte – 20 Sekunden Pause – so besteige ich mit Nicole, einer Kanadierin, die ich vor gut drei Stunden im Hostel kennengelernt habe, den Vulkan Acatenango in Guatemala

Dieses Abenteuer – in meiner schon 15-monatigen Reise durch Nord- und Mittelamerika – erweist sich als schwerste mentale und körperliche Herausforderung, aber auch als eines der größten Geschenke und Naturschauspiele.

Doch zurück zum Anfang.

Es ist Mitte Januar. Ich bin soeben von einem zweiwöchigen Sprachkurs in San Pedro La Laguna nach Antigua, Ausgangspunkt für Vulkanwanderungen, zurückgekehrt. Die Entscheidung für einen Spanischkurs war gleichzeitig ein Sich-Drücken vor der Besteigung des Vulkans Acatenango. Bei meinem ersten Besuch in dieser wunderschönen historischen Stadt von Guatemala lag die Buchung einer solchen Wanderung noch jenseits meiner Vorstellungskraft. Aber jetzt war die Zeit gekommen, den mutigen Schritt zu wagen. Das spürte ich.

Ein paar Monate zuvor hatte eine Reisende in mir diesen Samen gesät. In einem Hostel in Mexiko hatte sie mir in den buntesten Farben von einem lavaspeienden Vulkan erzählt. Dabei war sie selbst gar nicht oben gewesen. Alles, was sie darüber wusste, hatte sie von anderen Reisenden berichtet bekommen. Sie bereute es jedoch zutiefst, dieses Erlebnis versäumt zu haben. Wenn ich jemals die Zeit und Gelegenheit bekommen würde, dann solle ich diese Tour unbedingt mitmachen – empfahl sie mir. Die Wanderung sei sehr anstrengend, aber absolut lohnenswert, wurde ihr berichtet. Man übernachtet in einem Zelt auf dem Vulkan Acatenango und sieht dabei zu, wie der gegenüberliegende Schichtvulkan Fuego ausbricht und Lava spuckt.

Ich speicherte mir ein paar Stichworte in meine Notizen im Handy, obwohl ich zu diesem Zeitpunkt noch gar nicht wusste, dass ich nach Guatemala reisen würde.

Doch dann verschlug es mich doch noch nach Guatemala und nach einigen Tagen bereits auch nach Antigua. Da war doch was? Ich durchsuchte meine Handynotizen. Da ich diese nicht wirklich mit System führe, dauerte es eine Weile, bis ich die Notiz fand, in der stand: „Antigua, Acatenango, Vulkanbesteigung". Meine Erinnerung hatte mich nicht getäuscht. Mit diesen Schlagworten fing ich an, im Internet zu recherchieren und fand einige Reiseblogs, die über diese Vulkanbesteigung berichteten.

Der Vulkan Acatenango hat eine Höhe von 3.976 Metern und ist damit der dritthöchste Vulkan in Mittelamerika. Seine letzte Eruption war im Jahr 1972. Bei der zweitägigen Tour übernachtet man auf dem Vulkan in Zelten auf ca. 3.500 Höhenmetern. Etwa fünf Stunden dauert der Aufstieg bis zum Basecamp, bei dem die Wanderer ca. 1.200 Höhenmeter überwinden.

Was die Besteigung des Vulkans für die meisten Mutigen so interessant macht, ist dieser grandiose Blick auf den hochaktiven Zwillingsvulkan Fuego, der nur wenige Kilometer entfernt ist und dem man beim regelmäßigen Lavaspucken zusehen kann.

Die Erinnerungen an die Erzählungen meiner mexikanischen Reisebekanntschaft stiegen in mir auf und ließen mein Herz vor Begeisterung schneller klopfen. Ihre Eindringlichkeit lag mir im Ohr und die Beschreibungen der Blogger klangen ebenso vielversprechend. Das musste man offensichtlich wirklich gemacht haben. Meine Abenteuerlust meldete sich lauthals und der gesetzte Samen fing an zu sprießen. Doch die Berichte über die anstrengende Wanderung brachten nicht nur Abenteuergeist und Neugier zum Vorschein, sondern weckten in mir auch ein Gefühl von Angst. Denn so ein Abenteuer lag weit außerhalb meiner Komfortzone.

Würde ich so eine Tour schaffen? Ich befürchtete, weder die körperliche Kondition zu haben noch hatte ich irgendwelche Erfahrungen mit solchen Besteigungen.

Doch mein Ehrgeiz war geweckt. Ich würde Guatemala unter keinen Umständen verlassen, ohne es nicht wenigstens probiert zu haben.

Während meiner Zeit in San Pedro La Laguna hatte ich immer wieder über die Besteigung nachgedacht und nun, nach meiner Rückkehr nach Antigua, wollte ich es angehen.

Am nächsten Morgen machte ich mich fest entschlossen auf die Suche nach einem passenden Touranbieter. Für diese Tour gibt es unzählige Anbieter in Antigua. Glücklicherweise hatte ich eine Empfehlung erhalten, die mir die Auswahl erleichterte.

Doch auch wenn ich entschlossen war, mit jedem Schritt durch die Straßen begleitete mich auch die Frage: „War ich wirklich bereit dafür?“

Als ich den Anbieter schließlich fand, stellte ich fest, dass es sich um ein Hostel handelte, das tägliche Touren anbietet. Das war perfekt, denn ich brauchte auch eine Übernachtungsmöglichkeit ab dem nächsten Tag.

Am Anmeldetresen überlegte ich noch einmal hin und her, doch dann traf ich endgültig die Entscheidung: Ich werde den Vulkan besteigen!

Meine Hände zitterten leicht, als ich mich in die Teilnehmerliste für die Vulkanbesteigung eintrug und meine Kreditkarte für die Bezahlung hervorkramte – jetzt gab es kein Zurück mehr für mich.

Drei Tage später, gegen sechs Uhr morgens. Das Hostel erwacht langsam zum Leben. Ich liege schon einige Zeit wach in meinem Bett und bemerke, wie sich eine leichte Nervosität in mir ausbreitet. Ich stehe auf, noch eine heiße Dusche, bevor ich die letzten Dinge, die ich für die nächsten

Tage brauche, an der Rezeption des Hostels abhole. Die Dinge, die ich nicht dabeihabe wie einen kleineren Wanderrucksack, eine dicke Jacke, Mütze und Handschuhe. Ohne diese Leihmöglichkeit wäre die ganze Wanderung schwierig geworden. Doch die Touranbieter sind darauf eingestellt, dass nicht jeder für eine solche Wanderung ausgerüstet ist, und bieten im Grunde fast alles an, was man als Ausstattung braucht.

Nachdem ich die benötigten Sachen abgeholt habe, geht es ans Packen. In den geliehenen Rucksack kommen auch noch vier Liter Trinkwasser, das Mittagessen für die Mittagspause während der Besteigung, das mir in einem kleinen Plastikbehältnis an der Rezeption mitgegeben wurde, und einige kleinere Snacks wie Nüsse und Schokolade, die ich am Tag zuvor noch besorgt hatte. Außerdem meine eigene Wechselkleidung, weil die Besteigung als sehr schweißtreibend beschrieben wird, und noch ein paar lange, wärmere Sachen für die Zeit auf dem Vulkan in 3.500 Meter Höhe. Aber auch Zahnbürste, Reinigungstücher und nicht zu vergessen, eine Stirnlampe für die Nacht. Alles andere wie Zelt, Isomatte und Schlafsack sowie das Abendessen und das Frühstück für den nächsten Tag befinden sich bereits im Basecamp oder werden von unseren drei Tourguides mit hochgebracht, sagt man mir an der Rezeption.

Als ich mit dem Packen fertig bin, gehe ich in den vorderen Teil des Hostels und setze mich in die Sitzecke, wo bereits andere Hostelgäste gespannt sitzen und darauf warten, dass es bald losgeht. Nicole und ihr Freund, beide aus Kanada, sind auch dabei. Sie möchten ihre Guatemala-Zeit mit dieser Wanderung zu einem Höhepunkt führen. Die beiden sind mir auf Anhieb sympathisch und mit Kanada haben wir eine tolle Verbindung, da ich erst drei Monate zuvor mein Work & Travel-Jahr dort verbracht hatte.

Immer mehr Menschen gesellen sich zu uns, jeder von ihnen wird heute mit auf den Vulkan steigen. Der Vorraum des Hostels füllt sich und ich beobachte jede neue Person, die reinkommt. Wir werden eine Gruppe von 18 unerschrockenen Abenteurern, die meisten sind aus Kanada und den USA, die die nächsten zwei Tage miteinander verbringen werden.

Die, die noch nicht angemeldet sind, registrieren sich und einige leihen sich Kleidungsstücke aus oder suchen anderes, was noch fehlt, hektisch zusammen.

Für die Hostelgäste gibt es noch ein letztes Frühstück vor dem Aufbruch. Während ich versuche, mein Müsli zu essen, das ich kaum runterkriege vor Aufregung, lausche ich den Gesprächen. Die Geschichten der anderen, was sie über die Wanderung gelesen und gehört haben, gleicht sich mit dem, was ich bereits in Erfahrung gebracht hatte, verunsichern mich aber erneut. Meine Nervosität wechselt in Anspannung und ich frage mich: „Was mache ich hier eigentlich?" Diese ganz leise Stimme nagt.

„Ach, hör auf, es wird sicher gar nicht so schlimm", versuche ich mich zu beruhigen. „Du wirst das schaffen!"

Nur wenige Minuten später brechen wir auf: Noch einmal auf die Toilette, Rucksack schnappen und es kann losgehen. Wir werden auf Minibusse verteilt, die soeben vorgefahren sind, unser Gepäck wird aufgeladen und die Fahrzeuge setzen sich in Bewegung.

Kaum sitze ich im Wagen, merke ich, dass ich weder weiß, wie lange wir fahren werden, noch, wo der Startpunkt der Wandertour sein wird.

„Mal wieder bestens informiert, Aline", denke ich mir und muss über mich selbst schmunzeln. Ich lasse einfach mal alles auf mich zukommen.

Wir fahren durch die kleinen Gassen von Antigua. Als wir die Stadt hinter uns gelassen haben, schaue ich aus dem Fenster, versuche die Häuser zu erfassen, an denen wir vorbeifahren, und beobachte, wie die Natur mit ihren weiten grünen Feldern und den umliegenden Bergformationen an uns vorbeirauscht. Ich höre die Stimmen vom Fahrer und Beifahrer, die sich angeregt unterhalten, alle anderen im Auto sind ruhig und sehen ebenfalls aus dem Fenster. Nur manchmal fällt ein Hinweis auf Englisch: „Schaut mal da rüber!"

Die Serpentinen haben es in sich, mit jeder weiteren Kurve, die wir fahren, wird mir flauer im Magen und mit jedem weiteren Höhenmeter steigt auch mein Ohrendruck. Um mich abzulenken, versuche ich, dem Gespräch der beiden vorne zu folgen, doch das gelingt mir leider nur bedingt. Die Straßen werden immer steiler und der Motor des Wagens immer lauter. Mit der steigenden Lautstärke verstummt auch das Gespräch.

„Ob wir gleich da sind?", denke ich.

Ich merke, je länger die Fahrt dauert, umso mehr steigt meine Anspannung, aber auch die (An-)Spannung bei allen anderen ist stark spürbar.

Nach gut einer Stunde Fahrt stoppen wir an einer kleinen Holzhütte, dem Startpunkt der Wanderung auf 2.300 Höhenmetern, und steigen aus. Endlich. Die Sonne scheint, ein leichter Wind weht. Es herrscht reges Treiben. Wir sind nicht die Einzigen, die heute diese Wanderung machen werden. Eine weitere Gruppe wartet darauf, den Vulkan zu besteigen. Alle reden durcheinander, begrüßen sich und dann startet die erste Gruppe. Etwas später werden wir folgen.

Einer unserer Guides zeigt uns die Sammelstelle, ein kleiner Unterstand an einer Holzhütte. Doch bevor ich mich den anderen anschließe, brauche ich noch ein paar Minuten für mich und nehme etwas Abstand vom Treiben. Ich werfe noch einmal einen Blick in die Ferne, auf die wunderschöne Landschaft mit kleinen Tälern, grünen Hügeln und dazwischen auch immer wieder großen Bergen und anderen Vulkanen. Ich atme tief durch und motiviere mich: „Du packst das, Aline. Es haben schon so viele vor dir geschafft, dann schaffst du das auch!"

Als ich mich zum Unterstand aufmachen möchte, kommt ein einheimischer Junge auf mich zu, der mir anbietet, einen Wanderstock auszuleihen. Ich habe das Gefühl, dass ich das Angebot annehmen sollte, auch wenn ich in dem Moment keine Ahnung habe, ob der Stock wirklich nützlich sein wird.

Als ich zu den Wartenden meiner Gruppe stoße, gönnen sie sich gerade einen kleinen Schnaps. Sie bieten mir auch einen an, aber ich lehne dankend ab, auch wenn es meine Nerven sicher beruhigt hätte. Ich möchte kein Risiko eingehen, weil ich nicht einschätzen kann, wie sich Alkohol auf meine Kondition auswirken wird.

Einer unserer Guides gibt uns das Signal für den Start. Alle setzen sich langsam in Bewegung. Ich nehme meinen Rucksack, setze ihn auf meinen Rücken und folge mit meinem neuen Wanderstock in der Hand den anderen an den Straßenrand. Es gibt noch eine kleine Einweisung auf Spanisch, jemand aus unserer Gruppe übersetzt ins Englische. Doch egal, wem ich zuhöre, ich verstehe einfach nur: „Lauft uns hinterher und den Rest werdet ihr auf dem Weg schon sehen."

Ich weiß nicht, ob ich in diesem Moment lachen oder weinen soll, denn ich bin mir erneut nicht sicher, ob das eine gute Idee war, hier mitzumachen. Doch für viel Grübelei bleibt zum Glück keine Zeit mehr.

Es geht los.

Nochmals wird überprüft, ob alle da sind, ein Guide geht voran, der andere ist in der Mitte und ein dritter geht am Schluss unserer Gruppe als Letzter. Ich bin in der Mitte, weil ich nicht gleich zu Beginn den Anschluss verlieren möchte. Wir laufen ein paar Meter an der Straße entlang, bis wir links auf einen Feldweg abbiegen. Nicht so schlimm bisher. Meine Zweifel sind erst mal weggeblasen und auch die Energie in der Gruppe ist wieder ausgelassen, alle sind fröhlich gestimmt und motiviert.

Der Feldweg verwandelt sich nach kurzer Zeit in einen breiten, sandigen Weg, der sich an den Außenkanten so hoch auftürmt, dass wir nicht mehr drüber hinausschauen können. Der Weg ist wie eine große Fahrrinne angelegt. Schlagartig wird es auch immer steiler. Der lose und steinige Untergrund fordert mich und alle anderen heraus. Schweiß läuft meine Stirn hinunter und die Anstrengung steht mir bereits nach kürzester Zeit ins Gesicht geschrieben. Jetzt erweist sich der Wanderstock als wahrer Segen. Gut, dass ich meiner Vorahnung gefolgt bin. Mit seiner Hilfe fällt mir das Halten meines Gleichgewichts leichter. Ich merke, wie ich mich in den Stock hineindrücken und meinen Körper vorwärtsschieben kann. Dennoch ist es so beschwerlich, dass ich erneut zu zweifeln beginne.

„Wenn es jetzt schon so anstrengend ist, wie soll ich das in den nächsten Stunden und weiteren über 1.000 Höhenmetern durchhalten?"

Ich versuche, meinen Kopf auszuschalten und voranzukommen, zu atmen und nicht den Anschluss an die anderen zu verlieren.

In der Ferne sehe ich andere Wanderer, die uns entgegenkommen. Eine Gruppe vom Vortag. Die Gesichter strahlen Begeisterung und Erschöpfung zugleich aus.

Unsere Gruppe hat sich bereits in schnellere und langsamere Wanderer aufgeteilt. Ich habe das Mittelfeld verlassen und bin eine der Letzten. Meine Beine werden mit jedem Schritt auf dem Schotter schwerer, mein Atem lauter und meine Pulsader fühlt sich an, als ob sie gleich explodieren wird.

Ich sehe, wie Nicole nur wenige Meter vor mir eine Pause macht, und gehe langsam auf sie zu. Ihr Blick ist auf mich gerichtet, als würde sie auf mich warten. Als ich sie erreiche, bietet sie mir an, dass wir zusammen weiterwandern.

Ihr Freund war bereits vorausgeeilt. Sie wollte sich davon nicht stressen lassen und in ihrem Tempo weitergehen.

„We will do this at our own pace." – *Wir werden das in unserem eigenen Tempo machen.*

Ihre Worte motivieren mich und ich freue mich darüber, nun nicht mehr alleine zu sein. Anfangs können wir uns noch unterhalten: Wo ich in Kanada überall gewesen war, dass ich erst dort wieder gelernt habe, Englisch zu sprechen und was sie in Kanada macht. Doch mit jedem Schritt fällt das Sprechen schwerer und unser Gespräch verstummt langsam, weil wir beide um Luft ringen. Sobald wir aufhören, miteinander zu sprechen, setzt mein Verstand ein – ich denke wieder ans Umkehren. Erst will ich alleine damit zurechtkommen. Doch als wir eine kleine Pause einlegen, sage ich Nicole schließlich, dass ich Angst habe, diese Wanderung nicht zu schaffen. Ich möchte zwar nicht aufgeben, aber ich weiß nicht, wie ich diesen Aufstieg meistern soll.

Wir sind noch nicht wirklich lange unterwegs und ich spüre bereits jeden Muskel und jeden einzelnen Knochen. Auch wird mein Rucksack immer schwerer. Ich wusste, dass es hart werden würde, aber dass es so hart für mich wird, damit hatte ich bei Weitem nicht gerechnet.

Nicole geht es genauso und da hat sie eine Idee: „Let's do it this way." – *Lass es uns so machen*: 10 Schritte, 20 Sekunden Pause, 10 Schritte, 20 Sekunden Pause.

„It doesn't matter how long it takes. The main thing is, that we get to the top." – *Es kommt nicht darauf an, wie lange es dauert. Hauptsache wir kommen oben an.*

Ich merke, wie ich mich einen kurzen Augenblick lang entspanne und mich erleichtert fühle. So könnte ich es mit ihr zusammen schaffen. Nein, so werden wir es schaffen!

Es klappt. Es ist immer noch anstrengend und ich spüre jeden Muskel und Knochen, aber bei jedem Schritt freue ich mich schon auf die 20 Sekunden Pause. Und das Zählen unserer Schritte beruhigt mich. Mir fällt auf, wenn ich die Schritte zähle, dass ich mich nicht in meine negativen Gedanken reinsteigere.

Einer der Guides wartet immer geduldig auf uns oder kommt zurück und fragt, ob alles in Ordnung ist. Er bietet uns an, einen unserer Rucksäcke zu tragen, doch ohne zu überlegen, lehnen wir beide ab. Ich möchte es mit allem, was ich trage, hoch schaffen und ich werde es schaffen. Zudem fühlt es sich für mich sehr unangenehm an, wenn ich daran denke, ihm meine Sachen zum Tragen zu geben. Vielleicht aus Stolz? Oder vielleicht will ich jemand anderem nicht meine Last aufbürden? Jedenfalls kommt es einfach nicht für mich infrage.

Die Landschaft verändert sich und wir tauchen mit jedem Meter weiter ein in einen dichten Wald, umgeben von Nebel und Feuchtigkeit. Auch die Luft wird immer dünner. Oder war sie es schon die ganze Zeit? Erst jetzt realisiere ich, dass mir der Aufstieg nicht nur zu schaffen macht, weil er wirklich steil ist und ich kaum Kondition habe, sondern auch, weil es so weit oben weniger Sauerstoff in der Luft gibt. Schon wieder muss ich über mich selbst schmunzeln, dass ich nicht früher daran gedacht habe.

Nach einer guten Stunde, wobei Zeit schon lange keine Rolle mehr spielt und ich jegliches Gefühl dafür verloren habe, versammelt sich unsere Gruppe. Zwischendurch wurde zwar auf uns gewartet, aber die meisten liefen weiter, wenn wir ankamen, und wir brauchten dann erst einmal eine Pause. Dadurch wurde der Abstand zur Gruppe immer größer.

Am Checkpoint angelangt, haben wir endlich mehr Zeit zum Ausruhen. Ich suche mir etwas abseits einen Platz zum Sitzen und lege meinen Rucksack ab. Durchatmen. Verschnaufen. Ich krame einen mitgebrachten Schokoriegel heraus, um meine Energiereserven zu pimpen.

Als ich wieder hochschaue, sehe ich einen Hund, der sich nur wenige Meter von mir entfernt hingesetzt hat und das Treiben vor uns ganz ungestört beobachtet. Wo der wohl herkommt und zu wem er gehört?

Unsere Gruppe macht sich langsam fertig zum Weitergehen, mir bleibt noch Zeit, meinen Regenschutz über meinen Rucksack zu spannen und dem Hund Tschüss zu sagen. Dann gehe ich auch schon rüber zu Nicole, um mit ihr weiterzulaufen.

Der Abschnitt, auf dem wir uns befinden, wird immer waldiger und die Luft wird noch feuchter. Ich fühle mich wie in einem Regenwald, der jedoch nicht heiß-feucht, sondern eher kalt-feucht ist und zudem eingebettet in eine Schicht Nebel.

Nicole und ich laufen immer noch zusammen am Ende der Gruppe. Hintereinander auf dem schmalen Wanderweg, der weiterhin steil bergauf geht und auch immer wieder über Wurzelgebilde führt, die wir geschickt übersteigen. Wir reden nicht viel, sondern setzen einen Fuß vor den anderen, und in meinem Kopf zähle ich die Schritte, damit ich nicht wieder in Gedanken versinke, die mich kleinhalten.

Ein Gefühl von Freude steigt in mir auf, als ich bemerke, dass mir das Gehen leichter fällt. Der Boden ist fest und wir brauchen auch nicht mehr so große Schritte nach oben machen. Nach einer kurzen Rücksprache mit Nicole entscheiden wir uns, unsere Schrittzahl bis zur nächsten Pause zu erhöhen.

Der Regenwald verwandelt sich in einen Nadelwald, der sich mit jedem Höhenmeter lichtet. Immer wieder schweift mein Blick nach rechts und nach links. Überall Disteln, Sträucher und Gräser, an denen kleine Wassertropfen hängen. Und das Nebelbett, in dem alles eingehüllt ist. Es scheint, als ob alles um uns herum schläft. Zugedeckt mit Feuchtigkeit. Eine unglaubliche Ruhe herrscht hier oben. Ich höre nur Nicoles und meine Schritte und wie ich atme. Ich habe weder eine Idee davon, wie hoch wir jetzt sind, noch, wie lange wir schon laufen oder welche Wegstrecke wir noch vor uns haben, als wir auf eine kleine Lichtung kommen. Nichts spielt mehr eine Rolle. Ich bin einfach nur glücklich, dass ich es bis hierhin geschafft habe.

Es sieht so aus, als ob wir eine größere Pause einlegen, denn alle Wanderer sitzen bereits im Kreis auf dem Boden und packen ihr Mittagessen aus. Ich streife meinen Rucksack vom Rücken und lasse ihn zu Boden fallen, noch bevor ich mir einen Platz suche. Endlich. Meine Schultern schmerzen von der Last und fühlen sich erleichtert, so wie auch mein restlicher Körper.

Mein Mittagessen besteht aus Reis, Gemüse und einer Orange. Dazu gibt es Nüsse, die ich mir mitgenommen habe. Einfach, und doch fühle ich mich wie Gott in Frankreich. Mein Körper ist müde und freut sich über alles, was er kriegen kann.

Beim Essen wird viel erzählt. Jeder berichtet, wie er den Weg bis hierhin empfunden hat und wie es ihm ergangen ist. Ich höre zu. Die einen fanden den Weg herausfordernd, aber sind weiterhin mit voller Energie dabei und können es kaum abwarten, weiterzugehen. Die anderen sind froh, eine längere Pause zu haben, so wie auch ich. Es nimmt mir etwas meinen eigenen inneren Druck und motiviert mich zu hören, dass der Aufstieg auch für die Schnelleren unserer Gruppe eine Herausforderung ist. Vielleicht ist meine Kondition ja gar nicht so schlecht, wie ich dachte, ich lasse es eben nur langsam angehen. Diese Gedanken stärken mich.

Ein Guide verkündet, dass wir bereits die Hälfte geschafft haben und es sehr bald auch immer flacher werden wird.

Jemand fragt: „Wann ist bald?“

Ein schelmisches Grinsen durchzieht sein Gesicht und er erwidert: „In vielleicht einer Stunde.“

Ich schöpfe Hoffnung und motiviere mich erneut selbst: „Nur noch eine Stunde, das schaffe ich!"

Kaum habe ich den Gedanken zu Ende gedacht, geben uns die Guides ein Zeichen, dass es weitergeht.

Die hoch motivierten Abenteurer unserer Gruppe sind schon fast nicht mehr zu sehen, als ich meinen Rucksack wieder aufsetze und meinen guten Helfer den Wanderstock in die Hand nehme. Nicole wartet bereits auf mich, ihr Freund schließt sich uns nun an und wir gehen zu dritt weiter.

Die Pause tat uns allen gut und die Stimmung ist gehoben. Wir sind etwas gelassener, auch wenn es immer noch bergauf geht. Eins ... zwei ... drei ... Ich fange wieder an, meine Schritte zu zählen, damit meine Gedanken ruhig bleiben. Ich möchte es einfach nur schaffen.

Nicole und ihr Freund beginnen ein Gespräch, aber ich kann mich nicht so recht auf ihre Worte konzentrieren. Ich laufe hinter ihnen, mein Blick auf den Pfad und auf meine Füße gerichtet, Schritt für Schritt. Immer wieder wird der Weg auf der einen Seite des Pfades sehr abschüssig, was mich anspornt, konzentriert und zielgerichtet weiterzugehen.

Wir machen in regelmäßigen Abständen kleine Pausen, um durchzuatmen und etwas zu trinken. Oft sind es nur kurze Momente, mal auch längere. Ich traue mich nicht mehr, meinen Rucksack abzusetzen, weil ich glaube, ihn danach gar nicht mehr aufsetzen zu können, wenn meine Schultern erst mal von der Last befreit sind.

Wir durchqueren schon eine Weile den immer lichter werdenden Nadelwald. Ich frage mich, auf welcher Höhe wir wohl sind. Mit jedem Meter wird es kühler. Ich schwitze weniger, obwohl es nicht weniger anstrengend ist. Der Weg ist mittlerweile breiter geworden und lässt Platz, sich ohne Gefahr nach rechts oder links zu drehen. Was mir die Entscheidung leichter macht, jetzt noch etwas Wärmeres anzuziehen.

Ein Pullover weniger im Rucksack fühlt sich gleich viel leichter an. Meine Schultern danken es mir.

Wir gehen weiter in unserem Tempo. Mal sehen wir die anderen Wanderer unserer Gruppe vor uns, aber die meiste Zeit sind wir allein. Es ist schön, mit den beiden zusammen zu gehen. Ohne Worte fühlen wir uns in unserer kleinen Gruppe motiviert, was mir Kraft gibt. Wir haben mittlerweile eine Höhe erreicht, auf der nur noch wenige Bäume stehen. Wir könnten fast in die Ferne sehen, würden wir nicht immer noch in einer Wolkenschicht stecken. Dieser Abschnitt ist gesäumt von toten Bäumen, zwischen welchen neue kleine Bäume wachsen. Ich fühle mich wie in einer anderen Welt. Alles hat so einen mystischen und zugleich magischen Charakter. Wir philosophieren darüber, warum die Bäume wohl abgestorben sind. Unsere Vermutung: durch den letzten Vulkanausbruch vor vielen Jahren. Und nun würden wir Zeuge der Zeit „Kommen und Gehen". Der Kreislauf des Lebens und die nächste Vegetationszone, auf die wir treffen. Es beeindruckt mich sehr, wie sich Flora und Fauna an ihre Lebensumstände auch auf dieser Höhe anpassen.

Plötzlich ein dumpfer Knall.

Wir haben keine Ahnung, was das für ein Geräusch war, vielleicht der Vulkan Fuego? Anders können auch wir uns das nicht erklären.

Einige Meter vor uns sehen wir Wanderer. Sie sitzen sehr entspannt auf dem Boden und gönnen sich eine Pause. Wir begrüßen uns, als wir näherkommen, obwohl wir uns nicht kennen. Sie verkünden uns die frohe Botschaft, dass wir den schwersten Teil hinter uns gebracht haben und es jetzt nur noch leicht in die Höhe hinausgeht.

Erleichterung macht sich breit. Der steile Part ist geschafft, was auch bedeutet, dass wir bald das Basecamp erreichen werden. Ich freue mich sehr. Auch wenn wir noch nicht da sind. Ich fühle mich in diesem Moment, als ob ich es bereits geschafft hätte. Ich habe es geschafft, stärker zu sein als meine Gedanken der letzten Stunden, die mich immer wieder kleinhalten wollten. Aber auch mein Körper hat mich bis hierher nicht im Stich gelassen. Jetzt weiß ich, es gibt kein Zurück mehr und ich werde im Basecamp ankommen.

Die Wanderer bestätigen uns auch unsere Vermutung wegen des Knalls: „Das ist der Vulkan."

Wahnsinn, so nahe sind wir schon an ihm dran. Während wir weitergehen, gibt es einen weiteren Knall. Mein Adrenalin steigt bei dem Gedanken daran, dass ich gleich im Basecamp bin und den Fuego sehen werde.

Noch viele Male zähle ich meine Schritte, unsere Pausen werden kürzer, es ist, als ob wir getragen werden von der Vorfreude, es gleich geschafft zu haben. Die Sicht wird klarer und das erste Mal kann ich in die Weite blicken. Ich sehe die Täler, die so winzig wirken. Wie weit oben wir hier sind! Ein herrlicher Ausblick.

Während wir weitergehen, werden die Wege wieder schmaler und sandiger. Bunte Zelte reihen sich vor den Bergkanten auf kleinen angelegten Plateaus. Die ersten Vorboten, dass auch wir bald unser Basecamp erreichen werden, so meine freudige Vermutung.

Ich mobilisiere noch einmal meine letzten Kräfte und stelle mir vor, wie ich am Ziel ankomme, um es mir leichter zu machen. Mein Blick ist nach vorne gerichtet. Ich will sehen, wenn unser Basecamp vor mir erscheint.

Nicole signalisiert mir in ungefähr 100 Meter Entfernung, dass es nur noch wenige Meter sind. Und da ist es, da ist unser Basecamp. Meine Schritte werden schneller, meine Freude steigt. Eins, zwei, drei.

Wenige Minuten später erreiche ich das Plateau, auf dem alle stehen und auf mich warten.

„Aline, we did it!" – *Aline, wir haben es geschafft!*

Nicole schaut mich freudestrahlend an.

Ich bin überwältigt, lasse mich auf meine Knie fallen und reiße meine Arme in die Höhe. Yeah! Nach über fünf Stunden Aufstieg habe ich es geschafft! All die Zeit hatten sich meine Gedanken so oft um das Aufgeben, Umkehren und meine Zweifel gedreht und jetzt habe ich es tatsächlich ins Basecamp geschafft. Würde mein Körper nicht so erschöpft sein, würde ich meinen, ich träume, aber es ist wahr. Ich bin einfach nur überglücklich und erleichtert.

Jeder einzelne aus unserer Gruppe klatscht mit mir ab, beglückwünscht mich, dass ich nun auch da bin, und ich beglückwünsche sie.

Noch im Rausch meiner Gefühle suche ich mit meinem Blick nach dem Vulkan, aber finde ihn nicht. Plötzlich wieder ein lauter Knall. Ich schaue nach links in die Richtung des Geräusches, kann aber nichts erkennen und sehe nur eine dicke Wolke.

Ein Guide winkt uns zu dem kleinen Pavillon am Ende des Basecamps, bei dem er steht, und zeigt auf das Feuer, an dem wir uns aufwärmen sollen. Jetzt erst bemerke ich, wie kalt es hier oben tatsächlich ist.

Plötzlich ein Raunen.

Die Wolkendecke hat sich verzogen und wir sehen ihn. Rauch steigt aus der Spitze. Mein Herz bleibt fast stehen. Er sieht so unfassbar nahe aus, fast als ob er nur ein paar Meter entfernt auf der anderen Seite steht und darauf wartet, bestaunt zu werden. So nahe, dass man den Eindruck hat, die Lava könnte auch auf unserer Seite ankommen, wenn er ausbricht. Ein sandiger, kegelförmiger Berg mit einem spitzen Vulkangipfel. Der schwarzbraune Sand ist an einigen Stellen leicht orange- und rotfarbig durchzogen. Er wirkt so friedlich. Nur der Rauch verrät, dass es kein Berg ist und in ihm heiße Lava brodelt.

Minuten vergehen, in denen wir alle den Fuego bewundern.

Ich komme aus dem Staunen kaum heraus und erschrecke leicht, als mir der Guide, der neben mir steht, auf die Schulter klopft. Wir sollen uns einen Schlafplatz aussuchen und zu den Zelten gehen. Es gibt ein großes Zelt und noch weitere kleinere Zelte, die alle nebeneinanderstehen. Die Guides haben ein Zelt auf der anderen Seite unseres kleinen Camps. Jeder sucht sich einen Platz. Ich nehme einen Schlafplatz in dem großen Zelt. Nachdem ich mir noch eine weitere Lage langer Hosen angezogen habe, gehe ich wieder zum Aussichtsplatz und schaue auf den Vulkan. Da bemerke ich, dass die anderen aufgeregt miteinander sprechen.

Geplant war, dass wir am nächsten Morgen 400 Meter höher auf den Gipfel des Acatenango wandern, um von dort aus den Sonnenaufgang zu beobachten. Jetzt raten die Guides jedoch, noch am selben Abend zum Gipfel aufzusteigen, weil sich das Wetter bis zum nächsten Morgen ändern könnte.

Mein Körper zieht sich zusammen.

„Noch weiter hoch? Das ist nicht euer Ernst?", wird eine Stimme in mir laut.

Ich war so glücklich, im Basecamp angekommen zu sein, und jetzt soll es noch eine Etage höher gehen?

Viel Zeit zum Überlegen bleibt nicht, da es in einigen Stunden dunkel wird. Fünf aus unserer Gruppe, darunter Nicole und ihr Freund, werden zum Gipfel wandern. Die anderen sind noch waghalsiger und wollen so nahe wie möglich an den Fuego herankommen, um die Lava bei einem Ausbruch noch genauer sehen zu können. Mir wird klar, wenn ich nicht alleine im Basecamp bleiben möchte, dann werde ich noch einmal meine allerletzte Kraft mobilisieren müssen und mitgehen. Die Wahlmöglichkeit, noch näher an den Fuego heranzugehen, schlage ich für mich aus, auch wenn es sich verlockend anhört. Die Guides weisen uns für diese Etappe jedoch eindringlich darauf hin, dass wirklich nur diejenigen mitgehen sollten, die sich zu 100% in der Lage dazu sehen. Ich weiß zwar jetzt, dass ich zu mehr fähig bin, als ich noch vor gut sechs Stunden geglaubt habe, aber das traue ich mir dann doch nicht zu. Somit entscheide ich mich für die Gipfeltour.

Entschieden, gesagt und schon geht es los. Die Gruppen teilen sich auf. Ich lasse meinen Rucksack im Basecamp und bewaffne mich lediglich mit meinem Wanderstock und meiner Stirnlampe. Ich ziehe noch eine weitere Lage Kleidung unter meiner dicken Jacke an. Der Guide, der mit uns hochgehen wird, bietet uns an, in seinem Rucksack Wasser mitzunehmen. Diesmal sage ich nicht nein.

Der Weg zum Gipfel besteht aus feinkörnigem Lavasand und Gestein. Der Untergrund ist alles andere als fest und sehr rutschig. Bei fast jedem Schritt, den ich mache, rutsche ich zwei Schritte wieder zurück. So geht es beinahe unentwegt, manchmal krieche ich sogar auf allen vieren. Große Felsbrocken liegen am Weg. Diese letzte Etappe hat es nochmal in sich, obwohl ich geglaubt hatte, das Härteste schon hinter mir zu haben. Weit gefehlt.

Ich brauche eine Pause, setze mich kurz auf einen Felsbrocken und lasse mir durch die Sonne Energie schenken. Mein Atem ist schwer und die knappe Luft hier oben macht mir zu schaffen.

Wieder steigen Gedanken in mir auf. „Sollte ich doch besser umkehren? Noch ist es nicht zu spät."

Kaum denke ich es, ist Nicole neben mir und gibt mir mit einem freundlichen Kopfnicken zu verstehen, dass ich weitergehen soll. Ich erinnere mich daran, wie ich es zum Basecamp geschafft habe, stehe auf und beginne wieder damit, die neu erlernte Strategie des Schrittezählens zu nutzen.

Der Untergrund wird langsam fester, die Luft wird noch kälter und noch dünner, die Wege schmäler. Wir kommen immer höher und nach mehr als einer Stunde haben wir den Gipfel auf fast 4.000 Metern erreicht.

Ein atemberaubender Anblick und Ausblick. Wir sind die einzige Gruppe auf dem Gipfel und haben einen 360-Grad-Blick.

Wow, ich bin einfach nur sprachlos und ein Gefühl von Stolz durchströmt meinen Körper. Niemals hätte ich mir träumen lassen, so etwas jemals zu erleben. Wir haben freien Blick auf den qualmenden Vulkan Fuego, aber auch auf die umliegende Landschaft und die vielen anderen Vulkane Guatemalas. Unbeschreiblich große Wolkenformationen zeigen sich, die in rotgoldenes Licht getaucht sind. Wie klein wir doch sind im Vergleich zu allem, was es noch gibt und was uns umgibt.

Ich setze mich auf einen Stein, um die herrliche Weitsicht auf die anderen Berge und Vulkane zu erfassen. Es ist so still und diese Ruhe überträgt sich auf mich und meinen Körper, was die Anstrengung der letzten Stunde verschwinden lässt. Am liebsten würde ich hier einfach ein paar Stunden sitzen bleiben und die Ruhe und Aussicht genießen, wäre es nicht so bitterkalt.

Die Kälte, aber auch mein Erkundungsdrang bewegen mich, aufzustehen und die Zeit zu nutzen, um noch etwas den Gipfel zu besichtigen, während die anderen eifrig Fotos schießen. In der Ferne sehe ich Antigua, Guatemala Stadt und die umliegenden sattgrünen Wälder und Felder.

Nachdem wir noch zusammen ein Gruppenbild gemacht haben, ist es auch schon Zeit, wieder abzusteigen. Denn es wird sehr bald dunkel werden, sagt uns der Guide.

Auch der Abstieg ist eine wahre Rutschpartie. Tatsächlich wird es schneller dunkel, als wir dachten. Erschwerend kommt hinzu, dass Nebel aufzieht und der Weg kaum noch zu erkennen ist. Ich spüre die schon bekannte Angst, dass ich den Anschluss an die Gruppe verlieren könnte. Ich versuche, ruhig zu bleiben und orientiere mich an den Lichtern der Stirnlampe und Schritten der anderen, die vor mir gehen. Jeder ist bemüht, so eng wie möglich mit den anderen zusammenzubleiben, um wirklich niemanden zu verlieren. Gleichzeitig erhöht sich das Tempo, denn jeder möchte so schnell wie möglich ins Basecamp zurück. Hinunter geht es zum Glück immer schneller als hoch und so sind wir nach einer halben Stunde am Ziel. Meine Beine und Knie schmerzen und meine Schuhe sind mit Vulkansand gefüllt, doch das war es allemal wert.

Jetzt aber wirklich durchatmen! So schnell kann ich die Eindrücke und Geschehnisse gar nicht verarbeiten, wie sie in den letzten Stunden auf mich eingeprasselt sind. Doch noch ist es nicht zu Ende. Mittlerweile ist es stockdunkel, als ein Knall ertönt und wir das erste Mal an diesem Tag den Vulkan Fuego Feuer spucken sehen.

Wir alle blicken mit offenem Mund auf den Fuego. Mit eigenen Augen sehe ich, wie er raucht, meterhoch die Funken sprühen und er feuerrote Lava ausspuckt, die am Rande des Kraters herunterläuft und auf dem Weg abkühlt und verblasst. Ich hatte schon öfter Dokumentationen über Vulkanausbrüche gesehen, aber das, was sich mir hier bietet, ist echt. Ich sitze nicht vor dem Fernseher. Ich befinde mich auf 3.500 Metern Höhe und erlebe es live.

Wir schnappen uns die Campingstühle und setzen uns in Reih und Glied mit Blick auf den Vulkan, um weiterhin das Naturschauspiel beobachten zu können.

Die Gruppe, die sich für die waghalsige Wanderung entschieden hatte, trudelt nun auch wieder ein. Jeder ringt um Luft und grinst zugleich über das ganze Gesicht, tief beeindruckt von dem, was er gesehen und erlebt hat.

Nachdem nun unsere alte große Gruppe wieder vereint ist, gibt es Abendessen und heiße Trinkschokolade am Lagerfeuer. Entspannt lassen wir nach dem Essen den Abend am Lagerfeuer ausklingen und tauschen Geschichten über die vergangenen Reiseerlebnisse aus. Doch zwischendurch werden wir unterbrochen. Der Fuego macht sich immer wieder bemerkbar und ein so lauter Knall ertönt, dass mein ganzer Körper vibriert: Eine weitere riesige, rote Fontaine bricht aus, Rauch steigt meterhoch über dem Krater des Vulkans auf und die feurige Lava spritzt in alle Richtungen aus ihm heraus. Sie fällt fast in Zeitlupe auf den Rand des Vulkans und läuft langsam wieder als rot glühende Masse hinab und bahnt sich ihren Weg. Ich habe Gänsehaut am ganzen Körper.

Als nur noch eine kleine Flamme aus dem Vulkan aufsteigt und mir immer kälter wird, beschließe ich mich beseelt, in das Großraumzelt, in dem ich heute schlafen werde, zurückzuziehen. Ich habe die Hoffnung, dass mir nicht allzu kalt werden wird, weil wir viele Personen im Zelt sind. Trotzdem ziehe ich mir lieber noch ein weiteres Paar Socken an. Zum Glück habe ich auch noch ein Longsleeve dabei, das ich jetzt noch drüberziehen kann. Vier Schichten Kleidung und ein dicker Schlafsack schützen mich vor der Kälte. Gut einschlafen kann ich jedoch nicht, Höhen-Kopfschmerzen machen sich bemerkbar. Die anderen, die mit mir die Nacht im Zelt verbringen, gesellen sich langsam dazu und beziehen ihre Schlafsäcke. Irgendwann, ich bin fast eingeschlafen, geht die Zelttür noch einmal auf und einer unserer Guides deckt jeden von uns mit einer extra warmen Decke zu und tatsächlich, erst jetzt kann ich wohlig einschlafen.

Plötzlich schrecke ich auf. Der Boden bebt und ein ziemlich lauter Knall ertönt. Ich bin etwas durcheinander.

„Was war das?“

Im Zelt ist es stockdunkel. Niemand bewegt sich.

„Habe ich nur geträumt?“, frage ich mich selbst.

Ich weiß es nicht, aber ich vermute, dass das Beben und der Knall vom Fuego kamen. Wenn es noch einen Knall gibt, gehe ich raus. Doch es bleibt ruhig.

Als ich aufwache, ist es bereits hell. Im Zelt raschelt es. Draußen höre ich es klappern und die Reißverschlüsse der anderen Zelte, die aufgehen. Ich stehe von meinem Nachtlager auf und strecke meinen Kopf aus dem Zelt: Es ist ein klarer Morgen. Die Sonne geht langsam am Horizont, hinter den tiefer liegenden Wolken auf und taucht alles in ein zart-rotes Licht.

Ein paar Mitwanderer sind schon wach und stehen vor den Zelten. Wir tauschen uns über die Geschehnisse der Nacht aus. Einige haben den Knall auch gehört und ein Guide bestätigt uns, dass der Vulkan noch einmal in der Nacht ausgebrochen ist. Ich hatte tatsächlich nicht geträumt. Ich wollte mich kurz darüber ärgern, nicht aufgestanden zu sein, aber wozu, die Erlebnisse des gestrigen Tages und Abends waren bereits mehr Geschenk, als ich es je erwartet hatte.

Vor dem Abstieg haben wir ein kleines Frühstück zusammen und jeder nimmt auf seine Weise von diesem schönen Platz Abschied. Ich setze mich in einen Campingstuhl, lasse mein Gesicht von der Sonne kitzeln und beobachte den Vulkan Fuego, aus dem immer noch Rauch aufsteigt. In diesem Moment spüre ich tiefe Dankbarkeit, dieses Abenteuer gewagt zu haben und diese Erinnerungen mit nach Hause nehmen zu können. Die Besteigung lässt mich mit der großen Erkenntnis zurück, dass ich zu so viel mehr in der Lage bin, als ich es für möglich gehalten hatte und dass es sich lohnt, trotz Zweifel etwas Neues und Unbekanntes zu wagen. Ich konnte mit dieser Wanderung einen Schalter in meinem Kopf umlegen, der mich mutiger gemacht und der mir Kraft und Vertrauen in mich selbst und auch in meinen Körper gegeben hat. Mein Verstand war bei dieser Wanderung mein größter Gegenspieler und diesen zu besiegen, eine so viel größere Herausforderung, als ich es vorher überhaupt in Betracht gezogen hatte. Genau diese Gedanken hielten mich einige Male klein und brachten mich immer wieder dazu, über einen Abbruch der Wanderung nachzudenken.

Doch am Ende waren es alles nur Gedanken und ich bin überglücklich und dankbar, diesen nicht nachgegeben zu haben. Dadurch wurde mein Selbstvertrauen und mein Durchhaltevermögen nachhaltig gestärkt. Die Strategie des Schrittezählens hat mich gelehrt, dass ich meinen Gedanken nicht hilflos ausgeliefert sein muss, und mir auch das eigene gute Zureden helfen kann, Hürden zu überwinden. Ich entscheide, auf welche Stimme ich in meinem Kopf höre. Ist es die, die mich kleinhält, oder vertraue ich der Stimme, die mir Mut zuspricht. Diese Wanderung hat mir gezeigt, dass ich nicht alles alleine schaffen muss, sondern dass es auch Menschen an meiner Seite geben darf, die mich unterstützen. Und dass wir durch die Verbundenheit gemeinsame Ziele besser erreichen können.

Sie zeigte mir auch deutlich, wie klein wir als Menschen sind, im Vergleich zu dem, was die Natur hervorzubringen vermag. Als ich auf dem Gipfel des Vulkans stand und in die Ferne sah, spürte ich die Größe und Weite. Wie wenig wir doch von diesem Gefühl in unseren Alltag mitnehmen! Obwohl wir so reich beschenkt sind, mit dem, was uns umgibt. Die Natur und alles, was sie hervorbringt, nicht einfach nur als gegeben anzunehmen, sondern zu erkennen, wie wichtig sie auch für uns ist. Sie lässt uns über unsere Grenzen wachsen, sie zeigt uns auf, wie Anpassungsfähigkeit funktioniert und wie machtvoll, aber auch kraftspendend sie sein kann.

Mit meiner Geschichte möchte ich dir Mut machen. Mut, ein Naturabenteuer zu starten, auch wenn du zweifelst. Vertrauen in dich zu haben, auch wenn dein Verstand dir etwas anderes sagt. Wir sind zu so viel mehr in der Lage, als wir selbst glauben. Doch wir können nur durch die gelebte Erfahrung wirkliche Erkenntnisse erlangen, die das Bild auf uns selbst und auf die Welt in einem ganz neuen Licht erstrahlen lässt. Folge dem Ruf deines Herzens und gib nicht auf, auch wenn es beschwerlich wird.

..........................Mein Fazit für dich..............................

Mein größtes Learning auf der Tour:

Die Tour gab mir die Möglichkeit, über mich hinauszuwachsen und zeigte mir, dass noch viel mehr in mir steckt.

Deshalb war die Tour so wichtig für mich:

Sie hat mir gezeigt, dass ich nicht alles alleine schaffen muss.

Diese Fähigkeiten habe ich gelernt oder gestärkt:

Durchhaltevermögen und Selbstvertrauen.

Das durfte ich über mich lernen:

Auch das Mir-selbst-gut-Zureden kann mir helfen, Herausforderungen zu meistern.

Das konnte ich über die Natur lernen:

Sie ist einzigartig und ich kann Kraft und Ruhe aus ihr schöpfen.

Das kann ich dir mitgeben:

Mut wird belohnt. Darum folge dem Ruf deines Herzens und wage (Natur-)Abenteuer, auch wenn du zweifelst.

(Namen wurden von der Autorin geändert.)

Aline Pfeil

Aline war als Kind sehr naturverbunden und liebte es, die Welt um sich herum durch kleine Abenteuer zu entdecken. Auf dem Weg zum Erwachsenwerden entfernte sie sich jedoch zunehmend von diesen Momenten, da sie dachte, dass das Glück in der Erfüllung von beruflichen Zielen liegen würde. Dabei blieb nicht nur ihre Naturverbundenheit auf der Strecke, sondern auch ihre wahre Freude am Leben.

Sie verstand lange nicht, warum sie immer unglücklicher und unzufriedener wurde, bis der Tod ihres Vaters, Fernreisen und Backpacking-Touren ihr die Augen öffneten. Sie fühlte, was ihr Leben lebendig macht: Mut, ihrem Herzen zu folgen und dadurch Abenteuer und die Kraft der Natur wiederzuentdecken.

Seitdem richtet sie ihr Leben nach ihren wahren Bedürfnissen aus und unterstützt Frauen dabei, sich auf ihre eigenen Abenteuer zu begeben.

www.freiheitsmentorin.de

Im Kalender steht Sommer

Wildcamping, Irland, August 2009

von Michela König

Was ist wichtig?

„Doch, das muss mit! Leg es auf den Wichtig-Stapel!"

Auf dem Bett liegen drei Haufen, wovon der eine schon so hoch ist, dass man nicht mehr weiß, wohin mit dem Zeug. Ratet mal, genau, das ist der Wichtig-Stapel. Der in der Mitte ist der Vielleicht-Haufen und ganz rechts liegen noch ein Buch und ein Dolch. Diese beiden Dinge sind aussortiert, immerhin.

Uns war nicht klar, wie schwer es ist, sich zu entscheiden, was mitkommt und was nicht. Was braucht man denn für eine Rucksackreise in Irland? Ich bin ja nun nicht unerfahren, was das Packen und Wandern von und mit Rucksäcken betrifft. Bereits seitdem ich acht Jahre alt bin, gehe ich zu den Pfadfindern, und da habe ich schon so manche Tour mitgemacht.

Phil steht kopfschüttelnd vor dem Bett und betrachtet den riesigen Hügel an Kram und Klamotten. Er nimmt abermals den Spaten in die Hand, den wir uns extra für die Tour in einem Outdoorgeschäft gekauft hatten.

„Wenn wir unterwegs mal müssen ..."

Und auch so macht ein Klappspaten in der Natur Sinn. So war unsere Kaufbegründung.

Wir diskutieren noch ein paar Minuten und dann liegt der Klappspaten wieder auf dem höchsten Haufen, dem Wichtig-Stapel.

Nachdem wir unter Aufbringung all unserer Kräfte die Sachen in unseren zwei Wanderrucksäcken verstaut haben, wiegen wir diese und staunen nicht schlecht, was da so an Gewicht zusammengekommen ist. Um die 22 Kilo pro Rucksack!

Wir überlegen hin und her, ob wir nicht doch noch etwas wegtun können, aber kommen zu keiner Übereinstimmung. Jeder hat nun mal unterschiedliche Ansichten von dem, was er oder sie wirklich braucht, und ich gehe davon aus, dass gerade bei Männlein und Weiblein diese Ansichten weit auseinandergehen.

Einen Tag später ist es schon soweit. Heute Abend geht der Flieger. Wir wollen unbedingt noch unser tolles Reisebeil schärfen. Was bringt einem schon ein Beil, wenn es nicht scharf ist. Bei Phils Opa Artur wollen wir auch noch kurz vorbei. Er ist seit Kurzem im Pflegeheim und es geht ihm nicht so gut. Wir beschließen, uns erst um das Beil zu kümmern und dann mit etwas mehr Zeit, beim Opa vorbeizuschauen.

Das Beil schärfen wir bei einer uns bekannten Autowerkstatt. Wir quatschen noch kurz mit dem Sohn des Inhabers, er gehört seit Jahren zum Freundeskreis.

Bei unserer Ankunft am Heim treffen wir auf Phils Schwager, der die kleine Leni im Kinderwagen schiebt. Ich sehe sofort an seinem Gesichtsausdruck, dass etwas nicht stimmt, trotzdem stelle ich die obligatorische Frage: „Und, alles ok?"

Die Antwort ist leise und kurz: „Artur ist gerade gestorben."

Ich bin geschockt und schaue zu Phil rüber, er ist wie gelähmt.

Im Zimmer von Artur ist eine seltsame Stimmung. Alle sind da: Phils Eltern, sein Onkel, die gute Oma Ilse und Phils Schwester, sie steht allein. Ich gehe als erstes zu ihr und halte sie lange im Arm. Phil und ich sind zu diesem Zeitpunkt knapp zweieinhalb Jahre ein Paar, das ist verhältnismäßig wenig, aber ich fühle mich dort in dem kleinen Raum im Pflegeheim der Familie so zugehörig.

Der Schmerz, der das Zimmer erfüllt, ist fast zu greifen. Und mir wird klar, dass ich zu diesem Opa eine engere Beziehung hatte als zu meinem eigenen, der zwei Jahre zuvor gestorben ist. Aber es ist nicht nur Schmerz und Trauer zu spüren, sondern auch Zusammenhalt und ein Gefühl von Erinnerung an diesen geliebten und geschätzten Menschen.

Artur ist adrett gekleidet und seine Hände liegen gefaltet auf seinem Most-Bäuchle. Eigentlich ist es ein sehr friedlicher Anblick.

Ich weiß nicht, wie lange wir schon hier drinnen sind. Es gibt viele Umarmungen und Tränen, doch irgendwann muss ich raus. Auch Phils Onkel steht draußen. Er raucht und sieht sehr mitgenommen aus. Wir kommen ins Gespräch und ich erzähle ihm von unserer Irland-Tour. Doch er sagt nur, dass wir jetzt ja wohl nicht reisen würden.

Sollten wir jetzt wirklich alles absagen?

Ich bin mir nicht mehr sicher.

Wir wollten ja nicht nur ein paar Tage mit dem Rucksack reisen, sondern auch Phils Bruder besuchen, der in Irland lebt. Ach herrje, Phils Bruder. Der wird ja dann vermutlich hierher fliegen. Es ist so verrückt. In ein paar Stunden soll unser Flieger gehen.

Ich spreche mit Phil darüber, der eine Weile überlegt und dann meint: „Mein Opa hätte nicht gewollt, dass ich hierbleibe, wir reisen für ihn.“

Ich wende ein, dass wir dann die Beerdigung verpassen, wenn wir nun zwei Wochen nicht da sind.

„Was hilft es, auf seine Beerdigung zu gehen, ich mag das eh nicht. Wichtiger wäre gewesen, ich hätte mich von ihm verabschieden können“, antwortet Phil traurig.

Wie wahr, wie wahr. Was ist also wichtig? Abschied nehmen kann man von überall auf der Welt. Aber man sollte sein Ziel nicht aus den Augen verlieren.

Am Abend sitzen wir im Flieger nach Dublin, mit Vorfreude und Trauer in unseren Herzen.

V ≠ R Vorstellung ungleich Realität

Um 21.00 Uhr Ortszeit landen wir in Irland. Flughafen Dublin. Es wirkt ein bisschen wie ausgestorben. Dabei sind wir doch in der Hauptstadt!

Das erste Irland-Klischee erfüllt sich vor der Eingangstür bei einer Zigarette – es windet und es nieselt. Leicht, aber „typisch Irland".

So. Da sind wir. Und nun? Erst mal 'ne Landkarte kaufen.

Während Phil noch die Karte aus dem Regal in einem Laden im Flughafen in der Hand hat, schließen sich plötzlich die Sicherheitstüren. Man muss sich das so vorstellen, dass diese in dem Moment auf uns heruntergefahren kommen. Ohne Rücksicht auf Verluste – Feierabend. Jetzt?!

Phil schafft es gerade noch, die Karte wieder in den Ständer zu stecken. Schade eigentlich, hätte er sie mal behalten. Wirkt nicht gerade besonders gastfreundlich, wenn man so aufgefordert wird, den Ladenbereich zu verlassen. Selbst wenn es Zeit ist zu schließen, kann man ja wenigstens kurz was sagen, oder? Ich bin echt ein wenig beleidigt.

Wir suchen den Busbahnhof und nach ein, zwei Gesprächen mit Busfahrern (damn, when did I speak english last time?) kaufen wir zwei Tickets nach Galway, eine Stadt an der Küste.

So langsam lässt die anfängliche Euphorie nach und ich werde müde. O Mann, hoffentlich finden wir auch gleich einen Platz zum Zelten.

Nach dreieinhalb Stunden Busfahrt sind wir da. Es ist mittlerweile drei Uhr morgens. Ich hab „müde-kalt".

Wir sind mitten in der Stadt. Ganz klasse. Hier kann man ja bestimmt gut zelten. Ich verfluche erstmals unsere Idee, so ohne Plan loszuziehen. Wie blöd kann man sein, dann auch noch abends zu fliegen?

Wir latschen durch die Stadt. Mir blinken bestimmt fünf Hostelschilder entgegen. Ach, wäre das jetzt schön, einfach in einem Bett zu liegen. Ich mag nicht mehr.

Mein Rucksack ist echt sauschwer und der Wind peitscht, als wir den geschützten Stadtbereich verlassen. Ah ja, Küste und so. Wir sind an der Strandpromenade angekommen. Phil sagt, dass wir das Zelt da jetzt aufstellen. Ich bin überhaupt nicht begeistert von der Idee. Das ist doch bestimmt verboten, und wenn uns die Leute morgen früh sehen und ...

Ich gehöre (leider) zu den Menschen, die zum einen viel darauf geben, was andere denken, und zum anderen sich meistens an Regeln und Gesetze halten. Ich glaube, dass mir dadurch einiges entgangen ist im Leben, und vor allem hatte ich oft unnötigen Stress. So wie auch hier.

Phil steigt entschlossen über die Promenadenmauer und läuft ein Stück Richtung Meer. Ich bin immer noch sehr unsicher, aber auch zu müde zum Weiterlaufen. Der Wind bläst mir den Sand ins Gesicht.

Wir bauen das Zelt auf, was nachts, bei Regen und Wind und im Sand, nicht gerade die einfachste Aufgabe ist. Dann kriechen wir in unsere Schlafsäcke. Meine Kleidung ist klamm und wird wohl bis morgen auch nicht trocken sein. Morgen ... Morgen wollen wir ein paar Kilometer laufen. Nach dieser Nacht? Mit dem tonnenschweren Ding auf dem Rücken? Das kann ja heiter werden. Ich kann es immer noch nicht fassen, was ich mir da antue. Dabei hatte ich mir das alles so schön vorgestellt. Mit traumhaften Übernachtungsplätzchen, Wandern in der wilden Natur Irlands und tolle Abenteuer erleben. Davon sind wir ja wohl weit entfernt. Unser Übernachtungsplatz ist alles andere als idyllisch, auch wenn man sich das am Meer ja immer so schön ausmalt. So bequem ist der Kieselsand hier auch nicht. Und dieser peitschende Wind! Ob ich wohl überhaupt einschlafen kann?

Mein Vater hätte jetzt gesagt: „Tja mein Kind, V ≠ R, Vorstellung ungleich Realität. Gewöhn dich dran."

Vielleicht hat er ja recht. Aber nicht im negativen Sinne. Man sollte viel öfter die Dinge einfach auf sich zukommen lassen, und trotzdem darf man ja träumen oder?

It's about six days rain for one day sun

Ich erwache davon, dass ich das Gefühl habe, das Zelt fliegt weg, oder schlimmer, das Zelt und wir fliegen weg. Ich öffne den Reißverschluss und sehe ... das Meer. Der Wind bläst unaufhörlich, aber der Anblick ist trotzdem überwältigend. Ach, und habe ich schon erwähnt, dass es regnet?

Wir sind ganz schön übermüdet, aber trotzdem irgendwie happy. Wir frühstücken im Zelt und bauen es dann bei Wind und Regen wieder ab.

Ich schaue mich nochmal um. Irgendwie skurril unser Zeltplatz. Das Meer, die Promenade, etwas weiter oben liegt die Straße. Die Autofahrer können uns gar nicht sehen. Also mal wieder umsonst einen Kopf gemacht.

Etwas weiter vorne Richtung Meer ist eine kleine Düne, wie eine Oase oder so sieht das aus. Ein Hügel mit Büschen. Und was ist denn das? Da steht ja noch ein Zelt. Wobei „steht" wohl etwas übertrieben ist. Man sieht einen Haufen Zeltplanen herumwedeln und irgendwas Schweres im Zelt verhindert das Wegfliegen. Zeltstangen? – Fehlanzeige.

Wir packen fertig zusammen und nähern uns vorsichtig dem herumflatternden Ding. Phil versucht, etwas Plane beiseitezuschieben. Da liegt doch tatsächlich einer drin!

„Hey, are you ok?“, frage ich spontan, nachdem sich der Körper bewegt hat.

„Yes, fine.“

Okay, Sache geklärt. Gehen wir weiter. Ist wohl nix besonderes am Strand in einer Zeltplane zu liegen, die einem um die Ohren fliegt.

Mann, mein Rucksack fühlt sich an, als würde ich ein Pferd auf dem Rücken tragen! Ich versuche, mich auf die Umgebung zu konzentrieren. Ja, das ist Küstenfeeling (in Irland): peitschender Wind, aufbrausende Gischt, ach ja, und Regen.

Phil versucht, sich die Nase zu putzen. Ich bekomme einen Lachanfall, denn das Taschentuch fliegt entweder fast weg oder ihm ins Gesicht. Ist ‘ne kleine Herausforderung, also zusätzlich zudem, dass es ja nass wird.

Der Regen begleitet uns auf unserem Weg. Es könnte so schön sein. Vielleicht würde ich manches mehr genießen und vor allem mehr wahrnehmen. Wie z. B. ein Schild am Hafen, das ein Auto zeigt, welches ins Wasser fällt. Gibt’s halt bei uns nicht so oft, dieses Verkehrsschild.

Wir schaffen es gerade mal so sechseinhalb Kilometer weit. In Salthill steigen wir wieder in einen Bus. Wir wollen zu den *Cliffs of Moher*.

Im Bus sind noch mehr Rucksackreisende. Gott sei Dank sind wir nicht die einzigen Verrückten, die in Irland mit Rucksack unterwegs sind. Allerdings sind wir die einzigen Verrückten mit Zelt, die anderen wollen nämlich ins Hostel.

Ich schaue auf meine nassen Hosenbeine und denke an eine warme Dusche.

Wir steigen mit den anderen in Doolin aus. Es herrscht Monsunregen. Da ist es natürlich nicht schwer, seine Reisebegleitung von der Idee, eine

Nacht im Hostel zu schlafen, zu überzeugen. Es gibt noch Platz im Zwölfbettzimmer. Ein Multikulti-Raum – vier Franzosen, zwei Chinesen, zwei Engländer, zwei Iren und wir. Ich find's klasse. Die Stockbetten erinnern mich an unser Schullandheim in der 8. Klasse, aber da war es nicht so gemütlich wie hier.

Wir hängen unsere nassen Sachen auf, gehen duschen und kochen uns Nudeln mit Tomatensoße in der Gemeinschaftsküche, während es draußen unaufhörlich gegen die Scheiben prasselt.

O ja, wie wenig man doch zum Glücklichsein braucht. Ja, ich weiß, wir sind in Irland, aber muss sich das berühmteste Klischee gleich so hartnäckig erfüllen?

In Irland gilt zwar "in Ireland there are six days rain for one day sun", aber ich hätte nicht gedacht, dass ich das so wörtlich nehmen muss.

Mit allen Sinnen

Am nächsten Morgen machen wir uns erfrischt und ausgeruht auf den Weg zu den *Cliffs of Moher*. Ich hab mir ehrlich gesagt nicht so viel darunter vorgestellt. Ich wollte einfach ein Ziel haben und quasi jeder Reiseführer erwähnt das als absolut sehenswert.

Es regnet ausnahmsweise mal nicht. Ich genieße das sehr, vor allem die Natur um mich herum. Saftige Wiesen, so weit das Auge reicht. Auch ein sich erfüllendes Klischee, aber ein schönes und man sieht es mit anderen Augen, wenn man es wirklich *sieht*.

Die Luft riecht so frisch, dass ich gar nicht genug davon bekommen kann. Das Meer ist gerade an so felsigen, urigen, naturbelassenen Küsten einfach atemberaubend. Dagegen ist so ein Malle-Urlaub am Strand ja wohl ein Witz.

Es rauscht und schäumt und ich nehme immer wieder das Fernglas, um es mir noch genauer anzusehen. Direkt am Wanderweg verläuft ein kleiner Wasserfall. Sieht ein bisschen aus wie auf der Insel Mainau, da es ringsherum so schön blüht. In dem Moment wird mir klar, wie frei wir gerade sind. Niemand außer uns ist zu sehen. Wir laufen unser Tempo, bleiben stehen, wann wir wollen, und sehen Dinge einfach am Wegesrand, für die manche Menschen Eintritt bezahlen. Ein verrücktes Gefühl.

Als wir dem Ziel näherkommen, treffen wir doch noch jemanden, einen jungen Mann mit Wanderschuhen, aber dieses Mal ohne Rucksack. Er mustert uns von oben bis unten und fragt, ob wir zu den *Cliffs of Moher* wollen. Wir bejahen und daraufhin meint er, wir wollen doch bestimmt den schöneren Weg nehmen, als die olle Straße entlangzulaufen. Wir bejahen abermals. Er zeigt nach rechts auf eine Kuhweide. Da lang wäre es viel spannender. Wir bedanken uns und nach kurzem Zögern klettern wir über die Mauer und laufen über die Weide.

Plötzlich tauchen links von uns Kühe auf, da ist allerdings nochmal ein Zaun dazwischen. Die Damen liegen da, käuen in aller Seelenruhe ihr Gras wieder und begaffen uns zwei, wie wir uns über die Weide schleppen. Es ist tatsächlich ziemlich anstrengend. Ich kann gar nicht genau sagen warum, aber ich vermute, es liegt mal wieder an den viel zu schweren Rucksäcken.

Ich versuche, das Ende der Kuhweide zu erkunden, entdecke eine Mauer und habe die große Befürchtung, dass wir nicht darüber kommen werden. In Irland trennt man die Kuhweiden oft mit Mauern voneinander ab und macht dann innerhalb dieser nochmal Unterteilungen mit Maschendraht. Das hieße, wenn es blöd läuft – umkehren. Aber, da war jemand schlau. Vermutlich sind doch schon mehrere Leute auf die Idee gekommen, hier lang zu laufen und sind dann über den Maschendraht geklettert und haben dabei den Zaun beschädigt (in so Kopfkinos bin ich echt gut). Daraufhin wurde eine kleine Trittleiter an die Mauer gestellt. Ich klettere hoch und mir bleibt der Atem weg. Keine zwei Meter vor mir geht es in die Tiefe. Wir stehen direkt an der Klippe. Ich bin so überwältigt, dass ich erst mal nichts sagen kann. Das Meer – der Wind – die Gischt – das Rauschen – diese Naturgewalt.

In weiter Ferne sehen wir den Turm, die Aussichtsplattform, zu der wir wollen. Direkt an den Klippen führt ein vielleicht 30 Zentimeter breiter Pfad dorthin. Rechts der Abgrund, links die Mauer und innerhalb wieder der Maschendraht von der Kuhweide. Na dann. Das nenne ich Abenteuer. Und schon merke ich das Gewicht des Rucksacks gar nicht mehr. Nur als der Wind wieder so stark einsetzt und mich fast in den Zaun drückt, wird mir wieder klar, wie schwankend ich unter dem Gewicht eigentlich unterwegs bin.

Ich kann das Meer riechen. Noch nie habe ich den Ozean so intensiv wahrgenommen, und ich war schon ein paar Mal dort.

Wir laufen hintereinander und können uns wegen des starken Windes auch nicht unterhalten, aber das ist nicht schlimm. So umgeben zu sein von Naturgewalten, lässt einen eh sprachlos werden. Und konzentrieren muss ich mich auch, denn der Weg ist nicht nur schmal, sondern auch steinig, und das Stürzen will ich tunlichst vermeiden.

Als wir am Ziel ankommen, lasse ich mich an eine der Mauern plumpsen. Die Menschen, die dort trocken und ausgeruht ihre Fotos machen, interessieren mich nicht. Mir ist kalt. Ich bin nass. Aber so stolz, denn das war für mich wirklich nicht einfach gewesen, sowohl körperlich als auch psychisch. Denn eigentlich habe ich etwas Höhenangst. Diese scheint sich aber gerade versteckt zu halten. Gott sei Dank, sonst hätte ich auf diesem Pfad wohl ewig festgesteckt, weil ich mich weder vor- noch zurückgetraut hätte.

Wir gehen weiter, denn wir brauchen so langsam einen Schlafplatz. Runter von den Klippen laufen wir den offiziellen Weg. Langweilig, denke ich, das kann ja jeder. Der Busparkplatz ist gerade mal fünf Minuten von dem Plateau entfernt. Pff, Pipifax.

Rechts am Wegesrand taucht ein Pub auf. Au ja, kurz aufwärmen und was trinken. Wir betreten eine der gemütlichsten Kneipen, die ich je gesehen habe. Außer uns ist keiner da. Der Wirt winkt uns zur Theke. Wir setzen uns.

„You look like you need an irish coffee, ah?"

Äh, wie sehen wir aus? Als ob wir was brauchen?

Irish Coffee. Ich sag's euch, wer in Irland ist und das nicht probiert, verpasst was.

Also dann, mach mal.

Der Wirt nimmt zwei Gläser und füllt Zucker und Whisky rein. Oje, das kann ja heiter werden, hatte er nicht was von Kaffee gesagt?

Er rührt den Whisky um und mir steigt der scharfe, würzige und gleichzeitig etwas süßliche Geruch in die Nase. Wow, das riecht ganz anders als bei uns. Dann kippt er heißen Kaffee drauf. Zum Abschluss kommen noch ein cremiges Sahnehäubchen und zwei in Whisky getränkte Kaffeebohnen als i-Tüpfelchen. Wir nehmen unsere Gläser, prosten uns zu und probieren vorsichtig. Der Geschmack ist unbeschreiblich. Es schmeckt einfach fantastisch!

Mit original irischem Whisky ist es aber auch kein Schnäppchen, bei etwa sieben Euro pro Glas. Es lohnt sich aber in jedem Fall.

Wir erzählen dem Wirt von unseren bisherigen Erlebnissen und dass wir nun einen Platz zum Zelten suchen. Erst kann er das mit dem Zelten nicht glauben (ich sag ja, so verrückt ist keiner), doch dann schwenkt er ganz schnell um und meint einladend, dass wir gegenüber der Straße auf seiner Wiese zelten können, wenn uns das reicht. Ich bin so dermaßen glücklich. Der Schlafplatz ist keinen Fußmarsch mehr entfernt. Mega!

Die Nacht ist voller seltsamer Geräusche. Müsste ich eines davon genauer beschreiben, würde ich steif und fest behaupten, da hat gerade eine Kuh gekalbt. Neben unserem Zelt. So klang es zumindest. Außerdem weiß ich spätestens jetzt, warum so wenige Menschen in Irland zelten. Nein, nicht wegen der Geräusche, sondern weil alle Wiesen gefühlt schwimmen. Es regnet einfach so viel, dass die Wiesen dermaßen feucht sind. Na ja, abenteuerlich ist es trotzdem.

Alles blöd – oder doch nicht?

Das Wetter am nächsten Morgen ist wieder mal ... irisch. Meine Regenjacke ist kaputt, ich bin müde und ich habe Schulterschmerzen von dem schweren Rucksack. Kurzum, ich bin etwas demotiviert. Mein Begleiter hingegen macht einen ganz gegenteiligen Eindruck. Freudestrahlend begibt er sich auf den Weg und will sogleich ab davon zu einer Burgruine laufen. Ich habe keine Lust. Auch, wenn ich es später vielleicht bereuen werde, denn oft hat man abseits der Wege die schönsten Eindrücke und Erlebnisse. Aber ich bin einfach zu kaputt.

Wir kommen in ein Dorf namens „Liscannor“. Ich glaube, Phil merkt, dass ich eine kleine Pause brauche, und wir kehren in eine Bar ein, in der das ganze Fenster komplett mit Weinkorken bestückt ist. Sehr kreativ. Wir nehmen nur eine kleine Cola zu uns, wenn ich jetzt Alkohol trinke, dann versumpfe ich hier noch.

Weiter geht's. Wir kommen wieder ans Wasser und können Lehinch oder „Lahinch", wie es auf Gälisch heißt, schon sehen.

Für mich ist es schön zu sehen, dass die Iren sehr fest an ihren alten Bräuchen festhalten. So auch an ihrer alten Sprache, die immer noch unterrichtet wird. Auf jedem Schild mit Städtenamen findet sich der englische und auch der irische Name.

Allerdings liegt zwischen uns und dem Dörfchen, in dem wir wieder in ein Hostel wollen, das Meer. Wir müssen wohl oder übel außen rum. Der Weg ist weit. Und dann kommen wir auch noch an einen Weidezaun. Och nö, noch weiter außen rum? Ach komm, das haben wir ja schon mal gemacht. Drüber geklettert und mal wieder über die Weide.

Plötzlich ein Warnschild mit „Beware of the bull".

Oha, jetzt aber zügig bis zum Ende der Weide laufen. Wo ist das Ende? Auch so was Irisches. Riesige Weiden, man kann oft nicht von einem zum anderen Zaun sehen.

Je weiter wir laufen, desto nervöser werde ich und mein Kopfkino spielt einen Spielfilm ab. Puh, geschafft. Ich hatte schon Herzflattern.

Am Strand von Lehinch machen wir eine Pause, der Umweg hat uns drei Stunden mehr Zeit gekostet als eingeplant. Es herrschen herbstliche Temperaturen, aber hier wird gesurft. Überhaupt, wenn ich mich so umsehe, scheinen hier fast alle Surfer zu sein. Ein Surfer-Dorf! Wie cool ist das denn?! Auch im Städtchen sieht es ein bisschen nach Surfen und Hawaii aus. Hier mal ein paar Tage bleiben wäre eigentlich schön. Aber das ist nicht unser Plan.

Ich kämpfe mit dem Rucksack, aus dem ich mir ein Brot und Wurst herausgeholt habe, und bekomme fast einen Heulanfall, weil er einfach nicht mehr zugehen will. Aber helfen lassen will ich mir auch nicht. So viel dämlicher Stolz. Aber ich schaffe es dann doch noch.

Nun erst mal ein Bett organisieren. Das Hostel ist ziemlich voll und wir bitten an der Rezeption darum, dass wir wenigstens zusammen in ein Zimmer können. Der arme Mann muss mich wohl falsch verstanden haben, denn so, wie wir das sehen, sind alle Zimmer gerammelt voll, und wir zwei haben ein Sechsbettzimmer für uns alleine bekommen. Hat sich wohl gedacht, das Liebespärchen will er lieber nicht stören. Auch gut.

Wir gehen nochmal ins Städtchen. Es ist wirklich schnuckelig hier, ein Pub nach dem anderen. Ich glaube, in den Ferien geht hier echt die Post ab.

Wir kehren ein und trinken unser neues Lieblingsgetränk: Irish Coffee. Jetzt, da wir einen Schlafplatz haben, bin ich viel entspannter. Trotzdem ärgere ich mich etwas über mich selbst, weil ich die Tour heute gar nicht so richtig genießen konnte. Ich denke nochmal zurück, wir sind über eine Weide gelaufen, auf der vermutlich irgendwo ein Stier stand. O Gott, das hätte lustig werden können. Wir haben gut 14 Kilometer zurückgelegt und sind wieder an vielen schönen Plätzchen vorbeigekommen.

Nach unserem Irish Coffee gehen wir zum Strand und sehen uns die Strecke an, die wir gelaufen sind. Es hätte so nah sein können, wenn wir nicht komplett um die Bucht hätten herumlaufen müssen. Na ja. Ich kann zumindest stolz sein, dass ich es überhaupt gelaufen bin. Heute Morgen hätte ich nicht gedacht, dass ich heute so weit komme.

Zurück im Hostel gehen wir direkt ins Bett. Morgen schlafen wir wieder im Zelt.

Ein letztes Mal

Am Morgen sitzen wir in der Gemeinschaftsküche des Hostels und machen uns Gedanken, wie und wohin es weitergehen soll. Nach unserer Tour wollen wir nämlich noch Phils Bruder Stefan besuchen, der wohnt in Callan, das sind über 150 Kilometer von hier. Nur, das Geld wird langsam knapp.

Wir beschließen, zu einem See zu laufen, der bei Inagh liegt. Ist schon ein großes Stück weg heute. Und danach nach Ennis, denn von dort fahren wohl Busse nach Callan.

Noch ein letztes Mal wollen wir ein paar Lebensmittel kaufen. Vor dem Laden studieren wir eine Landkarte, um herauszufinden, wie wir am besten laufen. Das fühlt sich übrigens viel echter und abenteuerreicher an als mit dem Smartphone.

Ein Ire spricht uns an, ob er helfen kann. Wir zeigen ihm auf der Karte, wo unser Ziel ist. Er ist total schockiert, dass wir so weit laufen wollen. Eigentlich müsse er ja in die andere Richtung, aber er fährt uns jetzt bis nach Ennistimon, das sind gut zehn Kilometer, dann schaffen wir die Strecke heute auf jeden Fall.

Witzig, hier können sich viele Menschen nicht vorstellen, dass man freiwillig wandert. Aber wir können nicht widersprechen, sonst wäre er vermutlich gekränkt.

Als wir in Ennistimon ankommen und austeigen, regnet es mal wieder und ich ziehe meine Regenjacke an, die ja kaputt ist. Hoffentlich ist das das letzte Mal und ich bekomme von Phils Bruder eine Ersatzjacke für den Rest des Urlaubs.

Wir laufen eine sehr schöne Wanderstrecke, die auch durch ein bisschen Wald führt. Ich merke, dass mir der Wald guttut. Das Meer ist schön und in die Ferne gucken auch, aber der Wald hat einfach was Heilsames.

Das Wetter ist hier noch mehr als verrückt. Es schüttet wie aus Eimern und plötzlich kommt die Sonne raus und wir müssen unsere Regensachen ausziehen, da wir zu Schwitzen anfangen. Eine kurze Zeit später beginnt es wieder heftig zu regnen und zu winden und wir ziehen schnell die Regensachen wieder an. Dann scheint erneut die Sonne und das Spiel geht von vorne los.

Aus einem Bauernhof kommt ein Hund gelaufen, der uns bestimmt fünf Kilometer weit begleitet. Wir machen uns schon Sorgen, dass er nicht mehr heimgeht. Doch plötzlich bleibt er stehen, wie als wäre er gegen einen unsichtbaren Zaun gelaufen und kehrt um.

Wir laufen entlang der Straße und machen dort auch Rast. Der nette Ire, der uns mitgenommen hat, erklärte uns, dass man in Irland Warnwesten tragen muss, wenn man an der Straße läuft. Ups. Das nächste Mal lieber vorher schlau machen.

Gefühlt müssten wir schon da sein, doch dann das Schild auf dem „Inagh 3 km“ steht. O no. So drei Kilometer können echt weit sein, wenn man gedacht hat, das Ziel ist um die nächste Ecke. Ich nehme mir vor, dieses Mal nicht gleich wieder aufzugeben und schiebe die miese Stimmung weg, so gut es geht. Und es lohnt sich, der See ist wunderschön. Wie auf einer Postkarte liegt er da. Ein bisschen wird die Oberfläche vom Wind gekräuselt. Es gibt keine Häuser in Sichtweite, nur Schilf und Steine am Ufer.

Das Wetter hat sich mittlerweile beruhigt und wir finden einen letzten schönen Zeltplatz, oberhalb des Sees auf einer Kuhweide. Ich habe mal wieder Sorge, dass jemand schimpft.

Wir kochen uns einen Eintopf mit Kartoffeln und Tomaten aus der Dose direkt am See und können den Sonnenuntergang bestaunen. Ach, in solchen Momenten vergisst man alles um sich herum und auch alles, was gewesen ist, und denkt nicht an morgen. Solche Momente muss man ganz tief im Inneren festhalten. Natürlich wird man auch sentimental. Aber das muss man zulassen.

Die Erinnerungen an den verstorbenen Opa kommen hoch und schmerzen sehr. Die anderen waren heute auf seiner Beerdigung. Wir bereuen es nicht, dass wir geflogen sind. Hier zu sitzen, auf den See zu blicken und dabei an Artur zu denken, geht wesentlich tiefer, als das auf seiner Beerdigung der Fall gewesen wäre.

Ein letztes Mal kriechen wir ins Zelt. Ich bin wirklich sehr erschöpft und dabei sind wir ja insgesamt nicht so weit gelaufen. Trotzdem, es ist eine ungewohnte Tätigkeit und mein Körper lechzt nach einer Pause. Also einer richtigen Pause. Ich hoffe sehr, dass wir morgen in Callan ankommen, denn das hat sich jetzt in mein Gehirn eingebrannt.

Eine andere Welt

Der Morgen ist wieder windig und nass. Himmel nochmal, kann es eigentlich auch mal unirisch sein?!

Trotzdem wirkt unsere Umgebung auf mich wie verzaubert. Es ist ein bisschen wie in diesen Fantasy-Filmen, bei denen ja oft Teile in Irland gedreht werden. Passt halt auch. Nun bin ich doch traurig, dass unsere Rucksacktour endet. Aber ich freue mich auch auf Phils Bruder, der so ganz anders lebt als wir.

Das mit dem Bus nach Callan fahren, gestaltet sich doch etwas komplizierter als gedacht. Von Ennis (oder Inis) fährt kein Bus in diese Richtung. Man sagt uns, wir müssen nach Limerick, dort fahren mehr Busse. Wir nehmen ein Taxi, die sind wenigstens nicht so teuer wie in Deutschland. Hier bekommen wir auch den Spruch mit dem „sechs Tage Regen für einen Tag Sonne“ zu hören. Unsere Taxifahrerin ist eine irische Kalifornierin oder doch eine kalifornische Irin? Ausgewandert vor

20 Jahren. Von Kalifornien nach Irland? Ernsthaft? Ich bin ja jetzt auch nicht so der Sonnenanbeter, aber nach Irland?

Ich spreche mein Erstaunen auch ganz offen an und bekomme zur Antwort, dass man sich halt drauf einstellen muss: „In Ireland there are six days rain for one day sun."

Ah, dass kennen wir doch schon. In Kalifornien war es wohl eher „six months sun for one day rain", oder so ähnlich. Sie meint noch, dass die Iren viel freundlicher wären als die Amerikaner. Ja, freundlich sind sie hier, das stimmt.

Von Limerick fahren wir nach Clonmel und von dort endlich nach Callan. Ich bin echt kaputt und irgendwie ein bisschen unzufrieden, dass wir den Rest der Strecke nicht laufen konnten. Es wäre bestimmt ein tolles Gefühl gewesen, zu Fuß zum Ziel zu kommen.

Phils Bruder lebt in einem sogenannten „Camphill". Eine Wohn- und Lebensgemeinschaft für Menschen mit Behinderung. Zu einem Großteil findet dort Selbstversorgung statt. Camphill ist ein Begriff, der sehr gebräuchlich ist, mir aber bisher nicht viel sagte.

Schon kurz nach unserer Ankunft gehen wir morgens mit zum Kuhmelken. Von Hand! Das sieht in Filmen immer so einfach aus. Man braucht eine Weile, bis man den Dreh raushat, aber dann läuft es, im wahrsten Sinne des Wortes. Es ist eine krasse Erfahrung, unter einem Tier zu sitzen und die Milch zu „ernten". Ich spüre eine große Dankbarkeit der Kuh gegenüber, dass sie uns ernährt. Und der Geruch. Ja schon, Kuhmist ist jetzt nicht unbedingt delikat. Aber je nach Haltung ist er mehr oder weniger intensiv bzw. auch anders. Für die Hofgemeinschaft Callan gibt es eine Kuh, die darf den ganzen Sommer auf die Weide. Da riecht es jetzt nicht nach typischem konventionellem Kuhstall, sondern eher nach Heu, Gras, Fell und Landleben.

Am nächsten Tag helfen wir beim Eintopfen von Erdbeerablegern. Ich hab sowas noch nie gemacht, aber es macht mir unglaublich Freude. Wie Erde doch riechen kann!

Der Hof wird nach biologisch-dynamischen Richtlinien geführt. Und da geht es nicht nur um ein besonders gutes Bio-Siegel. Sondern z.B. auch um: Wann wird der Mist in Kuhhörnern vergraben, der dann nach dem Winter im (oder war es doch gegen?) Uhrzeigersinn gerührt wird, um die bestmögliche Erde daraus zu gewinnen? Im Frühling wird es dann als Kompost auf den Feldern verteilt und soll die Fruchtbarkeit des Bodens fördern. Es ist eine Wissenschaft für sich und ich kann sie selbst nicht erklären.

Wir ernten auch Bohnen und gefühlt machen wir das dort die ganze Zeit. Bohnen in Butter schmecken einfach nur köstlich, wenn man sie selbst stundenlang gepflückt hat.

Ich nehme mir vor, diese Erfahrung mit nach Hause zu bringen und sie dort in unser Leben zu integrieren. Natur erleben und spüren kann man nämlich nicht nur durch Wandern und draußen sein, sondern auch durch diese sogenannte „Selbstversorgung". Es geht bei beidem darum, mit allen Sinnen zu fühlen, zu erleben, zu genießen.

Die Zeit bei Stefan lässt mich eine neue Welt kennenlernen. Die Wertschätzung gegenüber Lebensmitteln steigt enorm, wenn man sie selber anpflanzt und pflegt. Außerdem sind wir hier nicht einfach nur „Gäste" oder „Familienmitglieder", wir sind Helfer.

Den letzten Abend gehen wir aus, nach Kilkenny (ich liebe diesen Städtenamen). Zusammen mit Stefan und Sara, seiner Lebensgefährtin, gehen wir in einen Pub. Mich fröstelt es, als wir durch das Städtchen laufen, ich bin wohl zu dünn angezogen. In dem Moment geht die Tür zu einer Bar auf und heraus kommen vier junge Frauen, alle in Minirock oder Minikleid mit offenen Sandalen und Tops. Mir bleibt der Mund offenstehen.

„Ist denen nicht kalt?“, frage ich schockiert.

„Typisch Iren, im Kalender steht Sommer“, meint Stefan nur dazu.

Nochmal – nur anders

Februar 2021 – unsere Reise nach Irland ist nun mittlerweile elfeinhalb Jahre her. Damals hatte Stefan zwei Söhne, als dann der dritte Sohn kam, flogen wir erneut für seine Taufe nach Irland. Das war zwei Jahre nach unserer Tour. Es ist verrückt, wie man sich nur noch an das Schöne erinnert. Schon vom Flieger aus ließen sich wunderbar die unterteilten Kuhweiden bestaunen, die alles andere als gerade sind. Die Mauern laufen teilweise so schräg durch die Landschaft, dass man meinen könnte, man hätte einen Knick in der Optik.

Und Dublin ist eine Stadt mit vielen alten Gebäuden und ach, die Iren sind so nett und haben einfach einen gewissen Charme.

Schon bei der Taufe sind die Gefühle in mir hochgekommen, dass wir unsere Rucksackreise doch hätten anders gestalten sollen. Und heute sehe ich das dreimal so. Irland hat eine fantastische Natur, die nicht jedes Land so zu bieten hat. Es ist dieses Raue, was vermutlich so faszinierend für uns ist. Eine Insel, die aber gar nicht so „inselig“ ist, wie man das sonst kennt. Also Strände, kurze Wege von A nach B, Sommergefühle und typische Insulaner (die einfach dort festhängen und nichts von der Außenwelt mitbekommen). Das alles ist Irland nicht. Die Menschen dort sind offen und auch nicht auf den Kopf gefallen. Sie leben und lieben ihre Kultur, ihre Bräuche, ihre Herkunft. Das Meer ist wild und die Klippen, Felsen und Steine machen die Strände eher zu etwas abenteuerlichem als zu etwas gemütlichem. Von den Sommergefühlen will ich jetzt mal nicht sprechen, allerdings hat Stefan uns viel später einmal erzählt, der

August sei der Regenmonat in Irland. Also erster Punkt auf der Liste, die da heißt „Was würde ich anders machen", ist das Timing. Juni und Juli sind viel trockener als der August und zum Teil scheinbar so warm, dass man baden kann. Zweiter Punkt: der schwere Rucksack. Lieber fehlt mir etwas, als dass ich mich die ganze Zeit auf den Rucksack konzentriere. Man benötigt von den Dingen, die man glaubt zu benötigen, tatsächlich nur ein Drittel. Ich würde sagen, das maximale Gewicht des Rucksacks zum angenehmen Wandern liegt bei etwa 12 bis 15 Kilo. Dritter Punkt: Genießen! Und vierter Punkt: Einfach genießen!

Ich könnte jetzt auch noch aufzählen: bessere Routenplanung, bessere Einteilung finanzieller Mittel, realistisch denken bei der Auswahl der Schlafmöglichkeiten usw. Aber das war es nicht. Ich habe es einfach nicht genossen und deswegen würde ich heute nochmal hinfliegen und genau die letzten zwei Punkte anders machen. Vom Wetter lass ich mir schon lang nicht mehr die Laune verderben. Wenn man draußen in der Natur sein kann, ist das Wetter egal. Die Sinne funktionieren ja trotzdem und Regen kann auch verdammt gut riechen.

........................Mein Fazit für dich..............................

Mein größtes Learning auf der Tour:

Folge deinem Herzen und nicht deinem Verstand, dann erlebt man mehr. Und: Natur kostet nichts. Einfach rausgehen und genießen.

Deshalb war die Tour so wichtig für mich:

Ich wollte vor allem mir selbst etwas beweisen. Dass ich etwas kann. Und im Nachhinein war sie auch eine Art Trauerbewältigung.

Diese Fähigkeiten habe ich gelernt oder gestärkt:
Den Mut, Dinge zu tun, die andere vielleicht komisch oder gar falsch finden.

Das durfte ich über mich lernen:
Meine Grenzen liegen viel höher, als ich vermutet habe.

Das konnte ich über die Natur lernen:
Die Natur ist allgegenwärtig und mächtig. Und sie macht sich nichts daraus, was im Kalender steht.

Das kann ich dir mitgeben:
Glaub an dich und deine Fähigkeiten. Wenn du glaubst, es geht nicht mehr, dann geh noch ein Stück weiter.

Michaela König

Die Micha, so wird sie im engsten Kreis genannt, ist gerne draußen. Schon mit acht Jahren trat sie den Pfadfindern bei und das prägte definitiv ihr Leben und ihren Bezug zur Natur. Sei es auf den jährlichen Zeltlagern im Sommer oder auch die wiederholten Besuche auf einer Hütte mitten im Wald, ohne Wasser und ohne Strom. In ihrer Kindheit spielte sie zwar auch mit Puppen, aber noch lieber ging sie in den Wald zum "Lager bauen".

Mittlerweile wohnt sie dort, wo andere Urlaub machen: im Lautertal auf der schwäbischen Alb. Hier hat sie zusammen mit ihrem Mann ein Haus mit Wiesen und Wald. Es ist ein Leben mit und in der Natur, genau das, was die beiden für sich, ihre Kinder und ihre Hunde gesucht haben. Es war drinnen noch nicht mal alles renoviert, da wurde schon der Gemüsegarten angelegt. Die beiden wollten schon immer Selbstversorger sein – für die Zukunft sind Hühner, Schafe, Ziegen und Übernachtungsmöglichkeiten für Touristen inklusive Tiertherapie geplant.

Nach ihrem WWOOF-Abenteuer (**W**orld **W**ide **O**pportunities on **O**rganic **F**arms), bei dem Micha und ihre Familie mit dem Wohnwagen von Hof zu Hof gefahren sind, wussten sie, dass sie auch so ein (kleines) Hofleben führen wollen.

www.diekoenigewwoofen.blog

Für immer unvergesslich

Alpenüberquerung, Deutschland/Italien, Juli bis August 2017

von Andrea Ernst

„Autsch!"

Ich zucke zusammen, nachdem ich mir selbst in die Backe gekniffen habe und muss dabei schmunzeln.

Nein, das alles hier ist kein Traum, auch wenn es mir gerade noch so erscheint. Ich stehe hier am Fuße des Braunecks, dem Berg meiner ersten Etappe, und lasse meinen Blick Richtung Gipfel schweifen. Tief atme ich eine Prise der kühlen Morgenluft ein und genieße die Sonnenstrahlen, die meine Haut sanft erwärmen. Ich verspüre Aufregung, aber tief in mir auch Dankbarkeit. Aufregung, denn ich bin gespannt, was ich in den nächsten vier Wochen meiner Alpenüberquerung erleben darf. Dankbarkeit für die Zeit, die ich mir nehmen kann, den Traumpfad, *meinen* Traumpfad, zu gehen.

Wie alles begann ...

„Vier Wochen zu Fuß durch die Berge wandern, 500 Kilometer mit den eigenen Füßen zurücklegen – das mach ich", sagte meine innere Stimme.

Als ich das erste Mal vom Traumpfad hörte, der von München nach Venedig über die Alpen führt, wuchs in mir der Gedanke, diesen Weg eines Tages selbst zu gehen. Und dieser Gedanke ließ mich nicht mehr los. Nur, das mit dem „Irgendwann" ist immer so eine Sache.

Damit mein Traum also nicht einfach nur ein Traum bleiben würde, setzte ich mir das Ziel, ihn mir bis zu meinem 30. Geburtstag zu erfüllen. Und dann passierte, was passieren sollte. Es taten sich in meinem Leben ein paar Ereignisse auf, die mich aus meinem Stillstand wachrüttelten, und ich merkte, dass es an der Zeit war, etwas zu verändern. Denn eines wusste ich: Was ich definitiv *nicht* wollte, war, in meinem eigenen Selbstmitleid zu ertrinken. Nein, ich wollte mein Leben endlich selbst in die Hand nehmen.

„Wenn nicht jetzt, wann dann“, dachte ich mir.

In meinem Umfeld wurde oftmals geschmunzelt und ich fühlte mich nicht ernst genommen, als ich davon erzählte, dass ich mir im Sommer eine Auszeit nehmen und mit meinem Rucksack alleine über die Alpen laufen möchte.

Doch die Reaktionen stärkten mich nur noch mehr darin, auf mein Herz zu hören, mutig zu sein und einfach mal zu machen. Nur ich, mein Rucksack und meine Wanderschuhe.

Nachdem ich eine dreimonatige Auszeit von meinem Beruf ausgehandelt hatte, stand eine gezielte körperliche Vorbereitung an. Ich trainierte meinen Körper intensiver, aber vor allem ging ich noch häufiger lange Touren in den Bergen, um meine Kondition zu verbessern. Ich recherchierte im Internet nach Alpenüberquerungen, ließ mich von Erfahrungen anderer passionierter Bergsteiger inspirieren und holte mir Tipps aus Blogartikeln sowie von Freunden und Bekannten.

Eine meiner Sorgen war mein schlecht ausgeprägter Orientierungssinn und so spielte sich das Szenario, wie ich einsam und alleine auf einem Berg festhing, immer wieder in meinem Kopf ab.

Meine aber wohl größte Herausforderung bei der Vorbereitung war das minimalistische Packen meines Rucksacks. Da ich in Hütten übernachten wollte, musste ich mich zwar nicht großartig um Verpflegung kümmern, jedoch kann es auch im Juli in den Bergen schneien und somit war es wichtig, für jede Wetterlage gewappnet zu sein. Bis zu diesem Zeitpunkt hatte ich noch keine Erfahrungen mit Mehrtagestouren und so packte ich meinen Rucksack ein paar Mal ein und um und sortierte aus, was mir überflüssig erschien. Am Abend vor Beginn meiner Tour ging ich in Gedanken noch ein letztes Mal meine Packliste durch und vertraute dann darauf, alles Wichtige dabeizuhaben.

Und dann war es endlich soweit.

Am nächsten Morgen lud ich meinen 10 Kilo schweren Rucksack auf meine Schultern und machte mich mit meinen Wanderschuhen an den Füßen auf den Weg, meinen Traum wahr werden zu lassen.

„Auf zu neuen Abenteuern!“, dachte ich mir, als ich voll bepackt aus meiner Haustür trat, einen kurzen Moment innehielt und die Leute um mich herum beobachtete, die an mir vorbeieilten und mich kaum wahrzunehmen schienen.

„Es ist an der Zeit, meinen Alltag für eine Weile hinter mir zu lassen“, hörte ich die Stimme in mir, und ich machte mich mit einem Grinsen im Gesicht auf den Weg.

Kein Mensch tritt ohne Grund in dein Leben (Lenggries, Tutzinger Hütte: 14 Kilometer)

Jetzt stehe ich also hier, am Fuße des Braunecks. Die Sonne kämpft sich langsam durch den wolkenverhangenen Himmel und lässt auch mich noch mehr strahlen. Zum Glück kein Regen. Vor nicht einmal einer Stunde bin ich in Lenggries am Bahnhof, dem Startpunkt meiner Tour angekommen. Mein großer Rucksack hat sofort die Blicke der Leute auf sich gezogen, doch das stört mich nicht. Ich bin so aufgeregt und glücklich, endlich meinen Traum zu verwirklichen. Und als ich gerade an einem Bauernhaus vorbeikam, dessen Bewohnerin, die gerade im Garten arbeitete, mich mit „Servus, i woass fei, wo du higehst, du gehst noach Italien“ begrüßte, wurde mir erst richtig bewusst, dass ich das wirklich tue.

Die ersten Meter des steilen Anstiegs erscheinen mir mühsam und ich schnaufe wie ein Walross. Um mich herum befinden sich blühende Wiesen und Wälder, deren Duft und Anblick mich die Anstrengung des Aufstiegs für einen kurzen Moment vergessen lassen.

Nur ich bin auf dem Weg, weshalb meine Gedanken sich in meinem Kopf überschlagen: Wie wird es mir wohl alleine auf der Wanderung ergehen? Werde ich mich einsam fühlen? Werde ich meine Familie und Freunde vermissen? Was ist, wenn ich scheitere?

Ich nehme diese Gedanken an und akzeptiere, dass ich noch Zeit brauche, um in den Bergen anzukommen. Doch als ich nach einigen weiteren Höhenmetern die Station der Bergbahn sehe, höre ich die fröhlichen Stimmen anderer Wanderer. Erleichtert gehe ich weiter – ich bin also doch nicht alleine.

Der erste Gipfel des heutigen Tages ist nicht mehr weit. Dort angekommen schweift mein Blick hinab ins Tal und weit in der Ferne mache ich den Bahnhof aus, von dem ich vor einigen Stunden gestartet bin. Ich atme tief ein und aus und wische mir den Schweiß von der Stirn. Als ich zum Himmel aufschaue, bemerke ich, dass sich die Wolken mittlerweile verändert haben und die Luft immer schwüler wird. Das riecht nach Gewitter. Ich entscheide mich, auf der Hütte eine kleine Stärkung zu mir zu nehmen, aber nicht zu lange zu pausieren, denn ich habe noch einige Kilometer bis zu meinem heutigen Ziel, der *Tutzinger Hütte*, vor mir.

Nach einer leckeren Brotzeit fühle ich mich gestärkt, schwinge meinen Rucksack mit einem Stöhnen auf den Rücken und laufe weiter.

Der Weg verändert sich zunehmend und geht über in einen schmalen, felsigen Pfad mit einem Ausblick, der zum Träumen und Staunen einlädt. Rings um mich herum erstrecken sich die Bayerischen Voralpen und die daran vorbeiziehenden Wolken haben etwas Mystisches an sich. Ich merke, dass ich meinen Rhythmus finde. Nur das Monster, in Form meines Rucksacks, zieht mich ständig nach hinten, sodass ich immer wieder das Gefühl habe, jeden Moment zu fallen und mir die Frage stelle, wie ich das vier Wochen aushalten soll?!

Der Weg wird anspruchsvoller und die im Felsen angebrachten Drahtseile geben mir Sicherheit, als ich die ersten „Kraxelstellen" überwinden muss. Jetzt ist Konzentration gefordert und ich achte noch bewusster auf die Tritte meiner Füße. So entgeht mir der kleine, schwarze Alpensalamander auch nicht, der regungslos am Boden sitzt und sich ein Sonnenbad gönnt.

Ich genieße wie der kleine Salamander die Langsamkeit um mich herum. Hier in der Natur ist kein bisschen von der Hektik und der Schnelllebigkeit des Alltags zu spüren. Ganz im Gegenteil, es kommt mir so vor, als hätte jemand die Zeit angehalten.

Plötzlich werde ich von einem Geräusch aus meinen Gedanken gerissen. Ich gehe ein paar Schritte und dann traue ich meinen Augen kaum: Nur wenige Meter von mir entfernt, steht ein Steinbock und grast.

Nicht bewegen. Ich halte meinen Atem an.

Für mich ist diese Begegnung beeindruckend, denn noch nie habe ich dieses majestätische Tier in den Bergen gesehen. Im 19. Jahrhundert war der Steinbock vom Aussterben bedroht, doch nachdem der „König der Alpen" unter Schutz gestellt wurde, hat die Population der Tiere wieder zugenommen. Und auch hier an der Benediktenwand fühlen sich die Steinböcke offensichtlich wohl.

Als er mich bemerkt, unterbricht er seine Nahrungsaufnahme für einen kurzen Augenblick und unsere Blicke treffen sich. Was für ein unglaublicher Moment, wie er dort oben am steilen Hang steht, mit seinen langen, nach hinten gebogenen Hörnern, und zu mir nach unten blickt.

Ich scheine ihn nicht zu stören, denn er senkt seinen Kopf und setzt seine Mahlzeit fort.

So stehe ich eine Zeit lang regungslos da, mit einem breiten Grinsen im Gesicht und kann meine Augen von dem beeindruckenden Tier nicht lösen.

Erst als die Sonne von einer dicken Wolke verdeckt wird, fällt mir auf, dass ich die Zeit ganz vergessen habe.

„Mach‘s gut, Steinbock“, verabschiede ich mich und setze meine Wanderung fort.

Mittlerweile bin ich schon fünf Stunden unterwegs und meine Füße machen sich bemerkbar. Doch da blitzt die Benediktenwand hinter den Latschen hervor und mir wird bewusst, dass mein Ziel nicht mehr weit entfernt sein kann.

Ich entscheide mich dazu, heute nicht mehr auf den Gipfel zu steigen, und biege ab auf den Wanderweg, der abwärts zur *Tutzinger Hütte* führt.

Da kommt mir eine schwer bepackte Wanderin entgegen und wir kommen ins Gespräch. Die Offenheit der Menschen am Berg gefällt mir, man grüßt sich und nimmt sich die Zeit für eine Unterhaltung. Man begegnet Gleichgesinnten, die die Leidenschaft für Natur und Berge teilen.

Wir wünschen uns alles Gute und dann trennen sich unsere Wege wieder.

Ich genieße den Abstieg, der an blühenden Almwiesen vorbeiführt und den Ausblick auf die massive Nordwand der Benediktenwand, in der oftmals Kletterer zu sehen sind. Aufgrund der fortgeschrittenen Uhrzeit und des drohenden Gewitters am Himmel kann ich heute keine erspähen, dafür entdecke ich mein Tagesziel, die *Tutzinger Hütte*. Endlich.

Meine Füße fühlen sich mittlerweile sehr träge an und mein Bauch knurrt lautstark, aber in mir macht sich ein wohliges und warmes Gefühl von Zufriedenheit breit.

Ich schlendere über die Terrasse, auf der einige Wanderer die Sonnenstrahlen und das leckere Hüttenessen genießen. Mmh, wie herrlich das duftet.

Als ich in die Stube der Hütte eintrete, begrüßt mich die Hüttenwirtin mit einem freundlichen „Grias di" und erzählt mir, dass ich mir mein Zimmer mit zwei anderen allein reisenden Wanderfrauen teilen werde.

Nachdem ich meinen Durst mit einer Schorle auf der Terrasse gelöscht und die Erlebnisse der heutigen Etappe in mein Tagebuch geschrieben habe, mache ich mich auf den Weg in mein Zimmer.

Vorsichtig klopfe ich an die geschlossene Tür und trete ein, als ich ein freundliches „Herein" vernehme.

Das Zimmer ist schlicht, aber gemütlich mit drei Holzbetten eingerichtet. Auf dem hintersten Bett sitzt eine Frau und lächelt mich verschlafen an.

„Hi, ich bin Heike und für heute deine Zimmergenossin", stellt sie sich vor, und wir beide kommen ins Gespräch.

Wie sich herausstellt, ist Heike ebenfalls auf dem Weg nach Italien. Auch sie braucht eine Auszeit von ihrem Leben, um sich einige Fragen zu beantworten und vor allem, Zeit für sich selbst in der Natur und den Bergen zu finden. Ihre angenehme und vertrauensvolle Art sorgt augenblicklich dafür, dass ich mich in ihrer Gegenwart wohlfühle. Ich glaube, wir spüren beide, dass uns irgendetwas verbindet. So als ob wir uns bereits seit längerer Zeit kennen würden.

Da klopft es wieder an der Tür und die dritte Wanderin – Ingrid – betritt den Raum. Auch sie ist alleine unterwegs, allerdings auf dem Maximiliansweg, der von Lindau nach Berchtesgaden führt.

So sitzen wir drei auf unseren Betten, erzählen aus unserem Leben und vergessen die Zeit um uns herum.

Plötzlich bemerke ich, dass es draußen immer dunkler wird und ein immer stärker werdender Wind an den Fensterläden rüttelt. Leise hört man die ersten Regentropfen gegen das Fenster prasseln. Das Gewitter, das sich bereits angekündigt hatte, befindet sich nun direkt über uns.

Ich genehmige mir eine kurze, warme Dusche, um die Anstrengung und den Schweiß des heutigen Tages abzuwaschen. Diese Dusche und das fließend warme Wasser schätze ich sehr, denn ich weiß nicht, wann und wie oft ich die nächsten Wochen in diesen Genuss kommen werde. Auch wenn einige Hütten mittlerweile gut ausgestattet sind, steht ihnen Jahr für Jahr durch den Klimawandel immer weniger Wasser zur Verfügung. Was für uns tagtäglich so selbstverständlich aus dem Wasserhahn sprudelt, ist auf dem Berg kostbares Gut.

Die kurze Dusche hat meinen Körper wiederbelebt und nun fehlt nur noch etwas gegen den Hunger. Gemeinsam mit Ingrid und Heike begebe ich mich in die mittlerweile gut gefüllte Stube der Hütte und ein leckerer Duft steigt mir in die Nase. Die Gäste unterhalten sich, spielen Karten oder planen ihre Tour für den morgigen Tag.

Auch wenn mir die Menschen in diesem Raum alle fremd sind, fühle ich mich so wohl wie schon lange nicht mehr. Vielleicht sind es die Gegebenheiten hier auf der Hütte; die Einfachheit; die Zeit, die man sich füreinander nimmt, die Offenheit und die Neugierde seinen Mitmenschen gegenüber, die in mir dieses Gefühl auslösen.

Wir drei Frauen genießen den Abend und ich habe bereits jetzt vergessen, dass ich alleine unterwegs bin, denn alleine fühle ich mich kein bisschen. Und so bemerke ich auch nicht die vorangeschrittene Uhrzeit.

Doch dann überkommt mich die Müdigkeit und ich spüre die Anstrengung des heutigen Tages. Da morgen eine erneute lange Wanderetappe bevorsteht, beschließe ich, mich ins Bett zu begeben. Kurze Zeit später liege ich also eingekuschelt in meinem Hüttenschlafsack und die Ereignisse des Tages schwirren durch meinen Kopf. Dabei überkommt mich ein Gefühl der Dankbarkeit und Freude. Ich weiß bereits jetzt, egal, was auf meinem Weg noch kommen wird, diese Reise werde ich nie wieder vergessen. Mit diesen Gedanken schlafe ich erschöpft ein und werde auch nicht von dem Gewitter wach, das draußen um die Hütte tobt.

Höre auf dein Bauchgefühl, denn es ist dein bester Kompass (Karwendelhaus – Hallerangerhaus: ca. 35 Kilometer)

Seit der Begegnung mit Heike sind bereits zwei Tage vergangen. Wir beide haben es nicht ausgesprochen, aber für uns ist klar, solange wir uns wohl fühlen, werden wir unseren Weg gemeinsam fortsetzen. Die ersten Höhenmeter sowie etliche Kilometer haben wir schon zurückgelegt. Die Fähigkeit zu navigieren hat sich durch die tägliche Übung wesentlich verbessert und trübe, nasse Tage können uns nicht aufhalten. Wir sind auf dem richtigen Weg.

Bei den Unterkünften treffen wir immer wieder auf uns bereits bekannte Gesichter und unsere Wandergruppe wächst und verändert sich von Tag zu Tag. Es ist so spannend zu erleben, auf welch unterschiedliche Persönlichkeiten man trifft, welche Geschichten man erfährt und wie unglaublich bewegend es ist, diese Menschen eigentlich nicht zu kennen, aber trotzdem eine Verbindung zu spüren. Denn eines hat man gemeinsam: das gleiche Ziel vor Augen, auf demselben Weg dorthin.

So stehe ich nun am vierten Tag meiner Alpenüberquerung früh am Morgen in Regenmontur vor dem *Karwendelhaus*, nutze das wenig vorhandene Mobilfunknetz, um meiner Mutter zum heutigen 60. Geburtstag zu gratulieren und sie wissen zu lassen, dass es mir sehr gut geht. Dann schalte ich meinen Flugmodus wieder ein, denn ich genieße es sehr, offline und voll und ganz im Hier und Jetzt zu sein.

Der Hüttenwirt verkündete uns beim gestrigen Abendessen die Wetterprognose für den bevorstehenden Tag und riet uns von der Besteigung der Birkkarspitze ab, denn es sei mit Schneefall zu rechnen. Und dies mache die von Haus aus eh schon anspruchsvolle Tour zu einer noch größeren Herausforderung.

Die 35 Kilometer lange alternative Route erscheint uns jedoch nicht sehr verlockend. Der Weg verläuft überwiegend auf breiten Forststraßen und bietet wenig Abwechslung, aber es bleibt uns wohl nichts anderes übrig.

Doch als ich mein Handy wieder in meiner Jackentasche verstaut habe und meine Wandertruppe aufsuche, bemerke ich die Diskussion zwischen dem Salzburger Paar Pablo und Ruth und Heike, die trotz des schlechten Wetters die Birkkarspitze überqueren wollen.

Ich stehe der Entscheidung sehr skeptisch gegenüber, schließe mich der Truppe aber an.

Wir sind noch nicht lange unterwegs, da werden wir bereits hinsichtlich unserer Trittsicherheit geprüft. Drahtseile sind an dem nassen und rutschigen Felsen angebracht, ohne deren Hilfe man die steile Passage nicht bewerkstelligen würde. Ich spüre ein ungutes Gefühl in mir aufsteigen, was ich eigentlich nicht von mir kenne, und merke, wie sich mein Körper immer mehr verkrampft. Ich gehe weiter hinter den anderen her, aber gebe keinen Laut mehr von mir.

Heike dreht sich zu mir um. Sie muss meine angespannte Körperhaltung wahrgenommen haben, denn sie erkundigt sich, ob alles in Ordnung sei.

„Ja, ja, alles gut“, antworte ich kurz und verstumme wieder.

Tausend Gedanken schwirren in meinem Kopf herum. Was erwartet mich auf der heutigen Etappe? Was ist, wenn ich bei den rutschigen Verhältnissen und mit meinem schweren Gepäck abrutsche? Will ich das hier eigentlich gerade wirklich? Oder mache ich das nur, um keine Schwäche zu zeigen?

So trotte ich eine Weile hinter den anderen her. Die Sicht wird von Sekunde zu Sekunde schlechter, denn dichter Nebel zieht auf und es fängt erneut an zu regnen. In diesem Augenblick nehme ich die Zeichen der Natur wahr, die sie mir sendet.

„Ich drehe um“, sprudelt es plötzlich aus mir heraus und die anderen drei schauen mich verdutzt an.

Jetzt, nachdem ich die Worte ausgesprochen habe, bin ich mir ganz sicher. Genau aus diesem Grund habe ich mich auf diese Reise begeben, um auf meine Bedürfnisse zu achten, sie ernst zu nehmen und vor allem meinem Bauchgefühl zu vertrauen. Und das schlägt gerade ganz laut Alarm.

Ich bemerke ein sanftes Lächeln auf Heikes Gesicht und weiß, dass es die richtige Entscheidung ist.

Zuerst überlegen Pablo, Ruth und Heike, ob sie mit mir umdrehen sollen, aber diesen Vorschlag lehne ich vehement ab.

„Ich bin alleine losgezogen und ich möchte nicht, dass ihr nun meinetwegen euren Weg ändert. Wir sehen uns heute Abend auf dem *Hallangerhaus*.“

Wir wünschen uns gegenseitig viel Glück und verabschieden uns mit einer Umarmung.

Als sich meine Lungen mit der kühlen Bergluft füllen, spüre ich, wie sich mein Kopf und mein Körper wieder entspannen. Auch wenn nun ein anderes Hindernis, in Form einer 35-km-Wegstrecke, noch vor mir liegt, ich habe auf meine Intuition gehört, die Alarmsignale meines Körpers wahrgenommen und den Mut aufgebracht, „Nein“ zu sagen.

Ich bin so stolz auf mich, dass sich ein Grinsen auf meinem Gesicht ausbreitet und mir sogar der Regen nichts mehr ausmacht.

„Venedig, ich komme“, sage ich mir in Gedanken und steige den Weg wieder ab.

Eine Zeit lang wandere ich alleine und es tut gut, mein eigenes Tempo zu gehen, meine Gedanken schweifen zu lassen und so viele Pausen machen zu können, wie ich will. Die dicken Wolken versperren die Sicht auf die umliegenden Berge, aber auch das macht mir nichts aus. Ich marschiere den Weg entlang, summe ein Lied und überhole drei junge Wanderer. Wir grüßen uns freundlich und kommen ins Gespräch. Als Alleinwandernde ist man nicht lange allein, das habe ich bereits festgestellt.

Lars, einer der drei, strahlt, als ich ihm erzähle, dass ich den Traumpfad nach Venedig gehe. Er ist den Fernwanderweg vor einigen Jahren selbst gegangen und berichtet mir von seinen Erfahrungen.

So bemerke ich mal wieder gar nicht, wie schnell die Zeit vergeht und ich bereits die Hälfte meiner Tagesetappe hinter mir habe.

Nun trennen sich unsere Wege wieder und sie wünschen mir alles Gute für meine Tour. Jetzt bemerke ich auch das Ziehen in meinem Bauch und ein Hungergefühl macht sich breit. Ich nehme mir vor, noch ein Stück weiter zu gehen und mir dann ein gemütliches Brotzeitplätzchen zu suchen.

Da wandere ich also so vor mich hin und wenig später überhole ich wieder eine Wandergruppe. Aber auch an ihnen komme ich nicht vorbei, ohne einen kurzen Plausch zu halten.

Ich glaube mittlerweile, dass vor allem das „Monster“ auf meinem Rücken die Aufmerksamkeit der anderen Leute anzieht. Und so erzähle ich von meinem Vorhaben und von meinem heutigen Tag. Aber entweder sehe ich bereits so abgemagert aus oder sie haben einfach nur Mitleid mit mir, jedenfalls schenkt mir die Gruppe eine Breze* als Proviant. Ich kann mich nicht daran erinnern, wann ich mich das letzte Mal so sehr über eine Breze gefreut habe und nehme das Geschenk dankend an. Da ich in mir den Drang verspüre, etwas Zeit für mich zu nutzen, bedanke ich mich nochmal herzlich bei ihnen und gehe dann wieder mein eigenes Tempo.

Ich genieße die Natur um mich herum, auch wenn der Weg auf der breiten Forststraße sehr eintönig ist und sich ziemlich in die Länge zieht. Ich summe das Lied „I'm walking" von *Fats Domino* und bin so beschwingt, dass ich das entgegenkommende Auto erst bemerke, als es neben mir zum Stehen kommt, das Fahrerfenster heruntergelassen wird und der Herr hinter dem Steuer mir anbietet, mich ein Stück mitzunehmen. Ich lehne dankend ab. Er schaut mich nur entgeistert an und wünscht mir einen guten Weiterweg.

Als ich ihn erneut, nach etwa einer Stunde, kopfschüttelnd an mir vorbeifahren sehe, muss ich laut loslachen. Der denkt wohl, ich bin bekloppt, dass ich sein Angebot ablehne und lieber zu Fuß gehen möchte. Aber ich habe das Ziel, meine Strecke aus eigener Kraft zu bewältigen und auf andere Hilfsmittel so weit wie möglich zu verzichten.

Neben dem Wanderweg schlängelt sich die Isar, die hier im Karwendel entspringt. Der Fluss begleitet mich schon mein ganzes Leben, denn er fließt durch meinen Heimatort und auch durch meinen Wohnort München.

Wie schmal das Flussbett hier noch ist und die Farben in einem kräftigen Türkis leuchten. Die Lebendigkeit und Kraft der Isar, aber auch die vielen Steinmännchen, die am Ufer gebaut wurden und eine faszinierende Ruhe auf mich ausstrahlen, setzen positive Energien in mir frei. Meine schmerzenden und müden Beine nehme ich nur selten wahr. Auch dann

---

* Eine regionale Bezeichnung für das Gebäck „Brezel".

nicht, als ich an einem Wegweiser vorbeikomme, der mich wissen lässt, dass mich nochmals ein Aufstieg von zwei Stunden erwartet.

Ich befinde mich voll und ganz im Flow, als ich nach einiger Zeit eine Hütte erblicke. Beim Näherkommen sehe ich Heinz aus unserer Wandergruppe auf der Terrasse der Hütte stehen und mir wird klar, dass ich nach über 35 Kilometern Wegstrecke nun am Ziel bin. Es ist nicht nur Freude über das bekannte Gesicht, die mich überkommt, sondern auch, dass ich es endlich geschafft habe.

Ich trete in die Hütte ein und da kommt mir Heike entgegen. Wir fallen uns erleichtert in die Arme und sind glücklich darüber, dass wir beide wohlauf angekommen sind.

Bei einem leckeren Abendessen sitzen wir mit den anderen Wanderern noch lange zusammen und berichten uns gegenseitig von unserer heutigen Tour.

Als ich meine Geschichte beendet habe, ergreift Manfred das Wort: „Andrea, es kommt nicht darauf an, den höchsten Gipfel zu besteigen. Es war viel mutiger von dir, auf dein Inneres zu hören und für dich die Entscheidung zu treffen umzudrehen!"

Nach diesem aufregenden und erlebnisreichen Tag liege ich erschöpft in meinem Bett und kann vor Kälte lange nicht einschlafen. Doch dass ich nicht gegen meine Natur angekämpft habe, sondern mir selbst vertraut und meiner inneren Stimme erlaubt habe, mich zu führen, erfüllt mich mit Stolz und Dankbarkeit.

Der Glungezer-Glücksstein
(Hallerangerhaus – Glungezer Hütte: 18 Kilometer)

Ich rekel und strecke mich. Die Sonnenstrahlen, die durch das Fenster ins Bettenlager fallen, haben mich sanft geweckt. Endlich kein Regen mehr. Dafür machen mir meine geschundenen Füße zu schaffen. Noch kann ich mir nicht vorstellen, in meine Wanderstiefel zu schlüpfen, geschweige denn, den ganzen Tag zu wandern.

Nach einem sparsamen Frühstück packe ich meinen Rucksack und breche mit Heike auf. Bereits nach den ersten paar Metern spüre ich den gestrigen Marsch in jeder einzelnen Faser meines Körpers.

„Na, dann mach ich heute einfach mal gemütlich“, sage ich in Gedanken beruhigend zu mir.

Als ich innehalte und mich umdrehe, merke ich, wie sich Gänsehaut auf meinen Armen ausbreitet, denn hinter mir erstreckt sich die imposante Bergkette des Karwendels. Die Berge strahlen so viel Kraft, Ruhe und Energie aus und ich fühle, wie sich das auf mich überträgt.

Nachdem Heike und ich den beeindruckenden Ausblick aufgesaugt haben, setzen wir unseren Aufstieg fort und Heike erzählt mir aus ihrem Leben. Ich höre ihren Erzählungen gespannt zu. Heike ist einige Jahre älter als ich, hat bereits so manches durchgemacht und dadurch an Lebenserfahrung dazugewonnen.

Das Leben lässt sich mit einer Bergbesteigung vergleichen, geht es mir in diesem Augenblick durch den Kopf: Es gibt Phasen im Leben, da erklimmt man die Berge mit Leichtigkeit und ist mit sich und seiner Umwelt im Einklang. Aber auch die Abschnitte, bei denen alles nur mühsam und schwer vorangeht, man sich die Frage stellt, ob man den Gipfel jemals erreicht, sind wichtig, um zu wachsen und neue Lernerfahrungen machen zu können. Wenn ich an meine bisherigen Erfahrungen im Leben zurückdenke, sind es sogar diese Momente, die mich selbstbewusster und stärker gemacht haben.

Trotz des Altersunterschieds habe ich das Gefühl, dass Heike und ich uns gegenseitig unglaublich guttun und ich viel von ihrer gelassenen Art lernen kann. Die vertrauensvolle Beziehung, die während dieser kurzen Zeit zwischen uns entstanden ist, fasziniert mich und ich genieße die Zeit, die wir zusammen verbringen.

Während meiner Vorbereitungen auf die Alpenüberquerung stellte sich für mich auch die Frage, wie sehr ich meine Touren vorausplanen möchte. Letztendlich habe ich nur die ersten vier Hütten von zu Hause aus gebucht und bin somit ab heute frei und flexibel in meinen Entscheidungen.

Sollte ich es wagen, die Hütten erst am selben Tag wegen eines freien Schlafplatzes zu kontaktieren? Gerade jetzt in der Sommer- und Urlaubszeit sind sie oftmals ausgebucht.

Trotzdem gehe ich das Risiko ein, an der Hütte abgewiesen zu werden, denn ich möchte mir die Freiheit nicht nehmen lassen, meinen Bedürfnissen und dem Befinden meines Körpers an jedem einzelnen Tag nachzugehen.

Man muss nicht immer alles im Leben planen, so viel wie nötig und der Rest ergibt sich von selbst.

Da die Wettervorhersage für den nächsten Tag traumhaftes verspricht, höre ich wieder auf mein Gefühl und entscheide mich spontan für den Aufstieg zur *Glungezer Hütte*, um von dort aus am nächsten Tag die großartige Gratwanderung über sieben Gipfel zu starten.

Nach einem matschigen und rutschigen Abstieg, der uns Trittsicherheit und Konzentration abverlangt, erreichen Heike und ich Hall in Tirol. Wir beschließen, noch gemeinsam eine Kleinigkeit zu essen, bevor Heike sich auf den Weg nach Innsbruck macht, um dort eine Nacht zu bleiben.

Gut gestärkt verabschieden wir uns am Bahnhof mit einer Umarmung, auch wenn wir uns schon am morgigen Abend auf der nächsten Hütte wiedersehen werden.

„Pass auf dich auf", flüstert mir Heike ins Ohr und ich winke ihr nochmal zu.

Dann steige ich in den Bus, um meine Etappe heute etwas abzukürzen. Mit mir im Bus sitzt das Salzburger Paar Ruth und Pablo.

Als wir an der Bergbahn ankommen, erwartet uns dort ein 2er-Sessellift. – Gestern habe ich die Autofahrt abgelehnt, heute nutze ich gleich zweimal ein Transportmittel.

Der Bahnbetreiber amüsiert sich köstlich über meine selbst kreierte Wäscheleine an meinem Rucksack, an der ich meine frisch gewaschenen Socken und Unterwäsche trockne.

Na, wenigstens bring ich ihn zum Lachen.

Ich lasse mich in den Sessel des Liftes fallen, neben mir meinen Rucksack und genieße die Fahrt nach oben.

Unter mir höre ich gut gelaunte Wanderer, die sich auf dem Abstieg befinden sowie das Glockengeläute der Kühe, die auf den saftigen grünen Almwiesen weiden. Und als ich mich nach hinten umdrehe, erstreckt sich dort, ruhig und friedlich, die Kette des Karwendelgebirges, das ich in den letzten Tagen durchwandert habe.

In diesem Moment nehme ich eine Stimmung wahr, die mir fremd ist, aber in mir ein wohliges und wärmendes Gefühl auslöst. Die Zeit scheint in diesem Augenblick stehen zu bleiben.

Langsam kullert eine Träne meine Wange hinunter. Es ist keine Träne der Traurigkeit, sondern eine Träne der Verbundenheit, der Akzeptanz und der Selbstliebe. Ich spüre, dass diese Reise eine Reise zu mir selbst ist und ich nicht als dieselbe Andrea zurückkommen werde. Es ist an der Zeit, meine Vergangenheit loszulassen. Sie gehört zu mir und sie hat mich geprägt, aber nun ist der Moment gekommen, die Tür hinter mir zu schließen, um eine neue öffnen zu können.

So lasse ich auch das Karwendelgebirge hinter mir. Und blicke nach vorne.

Die Fahrt mit dem Sessellift hat mir einiges an Fußmarsch und Höhenmeter erspart, trotzdem liegen noch zwei Stunden Aufstieg vor mir. Gemeinsam mit Ruth und Pablo mache ich mich auf den Weg. Die beiden nehmen sich eine Auszeit von ihrem Alltag und Familienleben und schenken sich hier auf der Alpenüberquerung mehr Zweisamkeit. Ich lausche aufmerksam ihren Erzählungen, während ich die farbigen Almwiesen um mich herum wahrnehme und den warmen Wind spüre, der sanft über meine Haut streicht. Dabei vergesse ich die Zeit und die Anstrengung des Aufstiegs, denn in der Gegenwart der beiden fühle ich mich pudelwohl.

Auch das letzte felsige Stück zur *Glungezer Hütte* bereitet uns keine Probleme. Und dann taucht sie im Fels versteckt auf, als würde sie mit dem Gestein um sich herum eine Einheit bilden. Die tibetischen Gebetsfahnen wehen im Wind, der hier oben auf 2.600 Meter Höhe deutlich stärker bläst als unten im Tal.

Irgendetwas lässt mich ganz ruhig werden. Es ist ein Gefühl des Ankommens, des Wohlfühlens, das sich noch mehr verstärkt, als uns Daria und Gottfried, die beiden Hüttenwirte, mit einem Schnaps begrüßen.

Anschließend brauche ich Zeit für mich. Ich suche mir ein ruhiges Plätzchen auf der Terrasse und halte die Eindrücke des heutigen Tages in meinem Tagebuch fest. Doch immer wieder unterbreche ich das Schreiben, denn mein Blick wird von der atemberaubenden Aussicht, die man hier oben auf die Stubaier-, Ötztaler- und Zillertaler Alpen hat, angezogen. Allein für diesen Moment hat sich die ganze Anstrengung heute gelohnt.

Auf eine Dusche muss ich an diesem Abend verzichten, denn die Hütte liegt so hoch, dass das Wasser sehr knapp ist und mit dem Wasserhaushalt sehr sparsam umgegangen werden muss. Dafür gibt es ein Abendessen, das unsere müden und hungrigen Wanderherzen höherschlagen lässt.

Lange sitzen wir gemütlich zusammen und erzählen uns gegenseitig aus unserem Leben. Es ist so schön zu spüren, dass die Menschen um mich herum sich wirklich für mich interessieren, dass sie sich Zeit nehmen und meinen Geschichten lauschen.

Dann zieht es uns nach draußen, der Hüttenwirt verkündet auf der Terrasse den Wetterbericht für den morgigen Tag. Der Gratwanderung steht nichts im Wege, denn es ist bestes Bergwetter angesagt.

Gottfried hat sich für alle „München-Venedig-Wanderer“ noch ein motivierendes Ritual einfallen lassen – den „Glungezer-Glücksstein“.

Wenn dieser Stein in der venezianischen Lagune versenkt wird, ist man herzlich für eine erneute Übernachtung auf seiner Hütte eingeladen.

Er gibt mir einen Stein aus seiner Schatztruhe und ich nehme ihn dankend entgegen. Nun wird der Stein mich auf meiner weiteren Reise begleiten.

Bevor ich mich ins Bettenlager begebe, schlüpfe ich noch einmal in meine Wanderschuhe und entferne mich etwas von der Hütte, denn bis zum heutigen Tag hat das Wetter einen Sonnenuntergang am Berg unmöglich gemacht.

Die Sonne verschwindet bereits langsam hinter der Bergkette, als ich es mir auf einem Fels gemütlich mache. Ich atme tief ein und aus. Das Licht legt sich wie ein Goldschleier über die Berge und unter mir erblicke ich Innsbruck, das sehr klein und ruhig erscheint.

Nun bin ich bereits fünf Tage unterwegs und die anfänglichen Ängste und Sorgen schwinden zunehmend. Ich nehme eine innerliche Ruhe in mir wahr und mein Selbstvertrauen wächst von Tag zu Tag. Da sitze ich nun am Berg, bei dem ersten wunderschönen Sonnenuntergang der Alpenüberquerung und kann euch sagen, dass ich der glücklichste Mensch auf der Welt bin, denn ich habe alles, was ich dafür brauche: meinen Rucksack, meine Wanderschuhe, die Natur um mich herum, wundervolle Begegnungen, meinen gesunden Körper und ein Lächeln im Gesicht. – Und einen Glücksstein, den ich nun nach Venedig trage.

Ich bin jetzt schon seit einiger Zeit unterwegs, habe Abschnitte in den Tuxer Alpen und jetzt auch in den Dolomiten durchwandert und somit auch die Grenzen zu Österreich und Italien überquert. 333 Kilometer liegen hinter mir.

Es ist faszinierend, wie unterschiedlich und auf seine Art und Weise besonders jedes Gebirge ist und die Gesteine die Gestalt der Berge und Täler bestimmen.

In den Tuxer Alpen war ich über das Gestein, welches wie Schieferplatten aussieht, erstaunt. Die Dolomiten hingegen wirken in höherer Lage wie eine Mondlandschaft. Pflanzen sind dort kaum zu finden. Aber das Schönste ist: Jeder Tag beginnt mit Vorfreude. Vorfreude, endlich wieder loszuwandern. Es wird zur morgendlichen Routine, mein überschaubares Hab und Gut im Rucksack zu verstauen, die Wanderstiefel zu schnüren und dann dieses unbeschreibliche Gefühl zu spüren, das mich jeden Tag aufs Neue motiviert, wieder loszulaufen.

Mit Mut fangen die schönsten Geschichten an (Rifugio Pian de Fontana – Rifugio 7 Alpini: 10 Kilometer)

Heute ist ein besonderer Tag, denn es steht mein Highlight, der Klettersteig* über die Schiara zum Rifugio 7 Alpini an. Die Via Ferrata Marmol ist als mittelschwerer Steig eingestuft und wohl der anspruchsvollste Abschnitt der gesamten Tour.

Da ich eine leidenschaftliche Kletterin bin, freue ich mich, endlich wieder Fels unter meinen Fingern zu spüren. Dennoch wird die Vorfreude von einer großen Portion Respekt begleitet, denn die Kombination Klettersteig und schweres Gepäck sind absolutes Neuland für mich.

Das Klettersteigset, das man für die Selbstsicherung während der Tour benötigt, haben wir uns auf einer der Hütten ausgeliehen. Bevor Heike und ich zu unserer heutigen Tour aufbrechen, rät uns die Hüttenwirtin, unsere Wasservorräte reichlich aufzufüllen, denn ein heißer Tag steht bevor und es gibt keine Nachfüllmöglichkeit auf dem Weg.

* Ein Klettersteig (in Italien „Via Ferrata“) ist ein Steig am Fels, der durch Eisenleitern, Eisenstifte, Klammern und Drahtseile gesichert ist. Die Drahtseile dienen sowohl als Hilfe zur Fortbewegung als auch zur Selbstsicherung durch ein sogenanntes „Klettersteigset“.

Nachdem wir den Rat befolgt haben, satteln wir unsere Rucksäcke auf und verabschieden uns von allen. Bereits jetzt brennt die Sonne vom Himmel und ich kann die Anstrengung der letzten Tage in meinen Füßen und Knien spüren. Aber mein Motto „Zähne zusammenbeißen und durch“ begleitet mich auch heute wieder.

Anfangs verlaufen die Pfade durch Wälder, die uns Schatten spenden, und Wiesen, deren bunte Blumenvielfalt wie ein Farbenmeer leuchten. Doch bald darauf werden die Wege felsiger und steiler und wir müssen immer häufiger unsere Arme zum Kraxeln einsetzen.

Mittlerweile weiß ich nicht mehr, ob es die Hitze ist, die mir den Schweiß auf die Stirn treibt, oder die Anstrengung. In den letzten Wochen habe ich enorm an Kondition dazugewonnen, dennoch stehe ich nun schweißgebadet und mit hochrotem Kopf vor dem Einstieg des Klettersteigs. Auf einer Eisentafel, die am Fels angebracht ist, informiert der italienische Alpenverein über die Besonderheiten und Schwierigkeiten und weist die Wanderer daraufhin, nur mit entsprechender Ausrüstung und Erfahrung den Steig zu gehen.

Bevor wir uns in das Abenteuer begeben, stärken wir uns bei einer kleinen Brotzeit, denn die Kraft werden wir in den nächsten Stunden sicher brauchen. Für mich sind das mit die schönsten Momente, bei einer leckeren, aber einfachen Brotzeit wieder zu Kräften zu kommen und einem Ausblick, der zum Genießen einlädt. Denn mit leerem Magen wandert es sich nicht gut, das habe ich definitiv schon festgestellt.

Dann ist es an der Zeit, wieder aufzubrechen, denn es wird immer heißer und heißer. Wir legen unser Klettersteigset an und setzen unsere Helme auf. Ich spüre mein Herz vor Aufregung schneller schlagen. Und dann steigen wir in den Klettersteig ein.

Nervosität kommt hoch, als ich mich mit meinem Karabiner in das Drahtseil einhake und die ersten paar Meter emporklettere. Heike ist schon nicht mehr zu sehen, denn sie hat sichtlich Freude daran und klettert wie eine Bergziege davon.

Bevor ich weitergehe, schließe ich meine Augen und atme wieder tief ein und aus. Mein Kletterpartner hat mir beim Hallenklettern immer wieder ans Herz gelegt, mich bei Schlüsselstellen auf meinen Atem zu fokussieren und ganz bei mir anzukommen. Ich habe wiederholt die Erfahrung gemacht, dass mir sein Ratschlag in schwierigen Situationen geholfen hat, und deshalb vertraue ich darauf, dass es mir auch jetzt helfen wird.

„Andrea, ist alles in Ordnung bei dir?“, höre ich Heike rufen und atme ein letztes Mal tief durch.

Dann klettere ich weiter und als Heike hinter dem nächsten Felsen auftaucht, merke ich, wie mein Selbstvertrauen und die Ruhe in mir langsam zurückkehren.

Schon bald stört mich auch mein Rucksack auf meinem Rücken nicht mehr und ich finde immer mehr Freude an dem Klettersteig. Ich bin voll und ganz in meinem Element und meine Kletterkenntnisse sind hier von großem Vorteil. Nur die steilen, gerölligen Passagen, an denen keine Sicherungen angebracht sind, lassen bei mir immer mal wieder ein Gefühl der Unsicherheit aufkommen.

„Ich schaff das“, sage ich leise vor mich hin.

Wir befinden uns schon eine Weile in dem Klettersteig und nachdem die Anspannung nachlässt, kann ich auch das atemberaubende Panorama um uns herum wahrnehmen. Die riesigen Felsen strahlen eine enorme Ruhe auf mich aus und lösen in mir ein unbeschreiblich schönes Gefühl aus. Mir wird erneut bewusst, dass ich in den Bergen voll und ganz bei mir bin und mich zu Hause fühle, egal wo ich mich befinde.

Trotzdem komme ich bei den Bergtouren auch immer wieder an meine Grenzen. Heute ist es die enorme Hitze, denn es herrschen sicher Temperaturen um die 35 Grad. Wir sind der Sonne ständig ausgesetzt und mein Körper sehnt sich nach Schatten. Mit dem Wasservorrat versuche ich, sparsam umzugehen, denn der muss noch einige Zeit ausreichen.

Ich bin erleichtert, als wir plötzlich eine Ausbuchtung im Fels entdecken, an der wir Pause machen und der Sonne für kurze Zeit entkommen können.

So sitzen wir eine Weile da, genießen den Schatten und löschen unseren Durst.

„Auf zum Endspurt", motivieren wir uns gegenseitig und Heike geht wieder voraus.

Plötzlich höre ich sie laut aufstöhnen und sehe, dass sie sich gerade an einer der Schlüsselstellen befindet. Ein Quergang am Fels entlang, der links von ihr steil in die Tiefe hinabgeht. Es beunruhigt mich etwas, dass die Stelle Heike Probleme bereitet.

„Ich schaff das!", spreche ich mir erneut Mut zu und atme wieder bewusst ein und aus.

Auch Heike rede ich gut zu, denn sie ringt immer noch mit sich. Aber ich glaube, dass ihr meine Ruhe und motivierenden Worte in diesem Moment guttun, denn sie klettert weiter und meistert die Stelle.

Dann bin ich an der Reihe.

Ich setze meinen Fuß auf einen Eisenstift, der aus dem Fels ragt, hake meinen Karabiner in das Drahtseil und greife dann mit den Händen danach. Unter mir kann ich die Tiefe wahrnehmen. Jetzt darf ich mir keinen Fehltritt erlauben. Doch dann richte ich meine Konzentration und Aufmerksamkeit auf die Kletterpassage und vergesse alles andere um mich herum.

Als ich bei Heike auf der anderen Seite ankomme, bin ich so erleichtert, dass ich ein lautes Jubeln ausstoße. Mein Echo hallt laut durch die Schlucht, bis der Fels es verschluckt. Stolz macht sich breit, dass ich diese schwierige Stelle so gut gemeistert habe. Nun müssen wir noch ein paar letzte steile Leitern hinabklettern und dann haben wir es endlich geschafft.

„Puh, was für ein Abenteuer!“, kommt es aus mir heraus, als ich meinen Fuß von der letzten Sprosse wieder auf festen Wanderweg setze.

Ich blicke ein letztes Mal zu den hohen Felsen und dann lassen wir den Klettersteig hinter uns. Es wartet noch ein steiler Abstieg zur Hütte auf uns. Wir können sie zwar schon sehen, der Weg dorthin ist allerdings noch weit.

Völlig erschöpft kommen wir schließlich an. Ich bin überglücklich, als ich eine Bank auf der Terrasse erblicke, mich dort niederlasse und meine eingesperrten und schmerzenden Füße endlich aus den Bergstiefeln befreien kann. Und dann sitzen Heike und ich noch lange draußen vor der Hütte, gönnen uns eine erfrischende Schorle und genießen die Zeit, die wir hier zusammen geschenkt bekommen.

Das war der wunderbarste Abschied von den Dolomiten – dieser verrückte Klettersteig!

I‘m walking
(Arfanta - Salettuol: 30 Kilometer)

Gipfel, Grate, verschiedenste Arten von Gestein, Wildbäche und Bergseen haben mich in den letzten Wochen auf meinem Wanderalltag begleitet. Nachdem wir nun die Dolomiten hinter uns gelassen haben, wird sich die Landschaft noch einmal verändern, bevor sie in der venezianischen Tiefebene verebbt und wir die Adriaküste erreichen. So werden wir die nächsten Tage durch die lieblichen Weinberge Italiens wandern. Das bedeutet auch, dass nun der letzte Abschnitt der Alpenüberquerung anbricht. Bei diesem Gedanken überkommen mich gemischte Gefühle. Einerseits ist es unglaublich, wie lange ich nun schon zu Fuß unterwegs bin und was ich alles erlebt habe, andererseits ist ein Ende dieser Reise in Sicht und das lässt mich traurig werden. Schnell schiebe ich den Gedanken beiseite, denn noch bin ich nicht angekommen.

Für die letzten Etappen im Flachen habe ich mir einen „Luxusartikel" von zu Hause mitgenommen, der nun zum Einsatz kommt – meine Laufschuhe. Ich freue mich schon seit den letzten Touren auf diesen Tag, denn meine Füße schmerzen in den Wanderstiefeln inzwischen sehr und ich habe Sorge, dass es beim Laufen auf Asphalt schlimmer wird. Deshalb kann ich es kaum erwarten, endlich in meine Turnschuhe zu schlüpfen und strahle, denn es fühlt sich wie eine Wohltat für meine Füße an.

Doch was ich in diesem Augenblick noch nicht weiß ist, dass sich das als Fehler herausstellen wird.

Heike und ich haben bis jetzt viele Höhenmeter zurückgelegt sowie lange und anspruchsvolle Touren gemeistert, aber nun führen die Wege oftmals an Straßen oder auf asphaltierten Wegen entlang. Viele München-Venedig-Wanderer beenden ihre Alpenüberquerung in Belluno, denn die letzten Etappen verlieren aufgrund oft fehlender Markierungen, langen Strecken auf Straßen, Hitze und Verkehr an Reiz. Doch mir war von Anfang an klar, ich möchte auch das letzte Stück zu Fuß gehen, komme was wolle. Und so marschiere ich in der italienischen Mittagshitze in meinen „Luxusschuhen" und vernehme das erste Anzeichen einer sich bildenden Blase an meiner Fußsohle. Um dem ganzen Schlamassel sofort entgegenzuwirken, klebe ich die schmerzende Stelle mit einem Blasenpflaster ab. Davon befinden sich reichlich in meinem Erste-Hilfe-Set. Aber auch dies scheint nicht zu helfen. Im Laufe des Tages habe ich an beiden Fußsohlen mehrere Blasen, und das nur, weil ich meinen Füßen etwas Gutes tun wollte. Mir bleibt nichts anderes übrig, als mir meine Fußsohlen mit Tape abzukleben, denn durch den Schweiß halten die Blasenpflaster kein bisschen. Heike und ich müssen bei dem Anblick laut loslachen.

„Venedig, ich komme", sage ich zu mir und dann setzen wir unseren Weg fort.

Mittlerweile ist der Abstand zwischen Heike und mir immer größer geworden, denn jeder Schritt schmerzt und ich muss mein Tempo verlangsamen. Immer wieder bemerke ich, wie in mir ein Gefühl der Angst aufsteigt, die Tour aufgrund der geschundenen Füße nun abbrechen zu müssen. Ein innerlicher Kampf tobt in mir und ich bin den Tränen nahe. Tränen der Wut, Tränen des Schmerzes, Tränen der Angst.

Ich bleibe stehen. Ein warmer Wind weht mir über die Haut und ich schließe für einen kurzen Moment die Augen. Meine Beine haben mich über die Berge getragen, ich habe verschiedene Hindernisse überwunden und mich immer wieder meinen Ängsten gestellt. Nun bin ich meinem Ziel so nahe. Und auch wenn die großen Schmerzen mir eine Qual bereiten, ich laufe bis Venedig.

Fest entschlossen benutze ich nun die Wanderstöcke, die mir das Gehen etwas erleichtern, und versuche, den Abstand zwischen mir und Heike zu verringern. Dann erinnere ich mich wieder an das Lied, das mir schon einmal aus einem Wandertief geholfen hat. Ein Lächeln macht sich auf meinem Gesicht breit, ich bleibe erneut stehen und hole das Handy mit den Kopfhörern aus dem Rucksack. Nach kurzer Zeit ertönen die ersten Zeilen und die Stimme von *Fats Domino* mit „I'm walking" in meinem Ohr, und ich nehme meinen Weg wieder auf. Ich singe das Lied mit und spüre, wie ich mich entspanne und positive Energie sich in mir breit macht.

Heike hat mittlerweile eine Pause eingelegt, um auf mich zu warten. Als ich sie erreiche und sie mein Lächeln wahrnimmt, sagt sie nur: „Du bist so tapfer, ich bin stolz auf dich!"

Und dann setzen wir unseren Weg fort, lachen und singen gemeinsam.

Auch wenn der letzte Abschnitt landschaftlich nicht mit den Alpen mithalten kann, ich möchte keine Sekunde und keine Blase dieses Weges missen. Denn erst hier habe ich erfahren, was es bedeutet, an seine Grenzen zu stoßen, aber nicht aufzugeben. Stattdessen das Ziel zu fokussieren und weiterzugehen, auch wenn es schwierig und holprig ist.

Jede Reise hat ein Ende, aber die Erinnerung daran ist unvergänglich (Cavallino – Venedig: 19 Kilometer)

Heute ist es soweit. Ich packe zum letzten Mal meine Sachen in meinen Rucksack und ein Gefühl von Wehmut überkommt mich. Es ist der letzte Tag meiner unbeschreiblichen 555 Kilometer langen Alpenüberquerung. Das Ende ist nun in Sicht.

Nach einem italienischen Frühstück machen Heike und ich uns auf den Weg, der heute am Adriastrand, am Meer entlangführt. Die Sonne strahlt vom Himmel.

Als ich meine Turnschuhe ausziehe, die getapten Füße den heißen Sand spüren, meine Augen die Wellen des Meeres erblicken und eine frische Brise in meine Nase steigt, überkommt mich ein Wechselbad der Gefühle und Tränen laufen mir übers Gesicht. Nach Isarwegen, Geröllfeldern, Gipfeln, Jöchern, Schotterfeldern, Schneefeldern, Piave und Siledämmen und Teerstraßen stehe ich nun mit meinem Wanderrucksack und den Strapazen der letzten Wochen, die in meinen Knochen stecken, am Meer.

Nachdem ich meinen Gefühlen freien Lauf gelassen habe, gehen Heike und ich am Wasser entlang, in Richtung Venedig. Am Strand herrscht bereits jetzt reges Treiben und die Urlauber in Jesolo liegen in Bikini und Badehose unter ihren Sonnenschirmen, Kinder buddeln im Sand oder kühlen sich in den Wellen des Meeres ab. Und zwischen den ganzen Urlaubern spazieren Heike und ich mit unseren Rucksäcken und Wanderstiefeln. Verwunderte Blicke begegnen mir immer wieder. Ich frage mich, wer sich hier über wen wundert – die Leute über mich oder ich mich über die Leute.

Eins wird mir in diesem Moment bewusst, solch einen Urlaub, wie ich es hier am Strand gerade sehe, kann ich mir nach dieser Reise nicht mehr vorstellen. In mir herrscht Reizüberflutung und ich fühle mich in dem ganzen Trubel nicht wohl. Und dieser Flut von Reizen sind wir auch im Alltag ausgesetzt und nehmen es gar nicht mehr wahr. Ich sehne mich nach Ruhe und Stille, wie ich es so oft in den Bergen erlebt habe.

Heike scheint es ähnlich zu gehen, denn als sich unsere Blicke treffen, verdreht sie die Augen und wir müssen beide lachen. Wir gönnen uns eine Pause, legen unser Gepäck ab und erfrischen uns im Meer. Es ist eine Wohltat, das kühle Salzwasser auf der Haut zu spüren. Auch die Anspannung der Muskeln lässt nach.

Nachdem die Sonne uns getrocknet hat und wir in unsere vertrauten Wanderklamotten geschlüpft sind, setzen wir unseren Weg im Sand Richtung Punta Sabbione fort.

Am frühen Nachmittag kommen wir dort an und nun endet unser langer Fußmarsch. Wir kaufen uns zwei Tickets, besteigen das Vaporetto (ital. für „Dampfboot“) und suchen uns einen Platz weit hinten. Das Boot legt im Hafen ab und wir fahren, zusammen mit vielen Touristen, auf der Wasserstraße unserem Ziel entgegen. Ich kann es immer noch nicht glauben, dass wir nach 29 Tagen des Wanderns bald den Boden von Venedig betreten werden.

Als wir die Hälfte der Fahrt hinter uns haben, hole ich den kleinen Glücksstein, den mir Gottfried mit auf den Weg gegeben hat, aus meinem Rucksack hervor. Nun ist es an der Zeit, loszulassen und den Stein in der Tiefe der Lagune zu versenken. Ich schließe meine Augen, drücke den

Stein ein letztes Mal fest in meiner Hand und werfe ihn mit Schwung über Bord. Leise und sanft kommt er auf der Wasseroberfläche auf und wird dann vom Meer verschluckt.

„Mach's gut, kleiner Glücksstein", sage ich zu mir.

Heike und ich sitzen wortlos nebeneinander und genießen die weitere Fahrt. Da tauchen die ersten Gebäude auf und auch der Markusturm, der den höchsten Punkt von Venedig markiert, wird sichtbar.

Das Vaporetto legt am Ufer an und wir betreten mit den anderen Besuchern die „Perle der Adria". – Wir sind am Ziel unserer Reise angekommen.

Wir drängen uns durch das Getümmel, bis wir endlich am Markusplatz ankommen. Und dann stehen wir da, zwei Frauen, die sich vor vier Wochen alleine auf den Weg gemacht haben, um sich eine Auszeit vom Alltag zu nehmen, um zu sich zu finden, um in die Welt der Berge einzutauchen, um Abenteuer zu erleben, um an die eigenen Grenzen zu kommen und um die Schönheit der Einfachheit zu erfahren. Ich bin auf eigene Faust losgezogen, mit meinem Rucksack und meinen Wanderschuhen. Und jetzt falle ich Heike in die Arme, die mir mittlerweile so vertraut ist. Ich bin unendlich dankbar für diese unvergessliche Reise, die atemberaubenden Momente, die Begegnungen, die Leidenschaft und Liebe zu den Bergen und der Natur; dafür, an meine Grenzen gestoßen und darüber hinausgegangen zu sein, für die Erinnerungen und Erfahrungen, die mir nie wieder genommen werden können.

Meine Alpenüberquerung endet hier, aber tief im Herzen weiß ich bereits in diesem Moment inmitten der Menschenmasse auf dem Markusplatz, dass dies nicht mein letztes Abenteuer war.

Mein Fazit für dich

Mein größtes Learning auf der Tour:

Ich brauche nicht viel, um glücklich zu sein!

Deshalb war die Tour so wichtig für mich:

Durch die Natur bin ich wieder in den Kontakt mit mir selbst gekommen, ich habe mithilfe der Natur Fragen für mich beantworten können, die schon lange in mir waren, ich habe mich mit all meinen Stärken und Schwächen lieben gelernt.

Diese Fähigkeiten habe ich gelernt oder gestärkt:

Auf mein Bauchgefühl zu hören und mir selbst zu vertrauen, dankbar für die kleinen Momente im Leben zu sein, meinem Körper dankbar zu sein, dass er jeden Tag so viel leistet.

Das durfte ich über mich lernen:

Wenn ich etwas wirklich will, dann schaffe ich das, egal was kommt!

Das konnte ich über die Natur lernen:

Die Natur hat mir auf meiner Tour immer wieder Zeichen gesendet, ich habe mich dafür geöffnet, diese Zeichen wahrzunehmen und auf sie zu hören, ich verspüre in der Natur ein Gefühl des Nachhausekommens.

Das kann ich dir mitgeben:

Einfach mal machen, denn so entstehen oftmals die schönsten und beeindruckendsten Geschichten.

Andrea Ernst

Andrea ist durch und durch eine „Wilde Seele". Nicht nur in ihrer Freizeit verbringt sie ihre Zeit am liebsten in der Natur, sondern auch beruflich hat sie sich dafür entschieden, ihren Arbeitsplatz draußen in der Natur zu wählen und arbeitet nun in einem Naturkindergarten als Erzieherin.

Da Andrea südlich von München aufgewachsen ist, spielten vor allem die Berge, die nicht weit von ihrem Heimatort entfernt liegen, eine große Rolle. Schon von klein auf war sie bei Papa in der Kraxn in den Bergen unterwegs und die Verbundenheit und Leidenschaft zu ihnen ist bis heute geblieben. Für Andrea sind die Berge, aber auch die Natur, ihr Rückzugsort vom Alltag. Sobald sie dort unterwegs ist, kann sie alles vergessen.

2017 erfüllte sie sich ihren Traum und überquerte die Alpen von München nach Venedig – zu Fuß. Diese Art zu reisen, mit dem eigenen Körper große Hindernisse zu bewältigen und das minimalistische Unterwegssein, hat ihre Leidenschaft verstärkt, immer wieder die Wanderschuhe anzuziehen und sich auf neue Abenteuer zu begeben. Denn da draußen lernt man nicht nur die Wunder der Natur kennen, sondern auch jede Menge über das eigene Leben.

www.instagram.com/_andrea_e

Der Beginn von etwas Neuem

Tafelbergwanderung, Südafrika, Februar 2018

von Romy Schneider

Wenn mich heute jemand fragt, wie ich eigentlich meine Liebe zum Wandern gefunden habe, dann erzähle ich meistens diese Geschichte.

Damals in Kapstadt hat sie angefangen. Alles hat dort angefangen, ein ganz neuer Lebensabschnitt. Auch die Liebe zur Natur, die, und davon bin ich überzeugt, schon immer in mir gesteckt hat. Die jedoch durch viele äußerliche Ablenkungen verdrängt wurde, die sich im Laufe der Jahre, Schicht für Schicht auf mich gelegt hatten. Doch diese ganzen schweren Schichten lösten sich langsam auf. Eine nach der anderen verschwanden sie. Und darunter war ich. Ich fand nicht nur die Verbindung zur Natur wieder, ich fand auch mich selbst wieder.

Kapstadt war der Anfang einer wunderbaren Veränderungsreise. Es war der Beginn vom Rest meines Lebens. Und dieses wollte ich so erfüllend wie möglich gestalten.

In der Hauptstadt Südafrikas begann unsere Weltreise. Tobias und ich nutzten die Zeit, bevor Mila, unsere damals fünfjährige Tochter, eingeschult wurde, um die Welt zu sehen, um Freiheit zu spüren, um das Leben in uns pulsieren zu lassen. Zu dritt machten wir uns auf den Weg, um am Ende mit einem Kopf voller Erinnerungen zurückzukommen. Erinnerungen, die uns niemand mehr nehmen könnte.

Ich hatte damals sogar meinen ungeliebten Job als Kundenberaterin in einer Werbeagentur gekündigt, nachdem man mir mein beantragtes Sabbatical nicht genehmigt hatte. Ich spürte, dass es Zeit war, mich selbst aus dem lästigen Hamsterrad zu befreien, in dem ich feststeckte, und nutzte diese unerwartete Chance, meinem Leben nochmal eine andere Perspektive zu bieten. Einen Plan hatte ich nicht. Erst mal nur raus. Alles Weitere würde sich schon finden. Ich wusste zu dem Zeitpunkt noch nicht, wie sehr mich diese Reise verändern würde. Wie sehr sich mein Leben danach verändern würde. Und wie sehr ich zukünftig die Natur und die Bewegung in ihr brauchen würde, um durchatmen zu können.

Um immer wieder zu mir selbst zurückzukommen, rechtzeitig, bevor sich ganz langsam wieder eine neue Schicht bildet.

Am 4. Februar 2018 landeten wir pünktlich auf die Minute in der Mother City, Südafrikas zweitgrößter Stadt und eine der schönsten der Welt, zumindest laut vieler Reisemagazine und Reiseblogs. Und mittlerweile kann ich das bestätigen. Ich würde sogar behaupten, wer in Kapstadt nicht glücklich ist, der ist es nirgendwo. Die Stadt ist ein einzigartiger Schmelztiegel aus verschiedensten Kulturen, sprühender Kreativität, atemberaubender Natur, unverwechselbarem Stil und kulinarischen Köstlichkeiten, die für jeden Geschmack etwas bereithalten.

All das saugten wir auf. Kapstadt gefiel uns von Anfang an richtig gut. So viel Schönes, das wir uns anschauen konnten, und dazu diese ganz besondere Atmosphäre, die sich nicht beschreiben lässt, sondern selbst erlebt werden muss, um es zu verstehen.

Dieser Einstieg in unsere Weltreise war ideal, auch weil das Land an der Südspitze des afrikanischen Kontinents einen starken europäischen Einschlag hat. Für uns bedeutete das kein Kulturschock und ebenso wenig ein Jetlag, da die Zeitverschiebung zu Deutschland nur eine Stunde beträgt.

Die Menschen begegneten uns nett und freundlich und wir fühlten uns wohl und willkommen, auch wenn die meisten Häuser von Mauern mit Stromdrähten darauf umgeben waren.

Unsere Unterkunft in Muizenberg, einem kleinen Vorort von Kapstadt, hielt zusätzlich einen privaten Wachmann für uns parat, der jede Nacht Wache schob. Doch wenn der Anblick der Mauern erst noch verunsicherte, gewöhnten wir uns schnell daran.

In den ersten Tagen absolvierten wir, meistens nach einem straffen, von uns selbst auferlegten Zeitplan, das typische Touristenprogramm.

Mir stand damals der Sinn nach Stadt, Menschen, Cafés, Märkte. Ich wollte in das Leben dieser aufregenden Metropole eintauchen. Ich wollte mich wie immer ablenken lassen, ohne dass ich mir dessen bewusst war.

Nicht, dass das etwas Schlechtes ist, sich Städte anzusehen. Auch heute mache ich das noch gerne, doch ich merke schon nach kurzer Zeit, wie viel Energie mir das raubt. Es sind keine Schichten mehr da, die die ganzen Eindrücke abfangen. Alles dringt direkt zu mir durch. Eine Flut an Informationen, die mich umzuwerfen droht und der ich nur noch entkommen möchte. Meine Prioritäten haben sich heute verlagert. Lieber mehr Natur als Stadt. Viel mehr Natur. Eine Abwechslung ist immer herzlich willkommen, aber nur, wenn ich nicht stundenlang durch Fußgängerzonen laufen muss, sondern mich in nette, kleine Cafés setzen kann, die abseits in unberührten Seitenstraßen liegen. Mit einer Tasse Kaffee in der Hand, herrlich duftend, den ich genüsslich und ganz in Ruhe trinke.

In Kapstadt sparte ich mir also die Natur zunächst auf. Es war damals, zu Beginn unserer Reise, noch eher etwas Langweiliges für mich. Es gab mir nichts. Allerdings hatte ich es auch nie so wirklich ausprobiert. Wandern kannte ich nur aus meiner Kindheit, mit meinen Eltern. Und wie fast jedes Kind habe ich es nicht sonderlich gemocht. Es kam also auch jetzt als Erwachsene nicht für mich infrage. Leute, die gerne wanderten und die typischen Wanderklamotten trugen, sodass man schon von Weitem erkennen konnte, mit wem man es zu tun hatte, waren mir suspekt. Outdoor-Freaks, die es irgendwann verpasst hatten, in der Gesellschaft anerkannt zu werden und stattdessen lieber einen Baum umarmten.

Ich hatte keine Ahnung.

Für Wandern und Natur war ich so wenig empfänglich wie Karl Lagerfeld für Jogginghosen. Wenn ich mich bewegen und sportlich aktiv sein wollte, ging ich ins Fitnessstudio. Dass man Sport mit Natur verbinden könnte, kam mir nie in den Sinn. Ich holte maximal ab und zu meine Inlineskates heraus, um eine Runde um den See zu drehen. Das war das höchste der Outdoorgefühle.

Ich hatte ganz schön was verpasst.

Dann kam der Tag, an dem diese ganze Sichtweise anfing, sich zu verschieben. Es war ein geplanter Tag, Tobias hatte sich schon im Vorfeld, noch in Deutschland, darum gekümmert und alles Nötige organisiert. Er liebt Herausforderungen und hatte sich vorgenommen, als selbst ungeübter Wanderer, den Tafelberg zu besteigen. Das hört sich jetzt wilder an, als es ist, denn weder brauchten wir dafür eine Kletterausrüstung oder -ausbildung noch handelte es sich um einen Berg wie den Mount Everest. Ganz bestimmt waren wir auch nicht die Ersten, die sich dieser Aufgabe stellten. Trotzdem, knapp 1.100 Meter von ganz unten nach ganz oben, auf einer Länge von etwa sechs bis sieben Kilometern, waren keine Kleinigkeit. Selbst für Outdoor-Freaks nicht.

In den Wochen vor unserem Abflug, wenn Tobias mir von seinem bzw. unserem Vorhaben erzählte, denn für ihn war klar, dass ich mitkam, hörte ich nur mit halbem Ohr hin. Da war kein Platz mehr in meinem Gehirn, das mit einer endlos langen To-do-Liste bis zum Anschlag gefüllt war.

Der Tafelberg, okay. Das Wahrzeichen Kapstadts, okay. Wir gehen zu Fuß hoch, okay. Das war alles, was ich mir merken konnte und kümmerte mich nicht weiter darum.

„Pack dir gute Schuhe ein! Ich will die Tour nicht abbrechen müssen, weil du Blasen an den Füßen hast“, hörte ich Tobias noch des Öfteren sagen.

Okay.

Ich schleuderte meine Lieblingssneaker in die übergroße Rollreisetasche, in der Überzeugung, dass sie mir gute Dienste leisten würden.

Extra neue Schuhe kaufen war nicht drin für mich, so eine Weltreise kostet schon mal was, auch wenn es weniger ist, als viele denken. Trotzdem muss man Prioritäten setzen: Neue Schuhe für hundert Euro oder für das gleiche Geld drei Übernachtungen in einem komfortablen Strandbungalow in Thailand.

Zum Glück hatte ich den Konsumrausch, in den ich mich zu der Zeit noch gerne begab, schon ein Stück hinter mir gelassen. Ich musste ja sparen. Aber der Entzug war gar nicht so schlimm, wie ich befürchtet hatte. Das Einzige, das ich mir für unsere Weltreiseunternehmungen zulegte, war eine leichte und schnell trocknende kurze Hose. In blau und nicht in kakifarben oder gar in braun, so wie die meiste Outdoorbekleidung in meiner Vorstellung aussah.

Mein Hintergrundgedanke beim Kauf war jedoch nicht, dass es sich so vielleicht angenehmer wandern ließ, sondern, dass es das Gepäck leichter machte. Kurze Jeansshorts sind nun mal eindeutig schwerer, ich habe beides auf die Waage gelegt.

Hätte ich mich vorher mit dem Tafelberg beschäftigt sowie mit den möglichen Wanderwegen, die bis zur Spitze führen, hätte ich mich zumindest gedanklich darauf vorbereiten können. Ich hätte schon eine ungefähre Ahnung gehabt, was mich erwartet. Dass ich nicht nur körperliche, sondern auch mentale Kraft brauchen würde.

Der Tafelberg, dessen englische Übersetzung wortwörtlich „Table Mountain“ ist, liegt auf der Kap-Halbinsel, an deren Südende sich das ebenfalls sehr bekannte „Kap der Guten Hoffnung“ befindet. Das Besondere an diesem weltberühmten Berg ist, dass die Natur dort etwa 1.400 verschiedene Pflanzenarten bereithält. Diese sind zum großen Teil endemisch, das heißt, sonst nirgendwo auf der Welt zu finden. Würde ich heute noch einmal den Tafelberg besteigen, ich würde vor allem auch darauf achten.

Sein Gipfel ist für einen Berg untypisch flach und fast drei Kilometer lang. Die Aussicht von oben auf Kapstadts Umgebung – atemberaubend. Und nicht zu vergessen, das begehrte Ausflugsziel ist 2006 von der UNESCO zum Welterbe erklärt worden und gehört seit 2011 zu den 7 neuen Weltwundern der Natur.

Das alles wusste ich damals noch nicht. Ich habe mir die Informationen erst hinterher zusammengesucht, um mehr über den Ort zu erfahren, der mich auf eine gewisse Art und Weise geprägt hat.

Theoretisch hätten wir auch ganz bequem, so wie die meisten Touristen, mit der Seilbahn hinauffahren können. Doch das wäre ja zu leicht gewesen. Diese Weltreise beflügelte uns irgendwie zu einer Art inneren Drang, alles mitzunehmen, was geht. So eine Reise macht man schließlich nur einmal im Leben. Vermutlich. Für uns galt es, alles herauszuholen, was möglich war, auch wenn es unbequem wird. Bequem geht immer. Nein, wir wollten unsere Komfortzone verlassen – so oft wie möglich, so mutig wie nötig. Diese Reise sollte uns für immer in Erinnerung bleiben, und für diese Erinnerung waren wir bereit, alles zu geben.

Der Wecker klingelte um sechs Uhr morgens, eine Zeit, zu der ich mich normalerweise noch dreimal umdrehe, um dann etliche Klingeln später endlich aufzustehen. Mein Schlafpensum, um ausgeschlafen zu sein, liegt bei exakt neun Stunden. An einem normalen Bürotag schwer zu schaffen, wenn man nicht spätestens um zehn Uhr abends das Licht ausknipst. Entsprechend unausgeschlafen und in der Konsequenz schlecht gelaunt und schnell reizbar, fühlte ich mich an den meisten Arbeitstagen. Ich gehöre außerdem zu dem Typ Mensch, der seinen Wecker lieber 15 Minuten eher stellt, um diese dann nach dem Klingeln noch stressfrei liegenbleiben zu können. Es war für mich noch nie nachvollziehbar, wie manche bereits nach dem ersten Klingeln aus dem Bett springen können.

Tobias ist so ein Mensch und an diesem frühen Morgen blieb mir keine andere Wahl, als mich zu fügen. Schon nach dem ersten Alarmton saß ich aufrecht im Bett. Wir hatten schließlich viel vor.

Ich gähnte ein paar Mal laut und ausgiebig, um meine Müdigkeit kundzutun, und beneidete insgeheim unsere Tochter, die an diesem Tag bei meinen Eltern blieb, die uns auf unseren ersten Wochen in Südafrika begleiteten.

Ich quälte mich aus dem Bett, zog mir meine neue Shorts an, ein helles Baumwoll-T-Shirt sowie ein dunkleres Langarmshirt darüber. Die morgendlichen Temperaturen waren noch etwas frisch, auch wenn die Wettervorhersage für den heutigen Tag 32 Grad anpries.

Nach einem starken Kaffee und einem gesunden Frühstück, das aus Müsli und Obst bestand, fühlte ich mich schon wacher. Außerdem spürte ich das leichte Kribbeln in der Magengegend, das sich immer einstellt, wenn wir etwas vorhaben, das sonst eher nicht zu unseren alltäglichen Aktivitäten gehört.

Wie ich es doch vermisst hatte, mich mal wieder mit etwas anderem zu beschäftigen als mit dem täglichen Einerlei. Der immer gleiche Alltag zu Hause war mir schon aus sämtlichen Poren herausgekrochen und hüllte mich ein in eine Starre, die mich im Laufe der Zeit bewegungsunfähig werden ließ.

Wir schlüpften in unsere Schuhe, Tobias in seine extra für die Reise gekauften Wanderturnschuhe mit einem Spezial-Grip unter der Sohle und ich in meine etwas ausgelatschten, aber dafür perfekt eingelaufenen schwarzen Sneaker. Unseren Rucksack, mit dessen Tragen wir uns unterwegs abwechseln wollten, füllten wir mit zwei Äpfeln, zwei belegten Broten, zwei Müsliriegeln und ausreichend Wasser. Außerdem cremten wir uns gut mit Sonnencreme ein und nahmen Cap und Sonnenbrille mit.

Als wir startklar waren, rief Tobias ein UBER-Taxi und wir schlichen uns ganz leise aus der Wohnung, um meine Eltern und Mila nicht aus Versehen aufzuwecken. Auf dem Weg zum Kirstenbosch National Botanical Garden, von wo aus einige Trails auf den Tafelberg starten, standen wir dann eine knappe Dreiviertelstunde im morgendlichen Berufsverkehr, was unseren ganzen Zeitplan für den Tag durcheinanderzubringen drohte. Wir hatten vor, die Gipfelplatte zu erreichen, bevor es am Mittag zu heiß wurde, und dafür wollten wir um Punkt acht Uhr morgens, wenn der Botanische Garten öffnet, loswandern. Nun gut, mussten wir eben etwas schneller laufen.

Nach einer gefühlten Ewigkeit erreichten wir endlich den Parkplatz des Botanischen Gartens. Dank Tobias' einkalkuliertem Zeitpuffer verloren wir letztlich nur 15 Minuten, beeilten uns aber trotzdem, auszusteigen und zum Eingang zu kommen. Die Wege, die man von dort aus wandern konnte, hatten unterschiedliche Längen und Schwierigkeitsgrade. Natürlich hatte sich Tobias längst schon für einen entschieden und musste jetzt nur noch mich davon überzeugen. Ich, die immer noch in der Annahme war, dass das eine nette kleine Wandertour werden würde. Doch als ich unten am Fuße des Berges stand und begriff, dass wir da jetzt komplett hochlaufen würden, dämmerte es mir langsam, dass das eventuell doch ein größeres Ding werden könnte.

Tobias' Wahl fiel auf den *Skeleton Gorge Trail,* einer der kürzesten Wege, dafür aber einer der anstrengendsten. Denn kürzer bedeutete gleichzeitig auch steiler.

Ich stimmte zu, was sollte ich machen, auch wenn mich der Name des Weges, der auf Deutsch übersetzt „Schlucht der Skelette" heißt, leicht beunruhigte. Aber ich hatte es verpasst, mich vorher selbst zu informieren und mich voll und ganz auf Tobias verlassen – wohlwissend, dass er mit Sicherheit nicht den einfachsten Weg für uns raussuchen würde.

Also versuchte ich, all meine positiven Gedanken zusammenzukratzen und nahm unser Vorhaben in Angriff. Irgendwie würde ich das schon hinter mich bringen. Ich hatte einzig und allein das Ziel im Kopf, den Gipfel.

Wir passierten den Eingang, warfen noch einen Blick auf das riesige Schild, das den Touristen die verschiedenen Routen zeigt und unter anderem darauf hinweist, genügend Wasser mitzunehmen, und liefen los. Der Weg fing entspannt an, ein schmaler Pfad führte uns direkt in den Wald hinein, der sich im unteren Teil des Berges zu einem satten und dichten Grün zusammenschloss. Doch schon nach wenigen Metern wurde es steiler und mit jedem Schritt, den ich lief, spürte ich eine ansteigende Abneigung gegen diese Wanderung in mir aufsteigen, die noch scheinbar endlos vor mir lag.

Ich blickte konzentriert auf den Boden, meine Augen verfolgten meine Füße, die Schritt für Schritt vorangingen, und ich versuchte, nicht in ein Loch schlechter Laune zu fallen. Das wäre es nicht wert. Ich war schließlich in Südafrika, auf einer Weltreise, da hatte man grundsätzlich gute Laune zu haben, redete ich mir ein.

Es vergingen ungefähr 20 Minuten, der Pfad schlängelte sich nun, immer steiler werdend, den Berg hinauf. Der Wald, der einem Urwald glich, wurde immer dichter, es zwitscherte und raschelte um uns herum und wir waren bisher die einzigen Menschen auf diesem Trail.

Tobias war guter Dinge, durch seine Vorbereitungen war ihm klar gewesen, worauf er sich einließ, und er hatte die Herausforderung innerlich längst angenommen. Ich hingegen kämpfte mit mir. In meinem Kopf hatte sich bereits die Option eingeschlichen, dass ich einfach umkehren könnte. Und mit jedem Schritt, den ich weiterging, wurde diese Möglichkeit drängender, denn irgendwann würde sich das Aufgeben nicht mehr lohnen. Je weiter ich kam, desto erreichbarer wurde das Ziel.

Wir liefen zügig, um die verlorene Zeit, die wir im Stau gestanden hatten, wieder aufzuholen, auch wenn es nur 15 Minuten waren. Allerdings kam das sowohl meiner Puste als auch meinen Schweißporen nicht gerade entgegen. Nach zehn weiteren Minuten entledigte ich mich meines dünnen Pullis, den ich mir aufgrund der frischen Morgentemperaturen übergezogen hatte und mir jetzt als überflüssiges Gepäck schwitzend um die Hüften band.

Wir liefen weiter und weiter, stetig steil bergauf, kein Ende in Sicht. Die Steigung lag jetzt schätzungsweise bei 35 - 40 Prozent. An manchen Stellen waren große, eckige Steine wie eine Art Treppe in den Pfad gesetzt worden und ich rutschte ständig mit meinen Schuhen ab, deren Sohlen leider den Grip eines zehn Jahre alten Allwetterreifens besaßen. Daran hatte ich natürlich nicht gedacht, ich hatte lediglich die Bequemlichkeit meiner Schuhe im Kopf gehabt und nicht deren Halt.

Ich verlangsamte meinen Schritt und machte nach jeder Stufe eine kurze Verschnaufpause, wobei ich die Hände in die Hüften stemmte und den Kopf in den Nacken legte, der mir vom andauernden Nach-unten-Schauen wehtat. Meine Laune war nun soweit, in den Keller abzusacken, und in Gedanken verfluchte ich Tobias dafür, dass er diese absurde Idee gehabt hatte.

„Dieser Trail ist verdammt anstrengend! Wieso hat mir das vorher keiner gesagt?!“, hämmerte es in meinem Kopf.

Ich suchte einen Schuldigen für meine Misere und wusste gleichzeitig, dass ich selbst schuld daran war, was mich nur noch wütender machte. Zudem fragte ich mich, wo bloß meine Kondition blieb. Jahrelanges Rennen ins Fitnessstudio machten sich gerade nicht wirklich bezahlt.

Ich überlegte wieder, ob ich nicht doch einfach irgendwo sitzen bleibe, mich weigere weiterzugehen und dann irgendwann zurücklaufe und mir ganz in Ruhe den Botanischen Garten anschaue.

Ein großer flacher Stein kam in mein Sichtfeld und ich setzte mich, unschlüssig, ob ich mich nur kurz ausruhen oder tatsächlich aufgeben sollte. In Sekunden wägte ich meine Möglichkeiten ab und ich sehnte mich danach, umzudrehen, doch irgendetwas in mir ließ mich nicht. Vielleicht würde ich ja doch etwas verpassen. Und wenn ich heute Abend im Bett liege, würde ich es bereuen, nicht weitergegangen zu sein? Ich befürchtete, dass die Antwort „Ja" sein könnte, stieß einen lauten Seufzer aus, verfluchte Tobias ein weiteres Mal und raffte mich auf. Ich würde das schon schaffen. Aufgeben war einfach keine Option, auch wenn ich leicht verzweifelt war, solche Anstrengungen war ich nicht gewohnt.

Tobias, der ein paar Meter vor mir ging, drehte sich ab und an um und grinste mich schief an. Er wusste genau, was ich dachte. Der Schweiß lief ihm mittlerweile in kleinen Bächen die Schläfen hinunter. Es war noch weit vor Mittag, doch schon jetzt war es heiß und die Klamotten klebten uns auf der Haut, doch klein beigeben kam auch für ihn nicht infrage.

Nach einigen Metern endete der treppenartige Pfad und eine lange Felswand, die zwischendrin mit Erde, Bäumen und Sträuchern bestückt war, tat sich vor uns auf. Um dort hochzukommen, waren aus Holzpfählen zusammengenagelte Leitern an der Wand befestigt. Meine Hoffnung, dass es irgendwann leichter werden würde, erstickte somit noch im Keim. Ich sagte nichts, blickte nur stur geradeaus, biss die Zähne zusammen und stieg Stück für Stück die erste Leiter hinauf. Und dann noch eine und noch eine. Zwischendurch wischte ich mir den Schweiß von der Stirn und dachte an Mila, die jetzt bestimmt ganz entspannt mit meinen Eltern beim Frühstück saß. Warum bloß hatte ich mir das hier angetan?! Ich schwor mir in dem Moment, niemals wieder auf einen Berg zu steigen. Weder in Südafrika noch sonst irgendwo auf dieser Welt.

Als wir diesen Teil endlich hinter uns gelassen hatten, verlor sich ein wenig der Weg und wir wussten nicht so recht, in welche Richtung wir gehen sollten. Wir entschieden uns, eher rechts als links zu gehen, da der Tafelberggipfel gefühlt in dieser Richtung liegen musste. Doch nach einigen Metern ging es wieder nicht weiter. Da war lediglich ein sehr breites und felsiges Stück Etwas, das ziemlich steil nach oben führte.

Das konnte doch nicht der eigentliche Weg sein?! Wir hatten uns wohl doch in der Richtung geirrt. Oder war es besagte Schlucht, nach der dieser Trail benannt worden ist? Hier gab es keine Leitern, keine Haltegriffe, noch nicht mal annäherungsweise einen Hinweis, dass dort schon jemals Touristen vor uns emporgeklettert waren. Wir blieben etwas ratlos stehen und grübelten, wie wir da jetzt am besten hochkamen.

„Bringt doch nichts“, sagte Tobias schließlich. „Da werden wir jetzt hochklettern müssen. Ist doch irgendwie auch lustig.“

„Haha, sehr lustig“, dachte ich nur, warf ihm einen grimmigen Blick zu und nickte stumm. Aus Mangel an Alternativen fügte ich mich meinem heutigen Schicksal ein weiteres Mal und fing an, ganz langsam das erste große Felsenstück zu erklimmen, das sich mir in den Weg stellte. Ich hatte keine Ahnung, wie wir das schaffen sollten, denn der Weg nach oben war eine einzige Ansammlung aus riesigen Felsbrocken, umgekippten Bäumen und großen, knorrigen wegversperrenden Wurzeln. Außer uns war weit und breit niemand zu sehen, wir waren von Hitze und Wald umgeben und langsam bezweifelte ich, dass wir überhaupt jemals das Gipfeltableau erreichen würden.

Doch während des Kletterns machte sich auf einmal ein bisher ungekannter Ehrgeiz in mir breit. Jetzt war ich so weit gekommen, es war nur die logische Konsequenz, dass ich weitermachte. Nach jedem Schritt tat sich eine neue Möglichkeit auf, wie ich gehen konnte, und so hangelte ich mich stückchenweise empor.

„Wenn man erst mal losgelaufen ist, zeigt sich der Weg schon“, schoss es mir in den Sinn und eine kleine Mutwelle durchströmte meinen Körper.

Ich hatte nicht mehr das Ziel im Kopf, sondern nur den jetzigen Moment. Ich plante den nächsten Schritt nicht, ich ging ihn einfach. Ich war voll bei mir selbst.

Wir kletterten weiter und weiter und es fing an, richtig Spaß zu machen. Und dann, nach schweißtreibenden 20 Minuten hatten wir es geschafft. Offenbar hatten wir doch eine unfreiwillige Abkürzung genommen, denn oben angekommen, befanden wir uns wieder auf dem richtigen Weg. Und nicht nur das, der Wald endete hier und wir hatten zum ersten Mal freie Sicht auf das Tal unter uns. Wir blieben stehen und ich schaute fasziniert auf diese grüne Weite vor mir. Wow, so etwas hatte ich noch nie zuvor gesehen. Von meiner schlechten Laune war nun vollends nichts mehr da und plötzlich war ich so froh, dass wir das hier machten. Diese Aussicht und dieses Gefühl, es zu schaffen, diesen Berg Stück für Stück zu erklimmen, entschädigte für alles.

Der Pfad schlängelte sich wieder weiter den Berg hinauf. Wir waren nun umgeben von einer buschartigen Flora, gespickt mit diversen Pflanzen, die mir seltsam erschienen, da ich sie nicht kannte. Schmetterlinge flogen umher und alles schien so friedlich. Ich fühlte mich plötzlich so gut und obwohl es weiterhin anstrengend war, spürte ich eine große Dankbarkeit für diese unendlich schöne Natur.

Nach einer halben Stunde, in der ich die Luft an diesem wunderbaren Ort tief einatmete und in der mich ein unbekanntes, wohliges Gefühl durchströmte, kamen wir zu einer Weggabelung. Hier mussten wir uns entscheiden, entweder einen kleinen Umweg einzuschlagen, um zu erfahren, wohin der Weg genau führte, oder direkt weiter in Richtung Ziel zu gehen. Fast schon etwas übermütig entschieden wir uns für den Umweg und liefen, gespannt darauf, was uns wohl erwartete, los.

Der Weg wurde sandig und mit jedem Meter breiter, die Sträucher trockener und hinter einem kleinen Hügel eröffnete sich uns überraschenderweise ein weißer Sandstrand mit einem funkelnden See dahinter. Mitten auf einem Berg. Total verrückt. Etwas sprachlos rannten wir sogar das letzte Stück, um schnellstmöglich in Erfahrung zu bringen, dass das keine Fata Morgana war. War es nicht.

Der See lag spiegelglatt und wechselte die Farben von rot-rostig zu dunkelblau, je weiter es in die Mitte ging. Er war relativ lang und breit und von einer eher kargen Felslandschaft umgeben. An der linken Seite des Ufers saßen zwei Backpacker, was unschwer an ihren großen Rucksäcken zu erkennen war. Ein dunkelhaariges Mädchen, um die 20 Jahre, das zu den beiden zu gehören schien, tippelte lachend aus dem Wasser und auf sie zu. Die ersten Menschen, denen wir heute auf unserer Wanderung begegneten.

Wir beschlossen, dass es keinen besseren Moment geben könnte, als hier und jetzt eine Pause einzulegen, setzten uns auf einen flachen Stein, direkt am Ufer des Sees, packten unsere mitgebrachten Brote aus und versuchten, diesen Augenblick in uns aufzusaugen. All die Anstrengung, all die schlechte Laune waren verschwunden. Ich dachte an nichts weiter als an diese wundersame und einmalige Natur. Es war, als hätte ich diese eine große Hürde, in Form dieser Felswand noch hinter mich bringen müssen, wie eine Prüfung, um mich zu testen, ob ich für all das hier bereit war. Und ich war es.

Ich zog meine Schuhe aus und hielt meine schmerzenden und schwitzigen Füße in das eiskalte Wasser. Uh, das tat so gut. Mein Blick glitt dabei über den See und ich wollte gerade nirgendwo anders sein als hier.

Später erfuhren wir, dass das ein Wasserreservoir gewesen ist, welches dort oben schon zu Beginn des 20. Jahrhunderts angelegt wurde. Zusammen mit einigen weiteren und größeren Reservoirs oder Staudämmen, um die Trinkwasserversorgung in der oft sehr trockenen Western Cape Region zu gewährleisten.

Nach dieser erholsamen Pause an diesem wunderschönen Ort gingen wir weiter – es lag noch ein gutes Stück vor uns bis zum Ziel, dem *Maclear's Beacon*, der höchsten Erhebung des Tafelbergs.

Wir kamen wieder zu der Weggabelung, an der wir uns für den Umweg entschieden hatten, klatschten uns ab und folgten weiter dem *Skeleton Gorge Trail.* Abermals ging es über viele steile und felsige Pfade, teilweise mussten wir klettern, manchmal lief es auch flacher und wir konnten die Umgebung besser in uns aufnehmen. Ab und an trafen wir auf andere Wanderer, dann waren wir wieder allein. Die Natur wechselte sich ab von felsig und trocken zu üppig grün. Manchmal tauchte nur ein paar Meter von uns entfernt der Abgrund auf und wir bekamen einen atemberaubenden Blick auf die Landschaft unter uns. Diese grüne Weite, die bis zum Horizont reichte.

Ich stellte mich auf einen Felsvorsprung und blickte in die Natur, die mich gefühlsmäßig umzuhauen drohte. Wo war ich hier bloß? Und wer war ich hier? Ich konnte mich nicht erinnern, in den letzten Jahren an einem Ort gewesen zu sein, der mich so berührt hatte. Ich spürte, wie die Ruhe, die in dieser Natur lag, auf mich abfärbte. Meine Gedanken ordneten sich, mein ständig laufendes Kopfkino machte Pause und ich hatte das Gefühl, mehr ich zu sein. Hier oben zählte nicht, wer man war. Hier oben zählte, dass man *ist*. Ich fühlte mich leicht und frei wie nie zuvor.

Der weitere Weg verlief immer noch anstrengend und ich merkte, wie ich langsam an meine körperlichen Grenzen kam. Es war fast Mittag und die Sonne senkte sich hier oben gnadenlos auf uns herab. Mein Kopf und mein Körper waren irgendwann nicht mehr eins. Zumindest fühlte es sich so an. Meine Beine und Füße liefen automatisch, als ob man sie programmiert hätte. Ich beobachtete sie dabei von oben und fragte mich, ob das wohl meine waren. Es war so verdammt anstrengend und ich kurz vor der Erschöpfung, gleichzeitig jedoch so sehr beeindruckt von dieser wahnsinnig schönen Natur, die uns umgab. Kurz vorm Heulen vor Kraftlosigkeit und gleichzeitig Glücksgefühle – wann hatte man das schon mal?

Diese Wanderung war wirklich intensiv, doch ich ahnte in diesen Momenten, dass sich da gerade etwas Neues in mir entwickelte oder auch etwas Altes wieder hervorkam, das ich längst verdrängt hatte. Es kam eine

Verbindung zum Vorschein, die ich fast greifen konnte, so spürbar war sie. Und ich wusste, dass ich diese Verbindung auf keinen Fall mehr verlieren wollte.

Kurz nachdem die Sonne an ihrem höchsten Punkt angekommen war, hatten wir es geschafft! Wir hatten die Gipfelplatte erreicht und der *Maclear's Beacon*, der kleine Steinhügel, den der Astronom Sir Thomas Maclear dort im Jahre 1844 zur Messung des Erdumfangs errichtet hatte, tauchte vor uns auf. Knapp 1.100 Höhenmeter lagen hinter uns.

Wir setzten uns total erledigt auf einen Felsen, ich schlang die Arme um meine angewinkelten Beine und legte meinen Kopf auf die Knie. Körperlich war ich fix und alle, aber innerlich fühlte es sich so gut an. Ich war so glücklich und so unglaublich stolz auf mich. Dieses Gefühl, etwas geschafft zu haben, hatte ich schon lange nicht mehr gehabt und ich merkte, wie unheimlich gut mir das tat.

Wir blieben noch eine Weile sitzen, keiner von uns sagte etwas, wir genossen einfach nur dieses schöne Gefühl in uns, diese positive Energie, die dabei war, sich in die entlegensten Bereiche unserer Körper auszubreiten. Außerdem brauchten wir eine weitere Pause, denn wir mussten noch über die gesamte drei Kilometer lange Gipfelebene laufen, um am anderen Ende zur Seilbahn zu gelangen, mit der wir wieder runterfahren wollten. Es war heiß und die Sonne knallte hier oben. Es gab keine Bäume oder Büsche, also auch keinen Schutz, und mir schwante schon, dass ich am nächsten Tag nicht nur ordentlichen Muskelkater, sondern auch die ein oder andere Sonnenbrandstelle auf meiner Haut haben würde. Aber das war mir egal. Nichts und niemand konnte mich in diesem Moment von meiner Glückswelle runterstoßen.

Der Weg über das Gipfeltableau verlief über flache, große Steine. Es war angenehm, ohne Anstrengung laufen zu können, und ich genoss es so sehr, hier zu sein.

Je näher wir der Seilbahn kamen, desto mehr Touristen strömten uns entgegen, die alle mit ihr hinaufgefahren waren. Viele posierten mit ihren Handys in Selfie-Stellung, um sich mit der an dem Tag glasklaren und atemberaubenden Aussicht und dem strahlend blauen Himmel zu fotografieren. Amüsiert blieben wir stehen und beobachteten das Ganze. Für uns war das in dem Moment ein lustiger Anblick, wir grinsten uns an und fühlten uns leicht überlegen, weil wir uns für den unbequemen Weg entschieden hatten.

Als wir die Seilbahn erreichten, konnte ich jedoch noch nicht sofort einsteigen. Ich wollte diesen Ort, der mich soviel äußerliche und innerliche Kraft gekostet, mir aber auch so viel gegeben hatte, nicht einfach schon verlassen. Ich holte uns im Café neben dem Eingang zur Bahn einen großen Kaffee und zwei Stück Kuchen, wir setzten uns auf eine im Schatten stehende Holzbank und ließen es uns schmecken. Ich genoss jeden Schluck und jeden Bissen und hätte ewig dort oben sitzen bleiben können.

Schweren Herzens stiegen wir nach unserer Kaffeepause dann doch in die Seilbahn, wir waren mit meinen Eltern verabredet, die uns unten mit unserem Mietwagen abholen wollten.

Die Fahrt runter war binnen weniger Minuten beendet. Als ob das nichts gewesen wäre. Es fühlte sich merkwürdig an, als ob dieser ganze Aufstieg eigentlich auch nichts gewesen wäre. Aber das war er nicht. Ich habe ihn bis in den kleinsten Muskel gespürt, ich habe diesen Berg vollkommen erfahren.

Unten angekommen warteten wir noch ein paar Minuten, bis meine Eltern mit Mila um die Ecke gefahren kamen und fuhren dann gemeinsam nach Camps Bay. Ein schicker Stadtteil inklusive Strand, der auch „das Monaco von Kapstadt“ genannt wird.

Mila hatte einen kindgerechten Strandtag in Muizenberg verbracht, mit Minigolf spielen und Pommes essen. Und erst als wir uns geduldig ihren Tag angehört hatten, durften wir von unserem erzählen. Doch ich ließ hauptsächlich Tobias sprechen, ich wollte unbedingt dieses neuartige Gefühl festhalten und hatte Sorge, dass es, je mehr ich darüber sprach, einfach verschwinden könnte.

In Camps Bay relaxten wir noch etwas am Strand und obwohl ich völlig erschöpft war, schaffte ich es, mit Mila noch eine Sandburg zu bauen.

Auf dem Rückweg zu unserer Unterkunft in Muizenberg kamen wir noch an spektakulär schönen und den für Südafrika typischen wilden Küstenabschnitten vorbei. Ich konnte mich gar nicht sattsehen und fragte mich, wann ich das letzte Mal so viel schöne Natur an nur einem einzigen Tag gesehen hatte. All die Jahre musste ich etwas übersehen haben. Ich war überzeugt, dass es solch eine Natur nicht nur in Südafrika gab. Und ich war doch schon so viel gereist. War ich denn so abgelenkt, dass ich das Schöne, das vor mir lag, nicht sehen konnte?

Ich war wohl eher damit beschäftigt gewesen, mir einen guten Karriereweg aufzubauen, mehr Geld zu verdienen, teure Klamotten, ein neues Auto, Handtaschen und Schmuck zu kaufen und gut auszusehen. Aber am Ende hatte mich das nicht glücklich gemacht.

Bei dem Gedanken daran, wie viel Geld ich für das ganze Zeug ausgegeben hatte, bekam ich jetzt eher Schnappatmung. Ich hätte es schon viel eher in Erlebnisse wie das heutige und solche Ausblicke, wie sie gerade vor mir lagen, investieren sollen.

Abends, als alle schon im Bett lagen, saß ich noch an meinem Laptop und schrieb in mein Onlinetagebuch. Ich blickte dabei aus dem Fenster auf das erleuchtete Muizenberg unter mir. Schöner konnte es gerade nicht sein.

Ich versuchte zu realisieren, was wir alles schon erlebt hatten in den paar Tagen. Vor allem der heutige Tag überwältigte mich noch immer. Deshalb blieb ich einfach noch eine Weile sitzen, nahm diesen Moment tief in mich auf und dankte mir selber dafür, dass ich nicht aufgegeben hatte.

Februar 2021 – exakt drei Jahre später, drei Jahre nachdem wir in die Welt losgezogen und drei Jahre nachdem wir auf den Tafelberg geklettert sind, sitze ich hier und habe diese Geschichte zu Ende geschrieben. Ich konnte noch einmal ganz genau spüren, wie ich mich damals gefühlt hatte. Und ich musste sehr lächeln an der Stelle, an der ich geschrieben habe, dass ich mir schwören würde, niemals wieder eine solche Wanderung zu machen, geschweige denn einen Berg zu besteigen. Denn allein auf unserer Weltreise haben wir noch einige Wanderungen unternommen und waren viel in der Natur unterwegs.

Mittlerweile fahren wir nicht mehr nur ans Meer, sondern ebenso gerne in die Berge. Ich liebe es nach wie vor, auf Gipfel zu steigen, die fantastischen Aussichten zu genießen und dadurch die Verbindung zur Natur herzustellen. Ich besitze nun auch ein paar vernünftige Wanderschuhe, die jedes Mal ein Glücksgefühl in mir auslösen, wenn ich sie tragen kann. Und auch zwei bis drei Outdoorklamotten sind dazugekommen. Wenn ich mich so vor drei Jahren von Weitem gesehen hätte, was hätte ich da wohl gedacht?

Während ich mich vor der Reise samstags am liebsten in Fußgängerzonen aufhielt, bin ich jetzt draußen in der Natur. Wir sind viel im Wald unterwegs und finden immer wieder neue Wege in unserer Umgebung, die wir noch nicht gelaufen sind. Ich brauche das Draußensein, weil ich die Ruhe brauche, um einen klaren Kopf zu bewahren. Ich brauche die frische Luft, das intensive Durchatmen und dass ich einfach sein kann, ohne etwas zu müssen. Und weil die Natur mir so viel gibt, ist es mir auch ein großes Anliegen geworden, ihr etwas zurückzugeben und sie zu schützen. Mein Respekt vor Pflanzen und Tieren ist immens gestiegen und ich ertrage es nicht, wenn ich auf unseren Spaziergängen und Wanderungen Müll entdecke. Also hebe ich ihn auf und entsorge ihn im nächstgelegenen Mülleimer. Ein Müllbeutel steckt immer in meinem Rucksack.

Diese Wanderung auf den Tafelberg hat mir einen allerersten Schubs in die richtige Richtung gegeben, wofür ich unendlich dankbar bin.

Meinen Fitnessstudiovertrag habe ich übrigens gekündigt, denn um fit zu bleiben, gibt es nichts Besseres, als Sport mit Natur zu verbinden. Das ist nicht nur etwas für den Körper, sondern auch für die Seele.

........................Mein Fazit für dich..............................

Mein größtes Learning auf der Tour:
Die Natur kann einem unheimlich viel geben, vor allem ein positives Gefühl, Ruhe und neue Kraft. Der Weg zeigt sich beim Gehen.

Deshalb war die Tour so wichtig für mich:
Ich habe die Verbindung zur Natur (wieder)gefunden.

Diese Fähigkeiten habe ich gelernt oder gestärkt:
Durchhaltevermögen, Willenskraft, Dankbarkeit spüren.

Das durfte ich über mich lernen:
Ich kann alles schaffen, wenn ich es wirklich will. Ich kann und darf stolz auf mich sein.

Das konnte ich über die Natur lernen:

Die Natur ist ein Wunder und es gibt so viel zu entdecken. Sie ist einfach nur da und bewertet nicht.

Das kann ich dir mitgeben:

Wenn du glaubst, du schaffst es, schaffst du es! Am Ende wird es sich immer lohnen.

Romy Schneider

Romy lebt mit ihrem Partner und ihrer 9-jährigen Tochter im Ruhrgebiet und ist beruflich als freie Lektorin, Autorin, Virtuelle Assistentin und Umweltreferentin unterwegs. Outdoor-Freaks fand sie früher immer schräg, ist aber seit ihrer Weltreise in 2018 selber zu einem mutiert. Die Schönheit der Erde an den verschiedensten Orten auf dieser Welt, die sie während der Reise besucht hat, hat sie gepackt und so sehr berührt, dass sie sich heute kaum mehr etwas Schöneres vorstellen kann, als in der Natur zu sein. Und da man am meisten sieht und am meisten aufnehmen kann, wenn man wandert, ist das zu einer ihrer liebsten Aktivitäten geworden. Außerdem findet sie beim Draußensein Ruhe und Inspiration, was sie für ihre Leidenschaft, dem Schreiben benötigt.

Seit ihrer Weltreise, die sie zusammen mit ihrem Partner und ihrer Tochter unternommen hat, hat sie sich auch dem Schutz der Natur verschrieben und setzt sich vor allem für die Vermeidung von Plastikmüll ein.

In Romys Buch „Herz schlägt Kopf – Wie ich mit meiner Familie um die Welt reiste, um das Glück zu finden“ erfährst du, wie es für die kleine Familie auf ihrer Weltreise nach Südafrika weiterging. Und vor allem, wie Romy gelernt hat, mehr auf ihr Herz, als auf ihren Kopf zu hören. Das Buch ist überall erhältlich, wo es Bücher gibt.

Reise- und Nachhaltigkeitsblog: https://leavingcomfort.zone
Lektorats-Website: https://kopfreisen-lektorat.de

Eins mit der Natur

Momentaufnahme, Deutschland/Fichtelgebirge, Mai 2005

von Beate Tschirch

„Guten Morgen!", höre ich die Stimme von Franca.

Meine Lehrerin ist morgens immer besonders wach und energiegeladen.

Es ist 5.30 Uhr und ich weiß ehrlich gesagt noch nicht genau, ob ich wirklich meine Augen öffnen möchte.

„Raus aus den Federn, ein neues Abenteuer wartet! In 20 Minuten treffen wir uns am Wald", sagt Franca gut gelaunt.

Ein Jahr kenne ich sie nun schon und weiß, mit Abenteuer meint sie Abenteuer. Also bleibt mir nichts anderes übrig, als meine Füße aus dem Bett zu schwingen und mich für den Tag fertig zu machen.

Als ich mich für die Steinheilkunde-Ausbildung angemeldet hatte, wusste ich nicht wirklich, was auf mich zukommt, aber Edelsteine hatten mich schon immer fasziniert.

Schwerpunkt der Ausbildung ist die wissenschaftlich-korrekte Kenntnis der Heilsteine, geologische und geomantische Grundlagen und die Schulung intuitiver Fähigkeiten. Im Rahmen der Ausbildung entdeckt man verschiedene Orte. Jede Landschaft hat ihren ganz eigenen Charakter, ihr eigenes Licht, ihren eigenen Boden, ihren eigenen Himmel und ganz eigene Qualitäten.

Dieses Wochenende ist unsere Seminargruppe im Fichtelgebirge und Franca ist hoch motiviert, uns auch dem Wesen dieser zauberhaften Landschaft bewusst zu öffnen.

Die 20 Teilnehmer der Ausbildung und ich stehen also 20 Minuten später am Waldrand – die Vögel geben gerade ihr morgendliches Konzert. Wir warten – auf Franca.

Jeder ist in seine Jacke eingemummelt – es ist Anfang Frühling und wir haben ungefähr 8 Grad.

Es passiert jedoch nichts.

Mir ist ein wenig kalt, und so beginne ich, von einem Bein aufs andere zu wippen. Die anderen tun es mir gleich. Das ein oder andere Gespräch beginnt, man hört leises Gekicher von hier und dort.

Minuten später ist immer noch nichts Erwähnenswertes passiert.

"Ich guck mal, wo sie bleibt!" Petra geht zurück ins Haus, während auch bei dem Rest der Gruppe so langsam eine gewisse Ungeduld aufkommt.

Doch Franca ist auch nicht in ihrem Zimmer, nicht im Seminarhaus, nicht auf dem Parkplatz und auch nicht am verabredeten Treffpunkt. Einfach nicht da.

Es passiert weitere 15 Minuten nichts. Nichts außer warten und wundern. Mittlerweile ist es kurz vor sieben Uhr und die Seminarhausleiterin ruft uns zum Frühstück.

Die Abstimmung, ob wir zum Frühstück gehen sollen oder weiter warten, dauert keine fünf Sekunden. Und so sitzen wir nur kurze Zeit später am herrlich gedeckten Tisch, der kulinarisch wirklich für jeden etwas bereithält. Ein freudiger Austausch und kunterbuntes Gewusel entstehen, jeder ist glücklich, sich wieder aufwärmen zu können.

Mittendrin höre ich plötzlich Franca laut rufen: "So! Und das, was ich gemacht habe, macht ihr heute auch!"

Äh, was? Was sollen wir machen? Hab ich etwas nicht mitbekommen?

"Alle eine Stunde warten lassen?", sagt Christian etwas mürrisch und kaut weiter auf seinem Brötchen herum.

Dafür erntet er direkt einen Stoß in seine Rippen von seiner Frau, die ganz aufmerksam an Francas Lippen hängt.

"Nach dem Frühstück teilen wir unsere Gruppe auf. Die einen gehen in den Wald, suchen sich einen Baum, eine Wurzel, einen großen Stein – egal was. Aufgabe ist es, so sehr eins mit dem Gegenstand zu werden, dass der andere Teil der Gruppe dich nicht sieht. Verstecken für Fortgeschrittene sozusagen!"

Widerstand auszuüben bringt eh nichts, zu hoffen, dass man eine Erklärung bekommt, wie dies funktioniert, auch nicht. Also teilen wir die Gruppen auf und verabreden uns für neun Uhr wieder am Waldrand.

Ich bin in Gruppe B und hoffe insgeheim, dass Gruppe A in den Wald gehen muss, da ich lieber suche, als mich an einen Baum zu lehnen und nach 30 Sekunden gefunden zu werden.

"Gruppe B? Wer ist alles Gruppe B? Okay! Ihr geht jetzt in den Wald, ihr habt 10 Minuten Zeit, euch einen Platz zu suchen", fängt Franca an zu erklären. „Du wirst deinen Platz finden, vertraue deiner Intuition. Du setzt dich so hin, dass dich jeder sehen könnte, also versteck dich nicht. Verbinde dich mit deinem Platz, verbinde dich mit der Wurzel oder wo auch immer du sitzt. Verbinde dich so sehr, dass du nicht gesehen wirst. Und dann schauen wir mal, wie lange es dauert, bis wir alle gefunden haben. Danach wechseln wir. Gibt es Fragen?"

Regina schaut sich etwas ratlos in der Gruppe B um und fragt schüchtern: „Und wie mache ich das?"

"Mach einfach, du wirst es schon hinkriegen! Los geht's!", war Francas schamanische Antwort.

Die Gruppe teilt sich auf, die einen laufen schnell hinein, die anderen setzten sich direkt an den Waldrand.

Ich bin unschlüssig. Ich gehe ein paar Mal nach links und rechts und beobachte die Bäume, suche nach einer Art Tor. Nach einem Eingang, der meiner sein soll.

Ich brauche einen Moment, doch dann entdecke ich zwei in sich verschlungene Äste, die wirklich einen Torbogen bilden. Mit zaghaften Schritten nähere ich mich dem Geäst, erhasche schon einen Blick auf das, was dahinter ist.

Kurz davor bleibe ich stehen, schließe meine Augen und für einen Moment wird die Welt um mich herum langsamer. Ich stehe einfach nur da, atme tief in mich hinein und spüre meine Füße auf dem Boden. Die Welt in meinem Rücken wird immer undeutlicher und verblasst, während der Wald vor mir sich immer deutlicher zeigt.

Ich spüre so etwas wie einen Sog, der mich durch das Tor zieht.

Flüsternd frage ich: „Darf ich eintreten?"

Eine Amsel zwitschert ihr Lied, ich nehme dies als ein „Ja".

Die Luft um mich herum ist würzig, das Licht grün und der Boden weich und voller Leben.

Ich lasse meinen Blick schweifen. Wo kommt das Licht durch die Bäume?

Die Sonne kitzelt meine Nasenspitze und ein zarter Windhauch, der durch die Bäume streift, berührt mich. Die Blätter bewegen sich ganz sanft. Ich höre ihr leises Rascheln.

Schritt für Schritt der Boden unter mir. Ganz langsam.

Ich fühle mich wohl, nehme ein paar lange Atemzüge und sauge die wohltuende Energie des Waldes in mich auf. Die Erde pulsiert ganz sanft, zeigt mir ihr Leben, die Bäume erfrischen mich mit ihren saftigen Grüntönen.

Ich erinnere mich an meine Aufgabe, die wie ein Echo in meinem Kopf nachhallt, und suche mir einen angenehmen Platz. Dieser zeigt sich mir direkt. Am Weg ist ein riesiger Stein, der komplett mit Moos bedeckt ist. Ich lehne mich an ihn, breite meine Arme weit aus. Meine Handflächen berühren das herrlich weiche Moos. Ich schaue mich um und betrachte alle Bäume, die voller Kraft und Vitalität, voller Lebensenergie hier mit mir sind.

Mein Atem wird immer ruhiger und ruhiger, der Klang des Waldes und der Gesang der Vögel immer leiser, bis ich gar nichts mehr höre.

Meine Augenlider werden schwerer. Ich vertraue darauf, dass die Bäume mich halten. Die Sonne scheint erwärmend auf mich herab und schenkt mir Licht. Strahlt in meinen Körper, in jede Zelle. Ich schlafe ein.

"Beate! Beate!" Ich höre ganz weit entfernt Stimmen.

"Beate! Du kannst jetzt rauskommen! Wir sehen dich nicht!"

Die Stimmen werden lauter. Ich öffne etwas benommen meine Augen, bin orientierungslos. Mein Stein wiegt mich in seiner Geborgenheit und ich spüre wieder den Boden unter meinen Füßen. Ich werde langsam wach und sehe wie durch eine Glasscheibe die gesamte Gruppe in dem Waldstück herumlaufen. Komisch. Ich dachte es soll nur die Gruppe A suchen.

Ich höre, wie mein Name gerufen wird, er kommt aber nicht bei mir an, prallt an mir ab. Ich lehne noch immer an dem Stein, oder sitze ich in ihm? Bin ich der Stein? Ich kann keine Grenzen mehr wahrnehmen.

Und wieder höre ich, wie aus einer weit entfernten Welt mein Name gerufen wird. Volker steht direkt vor mir. Er sieht in meine Richtung, ich lächle ihm zu. Er sieht mich nicht. Er sieht mich wirklich nicht!

Er legt seine Hände um seinen Mund, um noch lauter rufen zu können: "BEATE!!" – Das war laut! Sehr laut! SEHR LAUT! Kam bei mir an, ich habe ihn gehört.

Ich stütze mich von dem Stein ab, stehe mit beiden Füßen wieder auf dem Weg. Ein Schrei durchfährt Volker, der so kraftvoll ist, dass die gesamte Gruppe zu uns schaut.

"Hier bin ich doch", sage ich zu ihm.

„Willst du mich umbringen?! Musst du mich so erschrecken?! Bist du wahnsinnig?!"

Es dauert nicht lange und die gesamte Gruppe steht um uns versammelt.

„Wo warst du?" Verwundert sehen mich alle an.

„Na hier! An dem Stein! Und habe gewartet! Okay, ich glaube, ich bin eingeschlafen."

„Wir haben dich nicht gesehen! Zwei Stunden haben wir dich schon gesucht!“

Franca kommt zu mir, nimmt meine Hände: „Genieß noch für einen Moment, nimm die Sonne, die Bäume, den ganzen Wald in dir auf. Du bist eins mit der Natur!“

........................Mein Fazit für dich........................

Mein größtes Learning auf der Tour:

Wir Menschen sind ein Teil der Natur, du kannst dich jederzeit mit allem verbinden. Es ist unglaublich heilsam, in dieser Verbundenheit zu leben und daraus seine Kraft zu schöpfen.

Deshalb war die Tour so wichtig für mich:

Diese Tour im Besonderen hat mir einen unglaublichen Zugang zu meiner Intuition geöffnet.

Diese Fähigkeiten habe ich gelernt oder gestärkt:

Auf meine Intuition hören.

Das durfte ich über mich lernen:

Meine Intuition – als auch mein Bauchgefühl – sind wahre Wunder. Wunder, die mir bis dato manchmal Angst gemacht haben.

Das konnte ich über die Natur lernen:

Die Natur ist unsere Heimat, lässt du dich auf sie ein, schenkt sie dir Geborgenheit und Sicherheit.

Das kann ich dir mitgeben:

Du findest deine eigenen Antworten im Spiegel der Natur. Du wirst erleben, welchen Weg du nimmst und wohin er dich führt.

Beate Tschirch

Yoga und Meditationslehrerin, Entrepreneurin und Speakerin. Kurzum: Eine kreative Macherin und Impulsgeberin. Können ist gut, doch Machen ist aktiver.

Höchstleistungen sind spitze, neugierig zu bleiben hingegen ist viel spannender. Einfach etwas auszuprobieren, zu lernen, dabei sich selbst aufmerksam wahrzunehmen, das macht Beate schon ihr Leben lang. Sie kennt es, wenn Pfeiler sich in den Weg stellen wollen, doch durch agiles und flexibles Reagieren wird ein Schritt nach rechts oder nach links zu einer interessanten Wegbiegung, die Neues bereithält. Dafür ist es wichtig, mit offenen Augen durchs Leben zu gehen, Dinge nicht nur zu sehen, sondern sie wirklich wahr- und anzunehmen.

Beates Grundvertrauen treibt sie an, Menschen zu unterstützen, ihr volles Potenzial zu entfalten, sich ihren unterschiedlichsten Rollen bewusst zu werden und in diesen zu agieren – in einem sich permanent verändernden Umfeld. Sich mit sich selbst auseinanderzusetzen, Grenzen auszuloten, zu definieren und zu akzeptieren, sind Wege zur eigenen Identität. Denn erst wenn Menschen wissen, wer sie sind, können sie sich innerlich frei bewegen und den Sinn ihres Wirkens erkennen. Es wird Großartiges entstehen, wenn sie dann noch Andersartigkeit annehmen und sich auf Vielfalt und Veränderung einlassen.

www.yogalover.de

Das Leben ist ein Wanderweg

Trekkingtour, Schottland, Oktober 2017

von Anne Abendroth

Bridge of Orchy, Kingshouse, Kinlochleven. Das Gefühl, zuvor bewanderte Orte mit dem Bus zu durchqueren, kenne ich sehr gut. Im Anschluss an meine Wanderungen auf verschiedenen Jakobswegen nahm ich oft den Bus zurück zum Startpunkt, um von da die Heimreise anzutreten. Es war ein Gefühl von Nostalgie und Erleichterung. Schöne Erinnerungen wurden noch einmal für einen kurzen Moment lebendig, wenn ich bekannte Wege und Plätze durch das Busfenster hindurch entdeckte. Meist war ich in diesen Momenten dennoch froh, zu sitzen und mich ausruhen zu können. Hatte ich doch mein Ziel zu Fuß erreicht und mir gewissermaßen verdient, den Rückweg ganz passiv als Passagier zurückzulegen.

Diesmal jedoch war es anders. Diese Busfahrt durch die schottischen Berge führte vorbei an Orten, nach denen ich mich seit Wochen, ja Monaten gesehnt hatte. Ich hatte mich auf die Weite des Rannoch Moors gefreut und es kaum erwarten können, herauszufinden, was genau sich hinter dem Devil‘s Staircase verbirgt. Ich wollte so richtig in die Highlands eindringen. Doch nun saß ich im Bus, statt mit meinem Rucksack auf dem Rücken diese Gegend zu Fuß zu durchqueren. Ich sah die Wegweiser zu den einzelnen Höhepunkten des West Highland Ways durch das Busfenster und konnte weder den moorigen Boden unter meinen Füßen spüren noch den Wind in meinem Gesicht.

Draußen zogen rotbraune Berge vorüber. Grüngelbe Wiesen, die an den Hängen der braun gescheckten Hügel nach oben kletterten, bis sie die Felskante der Berge erreichten. Die schroffen Spitzen waren in milchige Wolken getaucht, aus denen es nun schon seit Tagen fast ohne Pause regnete.

Um ehrlich zu sein, hatte ich nichts anderes erwartet von einem Oktober in Schottland. Was ich jedoch nicht erwartet hatte, war die zermürbende Kraft dieser kleinen Wassertropfen, die uns Tag und Nacht auf unserer Wanderung auf dem West Highland Way begleitet haben.

Dabei sollte alles perfekt werden. Viele Stunden hatte ich recherchiert, probiert, geschnürt, gewogen und Ewigkeiten auf Blogs und in Outdoorgeschäften verbracht. Ich hatte unsere erste große Trekkingtour mit Zelt bis ins kleinste Detail geplant.

Eine harte Zeit lag hinter uns. Der Sommer hatte uns mit einem Schlag getroffen und unsere ganze Welt auseinandergenommen. Meine Frau Nathalie hatte ihre Mutter verloren. Plötzlich und unerwartet und mit voller Wucht. Trauer, Wut und Unglaube hatten uns seitdem im Griff. Mich weniger, meine Frau umso mehr. Deshalb musste nun alles perfekt werden. Raus in die Natur, das erste Mal wandern mit Zelt, so richtig weg von allem.

Schottland passte gut zu unserer Gemütsverfassung. Rau und wild und trotzig. Und gleichzeitig so ruhig mit seinen Hügeln, die wie uralte Schildkrötenpanzer in der Gegend herumlagen. Eine Ruhe, die wir suchten und dringend brauchten. Wir wollten die typischen kahlen Berge sehen, durch weite Täler wandern und ganz da sein.

Umso froher war ich dann auch, als es endlich losging und wir von der Scotrail-Station in Glasgow mit dem Pendelzug zum Startpunkt unseres Weges fuhren. Der West Highland Way beginnt in Milngavie, einem Vorort von Glasgow. Gerade auf den Bahnhofsvorplatz getreten, wurden wir auch schon von drei munter schwatzenden schottischen Damen angesprochen und kurzerhand ins „Stadtzentrum“ geleitet. Mitten in der Einkaufsstraße des kleinen Ortes stand er plötzlich vor uns: der West Highland Way-Obelisk, der den Anfang des Weges markierte. Nach dem obligatorischen Startfoto konnte nun also unsere Tour beginnen.

Dieses Gefühl, wenn etwas endlich losgeht, dem man so viele Wochen entgegengefiebert hat, ist speziell. Es ist speziell, weil es meist doch gar nicht so besonders ist. Es gibt eben nicht diesen Schalter, der sich umlegt und einen sofort im Moment sein lässt. Nein, ich brauche immer ein paar Tage, um anzukommen auf den Pfaden und in der Landschaft und in dem Gefühl des Tuns. Zu sehr bin ich anfangs von meinem Plan erfüllt. Davon, wie es zu sein hat. Es fällt mir schwer, mich einzulassen und darauf zu vertrauen, dass meine Vorbereitung ausreicht und alles gut wird. Das war auf dieser Reise nicht anders.

Ich freute mich sehr, endlich diese ersten Schritte gehen zu können. Und ich freute mich auch über die anerkennenden Blicke der Wandergruppe aus nordamerikanischen Damen, die für uns Spalier standen, als wir mit unseren riesigen Rucksäcken schnellen Schrittes an ihnen vorbeizogen. Und doch gab es immer wieder diese Seitenblicke zu Nathalie. Geht es ihr gut? Gefällt es ihr? Ist sie zufrieden? Lächelt sie? Kann ich sie mit dieser Wanderung dazu bringen, ihre Trauer ein wenig zu vergessen? Es ging dieses Mal nicht nur darum, die perfekte Ausrüstung und den schönsten Tourenverlauf zu finden. Es ging mir darum, meine trauernde Frau zu heilen. Wie aussichtslos diese Idee war, wusste ich eigentlich, und doch hatte ich die vergangenen Monate genau damit verbracht: Ich wollte ihr Unbeschwertheit geben in einer Phase, in der alles schwer war. Doch Trauer braucht Zeit und kann auch nicht so einfach mit ein paar rotbraunen Schildkrötenbergen geheilt werden.

In diesen ersten Stunden jedoch waren wir froh. Der Weg war angenehm, die Sonne schaute ab und zu durch die Wolken und schon bald erreichten wir das *Beech Tree Inn*, ein Ausflugslokal mit Streichelzoo und großem Garten zum Draußensitzen. Hier trafen wir auch die ersten Wanderer, fast alles ältere Herren in Gruppen. Dass es auch einen West Highland Way-Song gab, präsentierte uns der eine stolz mit seinem Miniradio, das am Rucksack baumelte. Mein erster Impuls war, darüber nachzudenken, wie nervig es sein musste, die ganze Zeit dieses Gedudel zu hören, besonders für seine Mitwanderer. Aber insgeheim habe ich ihn auch ein bisschen um seinen kleinen Musikapparat beneidet.

Für mich schließen sich Natur und Musik nicht aus. Vielmehr haben beide eine ziemliche Macht, Gefühle hervorzurufen, zu verstärken und zu konservieren. Und so verbinde ich mit vielen meiner Fernwanderungen bestimmte Songs, die mich sofort zurückbringen in die jeweilige Landschaft und das Gefühl, das ich in diesen Momenten auf dem Weg hatte. Das Lied über den West Highland Way jedenfalls weckt heitere Erinnerungen an diese erste entspannte Pause am *Beech Tree Inn*.

Unsere erste Nacht verbrachten wir auf einem kleinen Campingplatz, ganz in der Nähe des Dörfchens Drymen. Campingplatz ist vielleicht nicht das richtige Wort für diese von einigen Obstbäumen bestandene Wiese am Rande einer Pferdekoppel.

Mit vorsichtigen Schritten liefen wir über den Rasen und sahen uns auf dem verlassenen Gelände um. War das hier wirklich der in unserem Wanderführer beschriebene Platz? Es gab ein paar Sitzgelegenheiten aus Holz und mehrere kleine Schuppen, die ziemlich heruntergekommen aussahen. Ich ging auf die Scheune im hinteren Teil des Zeltplatzes zu und öffnete die knarzige Wellblechtür. Drinnen waren provisorische Duschen und Toiletten installiert worden. Eine kleine Küchenecke gab es auch. Ein alter, schon leicht angerosteter blauer Briefkasten diente als Kasse des Vertrauens. Es war also alles da, was wir brauchten!

Wir hatten freie Platzwahl und warfen unsere schweren Rucksäcke erleichtert ins Gras neben eine der Sitzecken. Erst mal hinsetzen und kurz die müden Füße ausruhen. Ankommen ist doch das Schönste!

Dieses Gefühl, so richtig etwas geschafft zu haben, gab mir immer wieder einen solchen Zufriedenheitsschub, wie ich ihn im Alltag manchmal vermisste. Wir sitzen am Schreibtisch und hetzen unseren To-dos hinterher. Vielleicht spüren wir eine leichte Genugtuung, wenn der Stift eine weitere Aufgabe als „geschafft“ markiert, doch schon warten die nächsten Dinge, die ganz dringend und ganz unbedingt möglichst sofort erledigt werden müssen. Beim Wandern bringt mich meine Umgebung in einen natürlichen Rhythmus. Steigt der Weg steil an, gehe ich langsam und setze meine Schritte mit Bedacht und doch ganz intuitiv so, wie ich es in dem Moment brauche. Die Natur und mein Körper geben das Tempo vor.

Die Sonne schien an diesem Abend auf dem kleinen Zeltplatz in Drymen und ich hatte das Gefühl, dass dieser erste Tag schon ziemlich nah an meine Vorstellung von „perfekt“ rangekommen war. Wir konnten uns langsam an unser Abenteuer Schottland herantasten und hatten hier ein entspanntes Fleckchen Erde gefunden, das uns genug Sicherheit für unsere erste Zeltnacht auf dem West Highland Way gab. Noch nicht ganz wild und doch einsam und ohne viel Schnickschnack.

Die erste Nacht im Zelt ist immer etwas Besonderes. Diese Enge des Zeltes, die so gemütlich ist, wenn man beim Einschlafen ein paar Zeilen liest oder einfach den Tag in Gedanken noch einmal durchgeht. Und dieselbe Enge, die in der Nacht auch mal nervt, wenn man das Gefühl hat, sich nicht richtig drehen und wenden zu können. Manchmal lässt mich diese Enge nicht richtig atmen. Doch ein anderes Gefühl hindert mich daran, die Reißverschlüsse aufzureißen und die frische Nachtluft reinzulassen. Es ist die Unsicherheit, das Bewusstsein, dass nichts als eine dünne Zeltwand mich, uns, vor dem da draußen schützt. Jedes Geräusch hört sich an, wie durch ein Megaphon verstärkt, und man ist dem Unbekannten vor der Zelttür ausgeliefert. Mit ganz viel Pech halten einen diese Gespenster im Kopf die ganze Nacht wach und man sehnt sich nach den ersten Lichtschimmern des neuen Tages, um vielleicht noch ein bis zwei Stunden in der Sicherheit zu schlafen, die einem die Dunkelheit verwehrt hat. Dafür ist dann der erste Morgen umso besser. Denn es gibt Kaffee und die Gewissheit, dass schon die nächste Nacht entspannter sein würde.

Berge muss man auf dem West Highland Way gar nicht so oft überwinden, wie es der Name des Weges vielleicht vermuten lässt. Doch einem sind wir gleich am zweiten Tag unserer Tour begegnet. Auch wenn der Conic Hill nur 361 Meter hoch ist, so lag er doch ziemlich beeindruckend vor uns. Ich lief in einigem Abstand hinter Nathalie und ließ die Landschaft auf mich wirken. Der schmale Weg war gut zu gehen und so konnte ich mich den Kleinigkeiten am Wegesrand widmen. Überall waren kleine Inselchen von störrisch in die Luft ragenden festen Gräsern. Ich streifte mit meinen Händen durch die Büschel und war überrascht, wie hart die einzelnen Halme waren. Wahrscheinlich mussten sie das auch sein, hier in den Highlands. Wind und Wetter waren immer da und forderten Standhaftigkeit.

Mein Blick wanderte über die flachen Büsche und wenigen Bäume in den verschiedensten Braun- und Grüntönen. Schließlich blieb er an Nathalies riesigem Rucksack hängen. Sie passte ganz gut in diese Umgebung. Auch sie wirkte in den letzten Wochen leicht und fragil wie ein Grashalm. Und doch war sie stark und standfest und trug ihre schwere Last, ohne viel zu murren. Wie das störrische Highlandgras am Wegesrand.

Langsam wurde der Weg steiler. Bei jedem Schritt merkte ich das Gewicht meines Rucksacks auf meinen Hüften. Aber ich spürte auch, dass meine Beine stark waren. Das ist es, was mir das Wandern gibt: Zuversicht und Vertrauen in meinen Körper. Ich weiß tief in mir drinnen, dass ich alles schaffen kann. In meinem eigenen Tempo und in ständigem Austausch mit der Natur um mich herum. Dieses Bewusstsein bedeutet aber nicht, dass ich einen solchen Anstieg ohne Fluchen und Schimpfen hinter mich bringe. Dabei führte der Weg nicht einmal direkt auf den Gipfel, sondern nordwestlich daran vorbei. Eigentlich war es nur ein kurzer Abstecher bis ganz nach oben, aber nach dem ersten Anstieg hatten wir darauf nicht so richtig Lust und genossen von einer Etage tiefer den Ausblick. Vor uns lag Loch Lomond – der größte See Schottlands. Die geschlossene Wolkendecke vermischte sich mit dem Horizont, an dem eine dunkle Wellenlinie die ersten höheren Ausläufer der Highlands nur vermuten ließ. Die metallisch schimmernde Wasseroberfläche des Sees war immer wieder unterbrochen von kleinen Inseln. Es war schön, von hier oben die erste Bekanntschaft mit Loch Lomond zu machen, würde es uns doch für die nächsten 30 Kilometer begleiten und mit seinem zerklüfteten Ufer immer wieder herausfordern. Schon der Weg nach unten in die kleine Ortschaft Balmaha gab uns eine Vorahnung auf das, was uns in den kommenden Tagen bevorstand. Durch den andauernden Regen war der Hang des Conic Hills in eine tiefe Matschschicht getunkt und so ähnelte unser Abstieg eher einer Rutschpartie, bei der wir auch durch das Rucksackgewicht ordentlich an Fahrt gewannen.

Ich konnte mir nur schwer vorstellen, dass hier im Sommer das Badeparadies auf Erden sein sollte, als ich an dem steinigen Strand von Loch Lomond stand. Die Wolken zogen in dicken Schwaden über den See und versteckten die Berge auf der gegenüberliegenden Seite in grauem Dunst.

Ich musste immer wieder meine Brille von diesem allgegenwärtigen Nieselnass befreien, das sich in winzigen Wasserperlen auf alle Oberflächen legte.

Loch Lomond empfing uns grau in grau und war doch wunderschön. Schon hier konnte ich die Melancholie der Highlands spüren. Ich war froh, hier sein zu dürfen und doch merkte ich an diesem Spätnachmittag am See, dass der Weg einiges mehr verlangte, als ich erwartet hatte. Die letzten Kilometer waren zäh. Und im Hinterkopf pochte immer wieder die Frage, wie weit wir noch gehen sollten. Müde erreichten wir schließlich einen Campingplatz direkt am Ufer des Lochs. Wir betraten den Camp-Shop und die Erleichterung des Ankommens erfüllte mich. Freundlich lächelnd begrüßte uns eine ältere Dame.

Wir hatten entschieden, unseren Wandertag früher zu beenden und nicht bis zu unserem ursprünglich geplanten Etappenziel zu gehen. Mir fällt es jedes Mal schwer, von einem Plan abzuweichen. Dabei müssen wir dies ständig tun, besonders auf Wandertouren. Auf dich selbst hören, auf die Menschen um dich herum, die Bedingungen, die dir die Natur gerade gibt und die Kraft, die dein Körper noch übrighat. Dies kollidiert immer wieder mit dem zuvor Geplanten und fordert ständig neue Entscheidungen. Dieses andauernde Abwägen und die anschließende Wahl der nächsten Schritte gehen bei mir meist mit schlechter Laune einher. Mit jedem Meter wurde ich unzufriedener mit der Gesamtsituation und verlor die Lust am Weitergehen. In mir drin begann jetzt der Kampf zwischen meiner Idee und der Realität des Moments. Weitergehen bis zum vorher angepeilten Etappenziel versus wachsende Müdigkeit und Unlust. Ich neige dazu, die Situation zu zerdenken, bevor ich einfach ehrlich in mich reinhöre. Wenn ich es dann doch tue, wird es mir schnell klar.

Der Blick zu Nathalie bestätigte, was ich fühlte. Es war Zeit, aufzuhören und sich ein trockenes Plätzchen für die Nacht zu suchen. Und als ich in diesem Camp-Shop stand, war ich einfach nur noch froh, dass wir gleich unser Zelt aufbauen, etwas Leckeres kochen und eine heiße Dusche nehmen würden.

Und dann kam der Regen.

Wir hatten gerade unsere Schlafsäcke ausgerollt und die letzten Kleinigkeiten in den Apsiden verstaut, als es anfing, in dicken Tropfen auf unser Zelt zu prasseln. Wir schauten uns kurz an und dachten beide das Gleiche: Wir haben alles richtig gemacht. Dieser Satz begleitet uns schon seit Jahren. Und er ist ein ganz wichtiger, denn er bestätigt unsere Entscheidungen, die vom Geplanten abgewichen waren. Er gibt uns das gute Gefühl, instinktiv richtig gehandelt zu haben.

Mit diesem guten Gefühl ließen wir uns in unsere Schlafsäcke sinken und hörten zu, wie die Tropfen immer schwerer gegen unser Zeltdach klatschten.

Dieses Geräusch ist so kontrovers – an Gemütlichkeit kaum zu übertreffen und doch wird mir manchmal ein bisschen mulmig dabei zumute. Haben wir alles regensicher verstaut? Hält das Zelt? Wächst sich der Regen zu einem noch stärkeren Unwetter aus? Auf einem Zeltplatz alles kein Problem, da kann man sich notfalls schnell ins warme Duschhaus retten. Doch schon die nächste Nacht würden wir irgendwo am Ufer des Loch Lomond verbringen. Das erste Mal wildzelten. Ohne Buttercroissant aus dem Camp-Shop, heiße Duschen und dem sicheren Gefühl, nicht allein zu sein.

„Die Nacht wird ruhig, kein Wind, kein Regen."

Das hatte der alte Mann gesagt, dem wir kurz hinter Rowardennan begegnet waren. Nett plaudernd gingen wir einige Zeit gemeinsam auf dem relativ breiten Forstweg nebeneinanderher. Der Hund des Mannes sprang immer wieder fröhlich zwischen mir und Nathalie auf und ab. Ich genoss es, mit einem Einheimischen über den Weg, den See, das Wetter und die Welt zu sprechen. In breitem schottischem Englisch erklärte er uns, wo wir an diesem Tag unbedingt unser Zelt aufstellen sollten, weil es der perfekte Platz wäre. Als wir die kleine Bucht erreichten, sahen wir sofort, was er meinte. Kurz zuvor war die Sonne hinter den Wolken hervorgekrochen und ihre Strahlen trafen glitzernd auf die Wasseroberfläche. Nur von Zeit zu Zeit strich der Wind über den See und brach die Sonnensterne in tausend kleine Lichtwellen. Das Ufer des Sees war an dieser Stelle flach und mit kleinen, bunten Kieselsteinchen bedeckt. Umrahmt war der Strand von flachen Eichenbäumen, die ihre Äste parallel zum Boden in Richtung Wasser streckten. Wirklich perfekt! Nur leider ein paar Stunden zu früh, um schon hier unser Nachtlager aufzubauen. Und so blieben wir noch einige Momente auf einem der Baumstämme sitzen und machten uns dann wieder auf den Weg.

Kurz vor unserer schönen Pausenbucht hatte sich der Weg geteilt und wir die Wahl: Weiter auf dem Schotterweg oder hinunter zum Ufer. Da wir uns schon einige Zeit nach dem Wasser gesehnt hatten, das wir vorher nur hin und wieder durch die Bäume und Büsche haben durchfunkeln sehen, entschieden wir uns ohne langes Überlegen für den schmalen Pfad am Ufer. Über mit Holzplanken verstärkte Stufen aus Lehm und Steinen führte der Weg in Wellenlinien durch den immer dichter werdenden Uferwald. Zur Landseite hin standen dicke Büschel tiefgrünen Grases. Die Farne, die immer wieder zwischen den Gräsern wuchsen, hatten schon ihre Herbstfarben angenommen und auch die rotbraunen Blätter an den Bäumen und auf dem Weg erinnerten uns daran, dass der Sommer längst vorbei war. Die Sonne hatte sich wieder verzogen und der uns schon so bekannte Nieselregen verwandelte die Lehmstufen und zahlreichen Holzbrücken in glitschige Angelegenheiten. Wir mussten uns bei jedem Schritt konzentrieren, nicht wegzurutschen. Eigentlich war dies ein Weg genau nach meinem Geschmack, doch mit unseren schweren Rucksäcken brauchten wir eine Ewigkeit.

Als unsere Kraft Meter für Meter weniger wurde und auch die Sonne nicht nur hinter den Wolken, sondern auch schon längst hinter den Bergen verschwunden war, ließen wir unsere Rucksäcke in einer der kleinen Buchten schwer auf den Kieselsand fallen. Hier würden wir unsere erste wilde Nacht verbringen. Der Platz war nicht ganz so perfekt wie der vom Nachmittag, aber es ging einfach nicht weiter ... In solchen Momenten hilft nur Aufhören. Und ein warmes Essen. Wir erinnerten uns an die Worte des älteren Herren: Er hatte uns eine ruhige, windstille und regenfreie Nacht prophezeit. Wie schön wäre es gewesen, wenn er recht gehabt hätte ...

Wir waren gerade ins Zelt gekrabbelt, als es anfing zu schütten. Ich redete mir immer wieder selbst gut zu, dass das alles doch gar nicht schlimm und unser Zelt auf jeden Fall dicht sei. Und überhaupt sei es doch wirklich ziemlich gemütlich! So schlief ich irgendwann ein. Doch als ich das nächste Mal mitten in der Nacht aufwachte, wich das Gefühl der Gemütlichkeit ganz schnell einer unterschwelligen Panik, die mich nur nachts im Zelt ergreift. Blick auf die Uhr, Blick zu Nathalie, Augen zu, wegdösen. Und dann in 10-Minuten-Abständen wieder aufwachen.

Der Grund in dieser Nacht war jedoch ein besonderer: Da wir unser Zelt am Ufer eines Sees aufgebaut hatten, kam zum Plätschern des Regens das Rauschen der Wellen hinzu, die auf den Kieselstrand rollten. In einer ansonsten stillen Nacht wirkte diese Geräuschkulisse wie ein tosendes Meer, das uns, so meine Vorstellung, bald umspülen würde und wir, zum Glück hatten wir Luftmatratzen, wie in einem Schlauchboot davontreiben würden.

Erst das Morgengrauen brachte Erleichterung. Und Kaffee. So war es immer nach den ersten Nächten im Zelt. Egal, wie schrecklich und nervenaufreibend die dunklen Stunden waren – der Morgen danach war immer wunderbar.

Noch im warmen Schlafsack blickten wir auf die weißen Schwaden, die über dem See hingen und hofften darauf, dass die Sonne den Regen ablösen und uns einen trockenen Tag bescheren würde. Und tatsächlich konnten wir im Trockenen einpacken und auf den ersten Kilometern spürten wir eine Leichtigkeit, die uns über Bäche und kleine Wasserfälle springen und unsere Wanderung mit jedem Schritt genießen ließ. Je mehr wir uns allerdings Inversnaid näherten, desto unruhiger wurde ich. Eigentlich hatte ich in den letzten Jahren immer wieder feststellen müssen, dass die Angaben über die Wegbeschaffenheit in Wanderführern häufig Schlimmeres ahnen ließen als das, was einen tatsächlich auf der Wanderung erwartete. Doch nach dem vergangenen Tag wusste ich, dass die Beschreibung des Weges der Realität hier auf dem West Highland Way ziemlich nahekommt. Und der Abschnitt nach Inversnaid war als das schwierigste, unwegsamste Stück der kompletten Tour beschrieben. Es war von felsigen und schmalen Pfaden die Rede, die hoch über dem Wasser am steil abfallenden Ufer verliefen, wo ein falscher Schritt auf dem rutschigen Untergrund fatale Folgen haben könnte.

Und wirklich bestand der folgende Weg fast ausschließlich aus Steinen. Jeder Schritt wurde zum Klettern und wir klammerten uns an unsere Wanderstöcke, mit deren Hilfe wir uns die felsigen Absätze nach oben drückten. Die meisten der unebenen Stufen reichten mir bis weit übers Knie. Häufig mussten wir aber auch die Stöcke ablegen und unsere Hände zur Hilfe nehmen, um besonders große Felsbrocken zu überwinden. Auf der einen Seite hochklettern und auf der anderen Seite nach unten rutschen oder springen. Mit der Last unserer Rucksäcke auf den Schultern stauchten sich unsere Gelenke bei jeder Abwärtsbewegung unangenehm zusammen. Ich merkte, wie meine Kraft schon nach kurzer Zeit ausgeschöpft war. Doch auch Nathalies Laune wurde immer schlechter. Sie fluchte leise vor sich hin und war irgendwann ganz still. Meine natürliche Reaktion darauf, wenn wir beide in einer schwierigen Situation kurz davorstehen, unseren Mut zu verlieren, ist es, meine letzten Reserven zu aktivieren und gut gelaunt die Schönheiten der uns umgebenden Natur hervorzuheben. Es nützt schließlich niemandem, wenn wir beide unsere Rucksäcke von uns werfen und uns unseren Schmerzen und Leiden ergeben würden. Und so wurde mir erst in diesem Moment richtig bewusst, wie schön die Umgebung war, in der wir uns gerade so schwerfällig bewegten. Gesteinsblöcke jeder Größe ragten wie halb versunkene Schiffsrümpfe aus dem Boden hervor. Bewachsen mit dicken Schichten aus Moos und Gras gaben sie der schroffen Landschaft etwas Weiches und Einladendes. Wären die Mooskissen nicht mit Regenwasser vollgesogen gewesen, hätte ich mich gern ein paar Minuten auf ihnen ausgeruht. Stattdessen kletterte ich weiter. Glatt geschliffene Steinplatten bildeten eine natürliche Treppe, auf der keine Stufe der anderen glich, und immer wieder trafen sich mehrere Felsbrocken, sodass sie gemeinschaftlich den Weg versperrten. Zu unserer Linken erhoben sich zerklüftete Felswände, deren Gesteinsschichten wie Schuppen eines alten Reptils ineinandergriffen. Fast wie hingepflanzt sahen die puscheligen Farne aus, die in kleinen und großen Gruppen den Weg säumten.

Das Klettern und Kraxeln über die Steinpfade war beschwerlich. Besonders nervig wurde es aber an den Stellen, an denen es richtige Wege gab. Diese waren sicher im trockenen Zustand eine entspannte Abwechslung zu den Felsenpassagen. Bei dem seit Tagen andauernden Regen jedoch wurden sie zu Matschfeldern, in denen wir immer wieder wadentief einsanken. Dabei verließ auch mich der letzte Optimismus. Und als wir endlich die nördliche Spitze Loch Lomonds erreicht hatten, hatte ich nicht mehr viel Sinn für die Schönheit der Strände, die vor uns lagen.

Ein Blick auf die Uhr bestätigte, was wir schon vermutet hatten: Wir waren zu langsam. Ganze drei Stunden hatten wir für sechs Kilometer Uferweg gebraucht und es lag noch ein gutes Stück Strecke vor uns.

Auch wenn wir ihm damit vermutlich Unrecht taten, so waren wir doch froh, Loch Lomond endlich hinter uns lassen zu können. Der letzte Blick auf den See war dann auch noch einmal spektakulär. Die Berge, die das Wasser umschlossen, türmten sich in immer milchiger werdenden Linien hintereinander auf, zum Teil in dichten Nebel gehüllt. Doch auch die Sonne schaffte es, mit ihren weißen Strahlen die Wolkendecke zu durchbrechen und den See an einigen Stellen silberweiß leuchten zu lassen.

Die Anhöhe, auf der wir standen, war bewachsen von Farnen und Gräsern, die schon das Rotbraun des Herbstes angenommen hatten. Eine der schönsten Aussichten auf dem West Highland Way.

Während wir schon fast wieder versöhnt mit den unerbittlichen Ufern des Sees waren, bemerkten wir nicht, dass sich hinter unseren Rücken bereits die nächste Herausforderung zusammenbraute. Ein erstes Grummeln verriet das heranziehende Gewitter und als wir uns zum Weitergehen umdrehten, sahen wir die schwarzen Wolken, die sich über uns sammelten. Das sah gar nicht gut aus.

Nathalies Schritte wurden schneller und ich hatte Mühe hinterherzukommen. Als die ersten Blitze zu sehen waren, begann mein Herz stärker zu pochen und ich versuchte, die Situation einzuschätzen. Tausend Fragen darüber, wie man sich bei Gewitter am besten verhält, schossen mir durch den Kopf. Wir bewegten uns in einem sehr weiten Tal und liefen vollkommen ungeschützt im immer stärker werdenden Regen. Der kurze zeitliche Abstand von Blitz und Donner verriet mir, dass sich das Gewitter nun fast genau über uns befand.

Mittlerweile war Nathalie in einen Laufschritt übergegangen, der es mir unmöglich machte, mit ihr mitzuhalten. Ich schrie in den peitschenden Regen hinein, dass sie bitte anhalten und auf mich warten sollte, doch das Donnergrollen und der heftige Wind verschluckten meine Worte. Ich hetzte weiter und hoffte, dass keine von uns der Blitzschlag treffen würde. Meine Regenjacke hatte derweil ihren Dienst aufgegeben und klebte wie ein nasser Lappen an mir. Immer wieder musste ich kurz stehen bleiben, um zu Atem zu kommen. Heftige Donnerschläge trieben mich jedoch immer weiter durch den Regen.

Als sich das Gewitter langsam entfernte, spürte ich, wie auch die Angst allmählich meinen Körper verließ und Platz machte für die totale Erschöpfung.

Die letzten Meter bis zum Campingplatz zogen sich wie Gummi. Ich hatte das Gefühl, keinen Schritt mehr voranzukommen, obwohl der Weg nun sanft bergab führte. Meine Akkus waren vollkommen leer.

So leer, dass ich nicht mal mehr Erleichterung fühlen konnte, als endlich das Schild zur *Beinglas Farm Campsite* auftauchte. Tropfnass betraten wir die Anmeldung des Zeltplatzes.

Schon als wir über den Platz liefen, fielen uns die kleinen Holzhütten auf. Wie toll wäre es, nach diesem anstrengenden Tag ein festes Dach über dem Kopf und einen trockenen Schlafplatz zu haben. Und so fragten wir nach, ob nicht noch eines dieser Häuschen frei sei. Doch, wie konnte es auch anders sein, waren alle Hütten von einer Geburtstagsgesellschaft belegt und so trotteten wir zu der Wiese, auf der wir unser Zelt aufbauen sollten. Schon die ersten Schritte auf der Grasfläche machten uns bewusst, dass die Nacht wohl alles andere als trocken werden würde. Wir versanken sofort knöcheltief im Wasser und hatten Mühe, einen Platz zu finden, der nicht einem morastigen Sumpf glich. Noch immer regnete es in Strömen und wir wollten einfach nur in unser Zelt.

Während ich die Heringe in den schwammartigen Boden steckte, öffneten sich auch bei mir alle Schleusen und meine Tränen liefen zusammen mit den Regentropfen in feuchten Schlieren über mein Gesicht. Ich versuchte erst gar nicht, meine Wut und Hoffnungslosigkeit zu verbergen, sondern schluchzte ungehemmt vor mich hin. Durch das ganze Wasser hindurch sah ich, dass sich Nathalie auf der anderen Seite des Zeltes erhob und anfing, mit jemandem zu sprechen. Ich konnte zwar nicht hören, worum es ging, erkannte jedoch die Frau von der Anmeldung und ein Lächeln auf Nathalies Gesicht. Als sie mir zurief, dass doch noch eine der Holzhütten frei sei, begann auch ich zuerst ein wenig ungläubig, dann aber sehr erleichtert zu grinsen. Ohne lange nachzudenken, raffte ich unsere Sachen zusammen und trug sie in Richtung des Häuschens, das unsere Retterin schon für uns aufgeschlossen hatte. Das Innere war komplett mit Holz verkleidet und jeweils zwei einfache Pritschen mit lederbezogener Polsterung standen an den Längsseiten. Unter dem kleinen

Fenster an der Stirnseite hing ein winziger Heizlüfter, der für uns in diesem Moment den größten Luxus darstellte. Wärme und Trockenheit. Im normalen Alltag sind dies Dinge, über die ich mir nur selten Gedanken machte. Bei einer Trekkingtour durch Schottland im Oktober sind es essentielle Bedürfnisse, die nicht leicht zu stillen sind. Deshalb fielen wir an diesem Abend einfach nur dankbar und erleichtert in die knarrenden Betten und schliefen sofort ein.

Das Klopfen des Regens auf das Holzdach weckte mich am nächsten Morgen schon recht früh. Ich schaute nach oben und zählte die Latten, aus denen das Häuschen gebaut war, das uns in der letzten Nacht das Leben oder zumindest die Laune gerettet hatte. Ich fühlte mich ausgeruht und hatte Lust, weiterzugehen. Doch es kamen auch leichte Zweifel hinzu. Der Regen sollte uns in den nächsten Tagen weiter begleiten und schon nach diesen ersten Etappen waren wir emotional und körperlich am Limit. Noch war Aufgeben aber keine Option für mich und so richtete ich mich auf und stellte meine Füße fest und bestimmt auf den Boden der Hütte. Ich freute mich auf den Tag.

Als wir wenig später regendicht eingepackt und gut gelaunt aus unserem hölzernen Häuschen schritten, waren wir bereit, dem Wetter zu trotzen. Wir wollten weitergehen und dieses Abenteuer gemeinsam erleben. Wir waren froh, dass wir die Felsenpassagen am Ufer des Loch Lomonds hinter uns hatten und nun auf richtigen Wegen hinein in die Highlands wandern durften.

Doch die Strecke auf der Karte und in meinen Vorstellungen hatte nicht viel gemein mit dem, was vor uns lag. Der Fluss, dem wir eine ganze Zeit folgten, war durch die anhaltenden Regenfälle an einigen Stellen über die Ufer getreten und hatte den Weg überspült, sodass wir uns immer wieder in weiten Bögen unsere Route durch die Büsche suchen mussten. Wenn sie nicht gänzlich überflutet waren, glichen die Pfade eher zerlatschten

Kuhweiden und wir steckten immer wieder tief im Schlamm fest oder sprangen von Stein zu Stein, um die Matschseen auf dem Weg möglichst trocken zu überwinden. Und dennoch hatten wir an diesem Tag unseren Spaß an der Herausforderung. Als sich dann sogar die Sonne einmal kurz zeigte, suchten wir uns den erstbesten Baumstamm und gönnten uns eine entspannte Pause inmitten der sanft gewellten Berge, die im Sonnenlicht ein strahlendes Rostrot annahmen.

Und genau hinter diesen Berghängen zogen schon wieder riesige dunkle Wolken auf. Sie hoben sich tiefschwarz vom teilweisen blauen Himmel ab. Mir grummelte es in der Magengegend, das Gewitter des vorherigen Tages steckte mir noch in den Knochen.

Wir liefen nun schon eine ganze Weile an umzäunten Weiden entlang und vermuteten, dass die *Auchtertyre Farm* nicht mehr weit sein konnte. Als kleine Vorboten huschten vor uns plötzlich mehrere weiße Schäfchen auf den Weg. Die mit einem rosa Punkt markierten Schafshintern, wackelten flink vor uns her und führten uns direkt zum großen Tor der Farm.

In der Küche war es warm und roch nach allem, was hier in den letzten Jahrzehnten von unzähligen Campinggästen gekocht wurde. Vor uns auf dem Tisch standen die Reste unseres Frühstücks. Als wir am Tag zuvor hier ankamen und die „Trading Post“ betraten, konnten wir uns kaum beherrschen, nicht alles leerzukaufen. Der kleine Hofladen war vollgestellt mit Kisten mit frischem Obst und Gemüse, es gab Kühlschränke mit Käse, Wurst und Joghurt. In einem geflochtenen Körbchen neben dem Verkaufstresen lagen hellbraune Eier. An der Kasse stand ein junger Mann und grinste uns zu. Wahrscheinlich konnte er unsere Gedanken lesen, in denen Frühstückseier mit Marmeladenbrot eine tragende Rolle spielten. Die Frage, ob wir den West Highland Way liefen, erübrigte sich mit Blick auf unsere großen Rucksäcke und so fragte er stattdessen, wo wir denn in den nächsten drei bis vier Tagen übernachten würden. Ich zeigte auf meinen Rücken und erklärte ihm, dass wir vorhatten, nach einem Pausentag die restlichen Nächte bis Fort William im Zelt zu schlafen. Sein Grinsen verschwand und er deutete auf einen schiefen Holzrahmen, in dem der Ausdruck einer Wetterkarte mit der Vorhersage für die nächsten Tage hing. Uns war klar, dass es weiterhin fast durchgängig stark regnen würde, doch in den letzten Stunden war eine Sturmwarnung hinzugekommen. Die Unwetterfront würde uns in den nächsten 48 Stunden erreichen und sollte ein paar Tage anhalten. Als der Mann unsere erstaunten Blicke sah, fügte er, nun schon wieder grinsend, hinzu, dass wir auf keinen Fall in Kingshouse im Zelt schlafen sollten, sonst wären wir schneller wieder hier, als uns lieb wäre. Nur nicht zu Fuß, sondern vielmehr würde uns der Sturm hierher zurückwehen.

Eigentlich wollten wir in Tyndrum einen Pausentag einlegen, doch in Anbetracht der schwarzen Wolken hinter und der frischen Köstlichkeiten vor uns, entschieden wir uns, hierzubleiben und buchten für zwei Nächte eines der kleinen Wigwams, die zwar ein wenig wie Zelte aussahen, aber ganz aus Holz gebaut waren.

Kaum hatten wir unsere nassen Sachen von uns geschält und unsere Schlafsäcke auf den einfachen Schaumstoffmatratzen auf dem Boden unserer Unterkunft ausgerollt, begab ich mich in den Planungstunnel. Ich blätterte im Wanderführer, studierte unser Kartenmaterial und tippte wild auf meinem Handy rum. Die verschiedensten Möglichkeiten nahmen Gestalt an. Ein weiterer Pausentag in Tyndrum, eine Übernachtung im viel zu teuren Kingshouse oder im günstigeren Hostel daneben. So schnell, wie sich die Pläne aufbauten, so schnell fielen sie jedoch auch wieder in sich zusammen. Unerschwinglich oder ausgebucht, so die nüchterne Bilanz einiger Telefonate und E-Mails später. Es gab nicht viel in der Gegend, die vor uns lag, und die wenigen Übernachtungsmöglichkeiten waren schnell belegt. Deshalb hatten wir ja auch unser Zelt dabei. Um die Einsamkeit des Glen Coe so intensiv wie möglich erleben zu können.

Ein mehrere Tage wütender Sturm überschritt dann allerdings das von uns erwartete Maß an Intensität. Hinzu kam, dass Nathalie beim Laufen Probleme hatte. Schon seit unserem Gewitterrennen am Tag zuvor machte sich ihr Fuß unangenehm bemerkbar. Die linke Achillessehne brannte und schmerzte bei jedem Schritt. Eine Pause würde ihr guttun, aber würde dieser eine Tag reichen, um die Entzündung abklingen zu lassen?

Die nächsten Stunden verschwammen zu einem regenfeuchten Schleier aus Hoffnungsfunken, Rührei und Enttäuschungen. Unseren Pausentag verbrachten wir zu großen Teilen in der Campküche, in der wir mehrere Stunden unser ausführliches Frühstück zelebrierten, während der Regen an die Scheiben des Küchenfensters hämmerte. Wir waren froh, dass wir jetzt nicht draußen rumlaufen mussten, und hatten mal wieder alles richtig gemacht. Doch wie sollte es weitergehen? Die letzte Nacht, in der wir unsere Optionen noch einmal überschlafen haben, hatte nicht die erwartete Klarheit gebracht und wir schwebten zwischen den verschiedenen Szenarien hin und her. Auch wenn ich es mir nicht eingestehen wollte, so wurde eine der Möglichkeiten immer deutlicher und vielleicht wurde es Zeit, dass ich akzeptierte, dass unsere Wanderung auf dem West Highland Way hier ein Ende nehmen würde. Nathalies Fuß ging es nicht wirklich besser, der Sturm nahm an Wucht zu, es goss wie aus Eimern und das war erst der Anfang des Unwetters, das die nächsten Tage bestimmen sollte. Eine feste Unterkunft war, zumindest in unserer Preisklasse, nicht zu finden und wir wollten auch nicht weitere drei Tage in einem der muffeligen Holzwigwams ausharren. Diesen Stillstand würde ich nicht ertragen können. Und so trafen wir am frühen Nachmittag, noch immer den Tisch voller Frühstückszutaten, in der kleinen Campküche die unausweichliche Entscheidung, dass wir unser Abenteuer West Highland Way hier abbrechen würden.

Es ist eine ganz besondere Form der Erleichterung, wenn man eine ungeliebte Entscheidung getroffen hat. Das Grübeln war nun vorbei und machte Platz für eine merkwürdige Leere.

Wir hatten entschieden, ins nur wenige Kilometer entfernte Tyndrum zu wandern und von dort den Bus nach Fort William zu nehmen. Viele Gedanken gingen mir auf diesen letzten Kilometern durch den Kopf. Immer wieder blieb ich stehen und ließ die Landschaft auf mich wirken. Die grauen Regenwolken wurden vom böigen Wind über den Himmel gejagt und so blitzte immer mal wieder die Sonne durch und tauchte die braunen Hügel in ein goldenes Herbstlicht. Diese Farben waren so einzigartig. Vielleicht war Schottland im Herbst nicht die beste Idee für eine Zelttour und doch war ich in diesem Moment dankbar für die herbstbunte Farbmischung aus Kupfer und Bernstein an den Hängen der Berge und dem Grün der Birken, das langsam ins Gelbe überging. Ich genoss den Abschied von diesem Ort, der uns in den letzten Tagen so zugesetzt und unsere Herzen doch so vollkommen ausgefüllt hatte.

Kurz vor Tyndrum führte uns der Weg an einen kleinen See: *The Loch of the Legend of the Lost Sword*. Man erzählt sich, dass Robert the Bruce – einer der Könige von Schottland – nach einer Niederlage mit seinen Männern hier vorbeikam. Um schneller voranzukommen, entledigten sich die Soldaten der Legende nach ihrer Waffen und warfen sie in den See. Sie ließen alles zurück, was sie als Soldaten ausmachte. Ohne ihre Schwerter und Schilde würden sie nicht kämpfen können. Trotzdem entschieden sie sich dafür, diese loszuwerden, um leicht und unbeschwert weitergehen zu können.

Dieses Bild ließ mich nicht mehr los. Ich blickte auf das kleine Loch. Was, wenn ich alles, was mich im Moment beschwerte, einfach hierlassen würde? Wenn ich in den See springen und alle negativen Gefühle darin abspülen könnte?

Nach und nach nahm ich meine Empfindungen genauer in meinen inneren Blick. Ich schmeckte den schalen Geschmack des Versagens. Er legte sich bitter auf meine Zunge und machte sich langsam breit. Doch irgendwie passte dieser Geschmack so gar nicht zu diesem Moment. Ich stand inmitten wunderschöner Natur, um mich herum weiche Kissen aus Gras und Moos, sanfte Berglinien am Horizont – und die Sonne! Und irgendwie passierte etwas mit mir an diesem kleinen Loch. Ich spürte, wie die Enttäuschung und Ernüchterung langsam von mir abfielen und einem anderen Gefühl Platz machten. Ich war dankbar. Dankbar dafür, dass ich hier sein durfte. Dankbar für diese zehrenden letzten Tage, die mich einiges gelehrt hatten. Vor allem aber spürte ich eine tiefe Dankbarkeit dafür, dass ich das alles an der Seite des Menschen erleben durfte, der mir am wichtigsten war auf der Welt. Mir wurde bewusst, dass ich Nathalie nicht heilen kann und auch nicht muss, dass ich nicht immer alle Zügel in der Hand halte, sondern dass es Dinge gibt, die auch ich nicht steuern oder vorhersehen konnte. Das Leben ist wie ein Wanderweg. Es gibt Berge, die einem im Anstieg einiges abverlangen, einen dann aber mit einem Gefühl von Freiheit belohnen, das man nur wirklich spüren kann, wenn man vorher durch ein tiefes Tal gegangen ist, in dem sich alles eng und dunkel anfühlte. Und auf diesem Weg ist alles möglich. Milde Temperaturen im Sonnenschein, andauernder Nieselregen und gewaltige Stürme. Einige Passagen gehen wir gemeinsam, wieder andere müssen wir alleine überwinden. Doch irgendwann kommen wir an.

Als ich mich lächelnd Nathalie zuwandte, blickte sie mich zunächst fragend an und schien dann zu verstehen. Ich hatte hier am Loch der Legende des verlorenen Schwertes meinen Frieden gemacht mit dem West Highland Way. Ich war angekommen.

........................Mein Fazit für dich........................

Mein größtes Learning auf der Tour:
Es kommt meistens anders als geplant und das ist so in Ordnung!

Deshalb war die Tour so wichtig für mich:
Unsere erste große Trekkingtour hat mir die Grenzen des Planbaren gezeigt und mich aus meiner Komfortzone gezwungen.

Diese Fähigkeiten habe ich gelernt oder gestärkt:
Gegebenes annehmen, Ungeplantes akzeptieren und daraus neue Ideen wachsen lassen.

Das durfte ich über mich lernen:
Ich muss nicht immer alle Fäden in der Hand haben, sondern darf auch Dinge einfach so geschehen lassen.

Das konnte ich über die Natur lernen:
Die Natur ist stark und lässt sich nicht durch den Menschen kontrollieren. Sie gibt den Kurs vor. Wir sind nur Gäste und wenn wir uns flexibel auf die Gegebenheiten einstellen, können wir wunderbare Erfahrungen machen.

Das kann ich dir mitgeben:

Bereite dich nicht nur auf alle praktischen Aspekte einer Tour vor, sondern auch darauf, dass deine Route, deine Pläne und deine Wünsche sich unterwegs ändern können. Bleib flexibel – im Kopf und im Herzen! (Geh nicht im Oktober zum Zelttrekking nach Schottland.)

Anne Abendroth

"Was soll ich in den Bergen???" Als Teenager war Anne nur äußerst ungern zu Fuß unterwegs. Daran hat auch der schöne Thüringer Wald, an dessen Rand Anne aufgewachsen ist, nichts geändert. Wenn ihr damals vor 20 Jahren jemand gesagt hätte, dass sie irgendwann freiwillig und äußerst gern über, um und durch die Berge stapfen würde, hätte sie ihm wahrscheinlich einen Vogel gezeigt. Aber so ist es. Anne liebt Berge und Wald und Wiesen. Und am liebsten möchte sie immer draußen sein.

Im 'wahren' Leben wohnt und arbeitet Anne zusammen mit ihrer Frau Nathalie in Berlin. Dort unterrichtet sie Deutsch als Fremdsprache, schreibt an ihrem Blog *Little Red Hiking Rucksack* und organisiert Workshops und Wanderreisen für und mit den *Rucksackfrauen*.

Die große Liebe zum Fernwandern hat Anne bei ihrem ersten Jakobsweg durch Portugal und Spanien gepackt. Seitdem war sie schon auf diversen Caminos und anderen Weitwanderwegen in ganz Europa unterwegs. Mal mit und mal ohne Zelt.

www.littleredhikingrucksack.de

Tausche Büromuff gegen Frischluft

**Wanderreise,
Portugal, Oktober 2020**

von Valeska von Karpowitz

Ich stehe am Rand einer steilen, rot gefärbten Felsenküste. Die Wellen des rauen Atlantiks klatschen erbarmungslos gegen die bröckeligen Wände. Alle paar Meter ragen riesige Felsbrocken aus dem Wasser heraus. Offenbar sind sie durch die Kräfte der hereinrollenden Wellen abgebrochen und in die Tiefe gestürzt. Das Gestein ist tiefschwarz gefärbt und trotz seines tristen Anblicks schenkt es mir ein Gefühl von Ruhe und Geborgenheit.

Es ist ein wunderschöner Oktobertag. Die Sonne hat sich frühmorgens eindrucksvoll aus den Weiten des Meeres erhoben. Die sich langsam aufwärmende Luft breitet sich allmählich über der kargen Landschaft aus und verströmt ihren salzigen Duft.

Ich drehe mich um meine eigene Achse und kann bei all der Schönheit, die mich umgibt, immer noch nicht wahrhaben, dass ich tatsächlich hier stehe.

Es ist der 23. Oktober 2020. Vor genau fünf Tagen habe ich meine allererste Wandertour als Wanderreiseleiterin beendet. Während die Gruppe wieder sicher in Deutschland gelandet ist, werde ich noch weitere vier Wochen in dem Land verbringen, das für mich den Start in ein neues Leben bedeutet.

Das Leben ist wie eine Achterbahn

„Das Leben ist wie eine Achterbahn“, wusste bereits die Band *Ohrbooten*. Dass sich die Ereignisse in 2020 jedoch so überschlagen würden, damit hatte ich nicht gerechnet. Es fing so gut an. Mein neues Leben schien zum Greifen nah. Endlich den ganzen Schmerz und die Anstrengung hinter mir lassen. Alles war geplant und meine Vorfreude auf das, was kommen würde, war nicht zu bändigen. Doch eins nach dem anderen.

Ein Beziehungsaus und ein Berufswechsel hatten mich bereits Anfang 2019 von Salzburg in den hohen Norden geführt. Von den Bergen ans

Meer. Für mich sollte es in einer so aufregenden und sympathischen Stadt wie Hamburg den perfekten Neuanfang bedeuten. Dass ich das schon bald anders sehen würde, davon ahnte ich in meiner anfänglichen Euphorie noch nichts.

Denn im Herbst desselben Jahres sagte ich schon wieder Lebewohl – und diesmal nicht nur der Stadt, sondern auch dem Angestelltendasein. Gezwungenermaßen. Ich war oft krank, hatte jeden Tag Bauchkrämpfe und litt immer häufiger unter Übelkeit. An Lebensmittelunverträglichkeiten hatte ich mittlerweile alles, was der Katalog hergab, und dass ich ständig schlapp war, gehörte fast schon zum guten Ton.

Sowohl die Ärzte als auch ich tappten im Dunkeln und irgendwie hatte keiner so wirklich eine Ahnung, was noch helfen könnte. Da mal eine Vitaminkur, hier eine kleine Auszeit – doch Besserung war nicht in Sicht.

Während der gesundheitlich herausfordernden Zeiten hielt mir eine treue Begleiterin ganz besonders die Hand und führte mich durch Momente der Ratlosigkeit, Verzweiflung und Erschöpfung: die Natur. Neben meinen neuen Freundinnen war sie meine Hauptkraftquelle. Jedes Wochenende schnappte ich mir deshalb mein Fahrrad, um raus aus der Stadt und rein in die Natur zu radeln. In diesen Momenten fühlte ich mich befreiter, fröhlicher und deutlich gestärkter. Es war wie ein Energieboost, der sich auf mein gesamtes Wohlbefinden ausbreitete.

Dagegen waren die Wochentage von Beton, Lärm, Schmutz und Hektik gekennzeichnet und die allmorgendliche Depri-Stimmung in der U-Bahn trug auch nicht gerade zur Besserung bei. Was mir dort vor allem begegnete, waren angestrengte und gestresste Blicke und gesprochen wurde kaum ein Wort. Der Großteil der Leute starrte entweder auf sein Handy oder in die Leere. Meistens mit Kopfhörern in den Ohren. Und am Ende der Fahrt kam es mir so vor, als ob lauter, im Halbschlaf wandelnde Zombies in ihre Büros schlurften. Und ich mittendrin.

Es dauerte deshalb nicht lange, bis ich aufs Fahrrad umstieg und damit jeden Tag zur Arbeit fuhr – selbst beim berüchtigten Hamburger „Schietwetter". Und siehe da: Die Mienen waren selbst dann wesentlich erhellter und lebendiger.

Sport nach der Arbeit sollte zusätzliche Abhilfe schaffen. Während die abendliche Joggingrunde an der Alster anfangs noch für Begeisterung sorgte, trübten der Verkehrslärm und Schmutz, die mich auf dem Großteil der Strecke begleiteten, schon bald das Bild. Die Natur konnte ich gerade so wahrnehmen, denn zu sehr lenkte mich der Trubel drumherum ab. Und wenn ich zu Hause ankam, fühlte ich mich meist erschöpfter und gestresster als vorher.

Meine Fahrt oder besser gesagt Flucht ins Hamburger Umland hingegen war wie ein Werkstattbesuch, um meinen Körper und meine Seele von der Natur wieder in Ordnung bringen zu lassen. Doch viel zu selten verschaffte ich mir diesen notwendigen Ausgleich. Aus einem unerklärlichen Grund war ich zu mehr jedoch nicht in der Lage.

Mir fiel außerdem auf, dass ich während der sich häufenden Kaffeepausen – dabei trinke ich kaum Kaffee – immer öfter aus dem Bürofenster schaute. Hoch in den Himmel oder auf die Elbe. In diesen Augenblicken spürte ich, dass ich nur eines wollte: Raus!

Ausbruch

Ein zweiwöchiger Urlaub in der Bretagne mit einer meiner besten Freundinnen sollte alles verändern. Mit Van und Surfboards im Gepäck zogen wir los. Wir sehnten uns danach, losgelöst zu sein und unsere Intuition wieder deutlicher wahrnehmen zu können. Anstatt einem Plan zu folgen, ließen wir uns deshalb treiben und genossen unseren minimalistischen Low-Budget-Urlaub mit allem, was uns der Zufall vor die Füße warf.

Für die Haarwäsche tauchten wir unsere Köpfe in einen mit Wasser gefüllten Kübel. Wir kochten immer selbst und bei kühlem Wetter und ohne Heizung im Auto war Lagen-Look und Wolldecke angesagt. In solchen und anderen Momenten fühlten wir uns trotz allem lebendig und – da wir fast ununterbrochen etwas zu lachen hatten – wieder bei uns angekommen.

Nicht nur, dass wir kaum Ausgaben hatten, seit Langem war es die beste Zeit unseres Lebens. Euphorisiert und losgelöst erlebten wir uns auf unsere natürlichste Art. Die Sonne, das Meer und unser eigener Biorhythmus bestimmten unseren Tagesablauf. Wenn wir nicht surfen waren, lagen wir auf einer Wiese, machten auf der nächsten Felsklippe Yoga, vergnügten uns am Strand oder genossen einfach nur den Moment, mit allem, was uns umgab.

Zurück im Großstadtleben

Zurück in Hamburg prallten gefühlt zwei Welten aufeinander. Es stank noch viel mehr als vorher, es war unerträglich laut und mein Gehirn konnte die vielen Menschen, Autos und den übrigen Trubel um mich kaum verarbeiten. Zu meinem neu erweckten natur- und ich-verbundenen Gefühl passte einfach nichts mehr: weder das Umfeld noch die Lebensumstände. Ich fühlte mich vollkommen verloren und fehl am Platz.

Zu dem Zeitpunkt war mir nur nicht klar, dass es das Beste gewesen wäre, wenn ich sofort gehandelt hätte. Denn ein konsequenter Schlussstrich hätte mich vor so einigem bewahrt. Aus irgendeinem Grund wollte ich mein Hamburger Leben jedoch noch nicht aufgeben. Stattdessen startete ich den Versuch, mit meinem wiedergewonnenen Gefühl von Leichtigkeit und Zufriedenheit im Großstadtleben zurechtzukommen. Ich übte mich darin, meinen Blick zu öffnen und das Schöne mehr zuzulassen. Ich meldete mich im Beachvolleyball-Verein an und ging fortan jeden Tag mehrmals nach draußen. Und nicht nur das: Genau eine Woche nach dem Frankreich-Urlaub brachte ich den Mut auf, meinen Job und mein WG-Zimmer zu kündigen. Einen neuen Job, durch den ich einen Tag mehr Freizeit hatte, sowie eine günstigere und besser gelegene WG in meinem Lieblingsstadtteil Eimsbüttel hatte ich bereits in der Tasche. Ich war optimistisch, dass ein Neustart den gewünschten Wandel brachte.

Doch schon nach einem Monat sah die Welt wieder anders aus.

Mein Körper fing erneut an zu rebellieren und diesmal noch viel deutlicher als zuvor. Zur Abgeschlagenheit und den täglichen Bauchschmerzen war mir jedes Mal, wenn ich bei der Arbeit ankam, richtig übel. Als dann auch noch mein Tinnitus lauter wurde, war klar: So kann es nicht weitergehen!

Was darauf folgte, war nicht unbedingt die allerschönste meiner Erfahrungen. Aber immerhin führte sie mich zu dem Entschluss, endgültig die Reißleine zu ziehen.

Nachdem ich mich auf ärztliches Anraten hin krankschreiben ließ, verbrachte ich sehr viel Zeit mit Spaziergängen und der Suche nach Antworten auf die Frage, was eigentlich mit mir los war. Jeden Tag ging ich in den wenige Minuten entfernten Park, umrundete mehrmals den kleinen See und saß lange auf der Bank, um nachzudenken. Manchmal fuhr ich ein Stückchen mit dem Fahrrad zu einem entfernteren, aber dafür größeren Park. Dieser lag nicht unmittelbar an einer Hauptstraße und dort fand ich die Ruhe, nach der ich mich so sehnte.

Trotz der vielen Zeit für mich fiel es mir schwer, einen klaren Gedanken zu fassen, geschweige denn eine Antwort darauf zu finden, was ich tun sollte. Zumindest war klar: Mein neuer Job und meine neue WG hatten ganz offensichtlich keine Besserung gebracht. Die Ursachen mussten also woanders liegen. Tiefer verborgen. Doch wie würde ich dorthin finden?

In Hamburg sagt man Tschüss

Da ich meinem neuen Arbeitgeber keine genaue Antwort geben konnte, wann ich zurückkommen würde, erhielt ich einen Tag nach unserem zweiten Gespräch das Kündigungsschreiben – noch während meiner Probezeit. Anstatt es ihm übel zu nehmen, bestärkte es mich nur darin, meinem Job, meiner WG und meinem Leben in Hamburg endgültig Tschüss zu sagen. Somit war die Entscheidung gefallen.

Den Mut, alle Sicherheiten aufzugeben und den Sprung ins Ungewisse zu wagen, schenkte mir von Neuem die Natur. Denn seit dem Surfurlaub in Frankreich trug ich ein Gefühl in mir, das mich zu mir hat kommen lassen. Der Blick für das Wesentliche hatte sich geöffnet. Das verschwommene Bild war klarer geworden – genau wie mein inneres Gefühl. In Frankreich hatte ich mich mir so nahe wie schon lange nicht mehr gefühlt – vertraut und behütet. Und alles, wovon ich zu dem Zeitpunkt umgeben war, waren eine gute Freundin und reine Natur.

Zurück auf dem Land

Nachdem ich Hamburg verlassen hatte, ging es mit mir und meiner Gesundheit schlagartig bergauf. Nach nur einem Monat fühlte ich mich bereits wieder so gut wie lange nicht mehr. Untergekommen war ich bei meinen Eltern, die in einem Haus auf dem Land leben. Da war ich also: Zurück im Frankenland und in meinem alten Kinderzimmer.

Für mich war es eine positive Rückkehr. Ich hatte viel Zeit, um abzuspannen und mich mit mir und meinen Wünschen auseinanderzusetzen.

Jeden Tag ging ich spazieren und während ich anfangs bereits nach wenigen hundert Metern erschöpft war, konnte ich von Mal zu Mal immer weitere Strecken gehen.

Besonders viel Zeit verbrachte ich vor allen Dingen im Wald. Ich liebte es, ziellos zwischen den Bäumen umherzustreifen und hatte bald ein paar Lieblinge gefunden, unter denen ich besonders gerne saß. Der Waldduft, der seine vielen ätherischen Öle verströmt, die reinigende Luft und das wohlige Gefühl, das sich im ganzen Körper und der Seele ausbreitet, hatte auf mich eine spürbar heilende Wirkung.

Ich mach mein Ding

Als ich nach einiger Zeit genug Kräfte gesammelt hatte, war ich bereit, einen neuen Weg zu beschreiten. Raus aus dem Kokon und rein in die Welt voller Möglichkeiten und Abenteuer. Mein Beschluss, was ich tun wollte, war so klar wie ein wolkenfreier Wintertag: Ich würde mich selbstständig machen! Endlich wollte ich es wagen.

Denn zurück ins Angestelltenverhältnis zu gehen, kam für mich nicht mehr infrage. Allein beim Gedanken daran zog sich mein Herz zusammen und ein Unwohlsein machte sich in meinem ganzen Körper breit.

Nein, ich wollte selbst bestimmen, was ich mache, wann und mit wem. Meine Zeit wollte ich sinnvoll nutzen. Ich hatte genug davon, fremdbestimmt zu sein oder unnötige Aufgaben zu erledigen. Es war längst überfällig, mein eigenes Tempo zu gehen, meine eigenen Ideen zu verwirklichen und nach meinen Werten zu handeln.

Die große Frage war nur: Mit was? Ich hatte absolut keine Ahnung und kein Gefühl dafür, was „mein Ding“ war.

Viel zu schnell meldete sich mein Oberstübchen zu Wort und versuchte mir einzutrichtern: „Bist du eigentlich bescheuert? Wir sind hier doch nicht bei 'Wünsch-dir-was'." Oder auch: „Wann wachst du aus deinen Träumen endlich auf und kommst zurück ins reale Leben?"

Ganz offensichtlich hatte mein Verstand ausreichend Übung darin gehabt, mir jegliches Wunschdenken auszutreiben. Unverkennbar führte ich ein Leben, das fernab von mir und meinem eigentlichen Selbst war. Es wurde allerhöchste Zeit, zu mir zu kommen.

Zeit aufzuwachen

Ich stehe an der Klippe und lasse einen lauten Schrei los. Einen Jubelschrei. Dass ich hier in Portugal bin und auf neun wundervolle Tage mit meiner ersten Wandergruppe zurückblicke, beweist, dass Träume wahr werden können und ein glückliches, zufriedenes Leben möglich ist.

Meine Geschichte ist daher ein Abschied von Zweifeln, Unsicherheit und Fremdbestimmung. Von Schein, Unsinn und Vernunft. Aber auch von Lärm, Schmutz und Fremde.

Sie erzählt vom Erwachen und einem Neubeginn. Von Authentizität, Selbstwert und Selbstbestimmtheit. Von Freiheit, Unvernunft und Spontanität. Und nicht zuletzt von Naturwundern, Stille und ganz viel Gefühl.

Wie ich dorthin gekommen war, das möchte ich hier teilen.

2020 startete ich mit einer großen Portion Zuversicht. Zuversicht, die ich durch viel Zeit mit mir und in der Natur gewonnen hatte. Der Wald, die Tiere und die Ruhe haben mich aus der Versenkung geholt. Sie haben mir Mut gemacht und gezeigt, was ich brauche, um glücklich zu sein. Mit neuen Energien, klareren Gedanken und hinzugewonnenem Vertrauen machte ich mich auf, Schritt für Schritt meiner inneren Stimme zu folgen.

Das brachte mich nach Stuttgart auf eine der größten Touristikmessen Deutschlands. Zur Einstimmung lauschte ich einem Vortrag über

„Vanlife", in dem es um ganz viel Freiheit, Unabhängigkeit und Selbstbestimmtheit ging. Als ich anschließend mehrere Kastenwagen-Hersteller besuchte, träumte ich sofort heimlich davon, einen davon mein Eigen nennen zu können. Schlüssel rein, Motor an und losfahren. Ohne Ziel und wohin es mich treiben würde – genauso, wie es die gleichaltrige Frau vom Vortrag gemacht hatte.

Nachdem ich mit einem reiselustigen Paar ein angeregtes Gespräch übers Campingglück geführt hatte, machte ich mich auf den Weg zu den Ständen der verschiedenen Reiseagenturen. Und plötzlich stand ich da, an dem Stand der Reiseagentur, die mein Leben auf den Kopf stellen sollte.

Bereits ein Jahr vorher hatte ich mit einer der Reiseleiterinnen des Unternehmens gesprochen. Sie ist, so wie ich, studierte Geografin und dazu freie Journalistin sowie Reisebuchautorin. Für mich war diese Frau die Inspiration in Person, und dass sie sich damals über eine Stunde Zeit für mich genommen und geduldig meine Fragen beantwortet hatte, war sicherlich ein Grund, warum ich nun hier war.

Ich hatte das große Glück, dass einer der erfahrensten Trekkingreiseleiter am Messestand war und sich viel Zeit nahm, um meine Fragen zu beantworten. Kaum, dass wir in ein mitreißendes Gespräch verwickelt waren, fielen mir seine leuchtenden Augen und die Leidenschaft auf, mit der er von seinem Beruf sprach. Er erzählte, was es bedeutet, als Reiseleiter zu arbeiten und auch, wie es bei ihm angefangen hatte.

Der Ausstoß von massenhaft Glückshormonen sowie meine überschwängliche Begeisterung blieben offenbar nicht verborgen. Seine letzten Worte werde ich deshalb nie vergessen: „In deinen Augen sehe ich dasselbe Leuchten wie bei mir damals. Ich denke, ich sollte dich jemandem vorstellen."

Was dann geschah, hätte ich mir in meinen verrücktesten Träumen nicht ausmalen können. Er ging zu seiner Kollegin und nachdem sie einige Worte gewechselt hatten, wandte sie sich mit einem Lächeln zu mir. Ich erfuhr, dass sie die Reiseleiterkoordinatorin war und ich Glück hätte, denn sie wäre in der ganzen Woche nur an zwei Tagen vor Ort. Wir unterhielten uns und zum Schluss fragte sie mich, ob ich Lust und Zeit hätte, in zwei Tagen nach München zu kommen. Dort würde der Bewerbertag stattfinden, zu dem sie mich gerne einladen möchte.

Was für eine Frage: Natürlich hatte ich das!

Abenteuer liegt in der Luft

Ich spürte die Anspannung mit jeder Faser meines Körpers. Was würde mich erwarten und auf welche anderen Bewerber würde ich treffen? Schließlich öffnete ich die Tür ins Ungewisse und betrat die Reiseagentur.

Sofort befand ich mich in einer Atmosphäre voller Leben, Abenteuer und Offenheit. Hier fühlte ich mich direkt wohl.

Wir waren eine überschaubare Runde aus neun Leuten – Frauen und Männer verschiedenen Alters. Was mir auffiel: Alle brachten sie deutlich mehr Erfahrung und Qualifikationen mit als ich. Sie waren Bergführer, Wander- und Trekkingreiseleiter oder Studien-Reiseleiter. Alle mit beruflicher Praxis und entsprechenden Ausbildungen. Da kam ich mir mit meiner Ausbildung zur Wildkräuterpädagogin leicht niedlich vor. Weder hatte ich einen 4.000er bestiegen noch professionell eine Wandergruppe geführt. Die Expertise und vor allem praktischen Erfahrungen meiner Mitbewerber schüchterten mich deshalb gehörig ein.

Im Bewerbungsprozess mussten wir immer wieder kleine Aufgaben erfüllen. Zum Beispiel spontan Vorträge halten oder für fiktive Ereignisse eine Lösung finden. Ich war mit meiner eigenen Leistung insgesamt zufrieden. Immer, wenn ich die anderen hörte, war ich von ihrem Know-how und großen Wissensschatz allerdings so schwer beeindruckt, dass ich mir im Vergleich zu ihnen immer geringere Chancen ausrechnete.

Ich stellte mich darauf ein, wie unrealistisch es sein würde, zu einer der wenigen Auserwählten zu gehören. Ich tröstete mich damit, dass ich mir noch mehr Erfahrung und Wissen aneignen müsste und mich in ein bis zwei Jahren einfach nochmal bewerben würde. Dass ich überhaupt eingeladen wurde, war ohnehin schon Erfolg und Wunder genug gewesen.

Im anschließenden Gespräch bestätigte sich mein Eindruck. Ich müsste noch etwas mehr Erfahrung sammeln und mir wurde die Teilnahme an einer Ausbildung zur Wander- und Trekkingreiseleiterin ans Herz gelegt. Die Aussage, dass sich die Reiseleiterkoordinatoren mich gut im Team vorstellen könnten, freute mich natürlich sehr. Auch dass ihnen meine fröhliche Art positiv aufgefallen war, würde jede Absage erträglich machen. Das positive Feedback gab mir den Mut und die Gewissheit, dass ich auf dem richtigen Weg war. Allein dafür hatte es sich schon gelohnt. Spätestens in zwei bis drei Tagen würde ich eine Rückmeldung bekommen, hieß es.

Zurück auf der Straße konnte ich nicht leugnen, dass nach wie vor eine kleine Flamme der Hoffnung in mir flackerte. Zu sehr wünschte ich mir, Teil dieses Teams und dieser Welt zu werden.

Einen Tag später dann der Anruf.

Und ehe ich es überhaupt begreifen konnte, war ich offiziell Wanderreiseleiterin!

Der Anruf war so irreal wie die Chancen, die ich mir ausgemalt hatte. Alles ging so schnell, dass ich gar nicht wusste, was passiert war.

Tatsächlich hatte ich den so scheinbar unerreichbaren Traumjob für die Reiseagentur, die für mich die Krönung allem Vorstellbaren ist, ergattert. Ich fühlte mich, als würde in dem Moment ein komplett neues Kapitel in meinem Leben beginnen.

Dass die Agentur auch noch eine Reiseleiterin für ihre Portugal-Wanderreise „Wellen, Wind und Weite“ suchte, war der Abschuss alles Möglichen. Das konnte einfach kein Zufall sein. Denn als leidenschaftliche Surferin und Sonnenkind stand Portugal ganz oben auf meiner Wunschliste.

Sprung ins kalte Wasser

Auch wenn Corona meiner jungen Selbstständigkeit als Wanderreiseleiterin einen gehörigen Strich durch die Rechnung gemacht hatte und meine ersten drei Touren ins Wasser gefallen waren, freute ich mich umso mehr, als ich im Oktober meine allererste Tour führen durfte. Die monatelange Vorbereitung und die nie endende Hoffnung hatten sich doch noch gelohnt.

Die Anspannung war besonders groß, denn auch meine Einarbeitungstour war Corona zum Opfer gefallen. So musste ich die 7-köpfige Gruppe im Alleingang auf mir noch unbekannten Wegen und durch fremde Ortschaften führen. Ganz unüblich zum normalen Ablauf der Reiseagentur. Doch wo war in dem Jahr noch irgendetwas normal?

Glücklicherweise machte sich meine intensive Planung und Vorbereitung bezahlt. Ebenso wie die Ausbildung zur Wander- und Trekkingreiseleiterin, die vor meiner Reise stattfinden konnte.

Dann war es endlich soweit. Der Tag, an dem ich nach Portugal fliegen sollte, war gekommen.

Der Abflug bedeutete für mich aber noch viel mehr als nur einen Flug. Für mich war es ein Zurücklassen von Anspannung, Ängsten und Ungewissheit. Alles, worauf ich in den letzten Monaten hingearbeitet hatte, erhielt nun einen Sinn. Und allmählich fing ich an zu realisieren, dass mein Traum Wirklichkeit werden würde. Eine große Last fiel von meinen Schultern. Erleichterung und Vorfreude machten sich breit. Der dreistündige Flug verging im Nu, und als die Maschine in Lissabon landete, machte sich das erste Mal Aufregung bemerkbar.

Portugal – Wanderfreuden und kleine Challenges

Schnell war mir klar, welche zwei Münchner Ladies zu meiner Reisegruppe gehörten – niemand sonst war so vorbildlich fürs Wandern gekleidet wie sie. Nachdem ich beide nach Verlassen des Shuttle-Busses mit Namen ansprach, waren sie erstaunt, dass ich sie erkannt hatte. Die Hausaufgaben zu machen, hatte sich also schon mal gelohnt.

Am Ausgang wartete der lokale Reiseagent zusammen mit einem Teil der restlichen Gäste. Die anderen zwei Gäste würden wir beim Abendessen im Hotel treffen. Der Agent, zu 100% Portugiese, hätte mit mir eine Einarbeitungsreise durchgeführt. Wegen Corona gab er mir nun am Flughafen eine kurze Einweisung und würde mir ansonsten telefonisch zur Seite stehen.

15 Minuten und ein herzliches Willkommen vom Busfahrer später, rollte der Bus auch schon los und mit ihm fünf neugierige Gesichter, die mich erwartungsvoll ansahen.

Jetzt war also der Moment gekommen. Ich begrüßte die Gruppe, ganz so wie ich es in der Ausbildung geübt hatte. Die Begrüßungsworte auszusprechen und das Briefing für den restlichen Tag zu geben, löste bei mir Gänsehaut und ein überschwängliches Glücksgefühl aus. Ich konnte es noch gar nicht wirklich fassen, was passierte.

Wir überquerten die berühmte Vasco de Gama-Brücke, die 17,2 Kilometer über den Tejo reicht und die längste Brücke Europas ist. Beeindruckt blickten nicht nur die Teilnehmer auf das eindrucksvolle Bauwerk und die massive Ausdehnung des ins Meer mündenden Tejo.

Mit unserem Fahrer, der uns mehrere Tage begleiten würde, verstand ich mich auf Anhieb gut. Aus erster Hand erfuhr ich alles Mögliche über die Stadt, die Umgebung und das Land, aber auch über seine Leidenschaft für Motorräder.

Wir verließen Lissabon und durchquerten das Umland, bis wir spätabends das im Hinterland gelegene Naturhotel erreichten. Es war bereits 20 Uhr, sodass der eine oder andere Magen unüberhörbar knurrte.

Das am Mittag angereiste Pärchen wartete schon am gedeckten Tisch auf unsere Ankunft. Die Stimmung war trotz der leichten Strapazen gut. Auch wenn der Abend nicht allzu lange verlief, wurden die Gäste schnell miteinander warm. Drei der Teilnehmer hatten besonders viel Quatsch im Kopf und dazu einen ansteckenden Humor. Das Schicksal hatte es offenbar gut mit mir gemeint.

Als ich nach Mitternacht das Licht ausknipste, schlief ich mit dem zufriedenen Gefühl ein, dass das ein wunderbarer Start in eine tolle Reise war. Ich war schon sehr gespannt auf die kommenden acht Tage.

In den ersten Tagen lernte sich die Gruppe in aller Ruhe kennen, konnte auf Tuchfühlung mit dem Land gehen und vom Alltagsstress abschalten. Das Hotel lag etwas abgeschieden außerhalb eines kleinen Dorfes, das zu Fuß über eine staubige Straße erreichbar war. Verkehr gab es nicht allzu viel und auch sonst schien das Leben hier spürbar langsamer zu verlaufen als in Deutschland. Auf dem ausgedehnten Grundstück des Hotels befand sich eine kleine Orangenbaumplantage. Vereinzelt wuchsen Granatapfelbäume, deren Früchte rechtzeitig zu unserer Ankunft reif waren. Dass die Herzen der Hotelbesitzer für das Land, die Natur und ihre geliebten Lusitano-Pferde schlugen, war nicht zu übersehen. Die Gebäude waren eindrucksvoll gebaut und eingerichtet worden – mit einer Mischung aus portugiesischer Ursprünglichkeit und Eleganz. Die Lebensmittel, die

die Köchin genussvoll zubereitete, waren alle frisch und aus der Region. Und auch im fußläufig erreichbaren Pferdestall wurden die prachtvollen Tiere verwöhnt. Da schlug bei den Gästen das eine oder andere Reiterherz besonders hoch. Die Gruppe kam in den Genuss einer Pferdeshow und auch die jungen Buben der Familie sorgten mit ihrem Vater und ihren portugiesischen Gitarren für ein unterhaltsames Freiluft-Konzert.

All die vielen, neuen Eindrücke konnte ich zu dem Zeitpunkt noch gar nicht richtig verarbeiten. Zu voll war mein Kopf mit Dingen, die ich erledigen musste: Hier ein Vortrag, da ein Anruf, die Wanderrouten und Reservierungen nochmal abchecken, überlegen, wo sich eine Mittagspause anbieten könnte, abklären, was für das Abendessen geplant war und ob auch Vegetarier auf ihre Kosten kommen würden.

Von schlechter Laune oder sonstigen Herausforderungen blieb ich glücklicherweise zunächst verschont. Doch bevor ich mich umgucken konnte, kam eins nach dem anderen. Schließlich war ich aber auch nicht zum Urlaubmachen hier.

Das Programm sah ein gemeinsames Abendessen vor. Die Tische waren bereits reserviert, sodass wir nur noch zum Restaurant laufen mussten. Eigentlich keine so schwere Sache. Eigentlich ...

Denn kaum hatten wir die staubige Straße vor dem Hotel betreten, sauste ein Auto an uns in Richtung Dorf vorbei – also genau dorthin, wo wir auch hinwollten. Das weniger Erfreuliche daran war, dass das Auto eine ziemlich dichte Staubwolke aufwirbelte und eine nicht enden wollende Staubwolkenspur hinter sich herzog. Immerhin würden wir das Dorf so zumindest nicht verfehlen. Also: Nasen- und Mundschutzmasken auf und los.

Zwei Gästen gefiel das deutlich hörbar weniger gut. Fieberhaft überlegte ich, wie ich die Situation entschärfen könnte. Eine Alternativroute gab es nicht und warten, bis vielleicht das nächste Auto um die Ecke kam, wäre auch eine unnötige Warterei gewesen. Ich versuchte es mit Verständnis und gutem Zureden. Und als das nicht half, mit Humor. Nachdem diese und weitere Versuche gescheitert waren, sah ich ein, dass ich in dem Moment auch nichts mehr tun konnte. Als wir uns, im Dorf angekommen, gemeinschaftlich abstaubten, waren die meisten Gemüter zum Glück wieder erheitert. Und so schlimm war es letztlich auch nicht gewesen. Schließlich war die Strecke, die wir auf der Staubstraße zurücklegen mussten, weniger als einen Kilometer lang.

Ich navigierte die Gruppe weiter zum auf *Google Maps* eingezeichneten Restaurant. Als wir dort ankamen, schaute ich allerdings irritiert auf mein Handy, dann vor mich, wieder auf mein Handy und von Neuem auf das jämmerliche Fleckchen Erde vor mir. Hier soll also mal ein Restaurant gestanden haben. Aber wohl kaum das, in dem heute Abend für uns Tische reserviert waren. Mist. Ich hatte doch vorher extra mit dem Reiseagenten die Koordinaten ausgetauscht!?

Während die Gruppe wartete, rannte ich die Straßen auf und ab, doch im nahen Umkreis war weit und breit kein einziges Restaurant zu finden.

Der Nase nach und mit der Unterstützung eines Gastes gingen wir weiter dorfauswärts. Wir waren zwar noch nicht zu spät, aber wo das Restaurant war, wollte ich schon gerne wissen. Außerdem wurde die Gruppe langsam unruhig und fing an zu diskutieren.

Eine ältere Dame, die ich nach dem Weg fragte, redete wie ein Wasserfall auf mich ein. Nur leider verstand ich kein einziges Wort. In dem Moment meldete sich der Reiseagent zurück. Wir klärten den Irrtum auf und dem richtigen Weg folgend, saß die Gruppe wenige Minuten später auf der Terrasse des Restaurants.

Auf den kleinen Stressmoment gönnte ich mir ein Glas Wein, und auch die Runde wurde dank Wein und Bier immer lustiger und lockerer. Für Gesprächsstoff war gesorgt und zu lachen gab es sowieso ausreichend.

Ganz ohne schlechtes Gefühl ging ich an dem Abend trotzdem nicht ins Bett. Fortan gab ich mir daher noch mehr Mühe, auf möglichst viele Eventualitäten vorbereitet zu sein.

Wir waren jeden Tag draußen unterwegs und wanderten mehrere Stunden am Stück. Hauptsächlich entlang von Steilküsten, aber auch durch Eukalyptus- und Korkeichenplantagen. Das Wetter war auf unserer Seite und so konnten wir die herrliche Wärme und Sonnenstrahlen in vollen Zügen genießen. Während unserer Küstenwanderungen begleiteten uns die Westwinde, die für genau die richtige Wandertemperatur sorgten. Wo es möglich war, machten wir am Strand eine längere Pause, damit eine Abkühlung in den Fluten des Atlantiks nicht zu kurz kam. Auch ich ließ es mir nicht nehmen, in die hereinbrechenden Wellen zu springen. Seit Langem war ich meinem liebsten Element, dem Wasser, wieder ganz nahe. In dem Moment schienen alle Sorgen, Ängste und Wunden weit in der Vergangenheit zu liegen. Mein Körper und Geist waren hellwach und fühlten sich wie ein junger Welpe, der das erste Mal ins Wasser springt. Und genauso verhielt ich mich auch. Sehr zur Freude einiger Gäste.

Während unserer Strandwanderungen lief ich häufig barfuß. Das Piksen und Stechen der Hölzchen und Disteln ließ mich die Natur und das Hier und Jetzt intensiv wahrnehmen. All das und viel mehr waren klitzekleine Momente. Doch sie erweckten mich zum Leben und schenkten mir unentwegt neue Kraft.

Da es bei der Wanderreise nicht nur darum ging, die Gruppe auf den Wanderrouten entlangzuführen, sondern auch mehr über Land und Leute zu erzählen, schob ich immer wieder kurze Vorträge ein. Ich berichtete über die Geologie, die Landeskultur, Geschichte, Religion oder auch die vorherrschende Flora und Fauna. Je nachdem, wo wir uns gerade befanden. Außerdem gab es immer wieder Zeit für Sightseeing, zum Baden, Fotos schießen oder auch, um sich einfach nur treiben zu lassen. Wir durchstreiften kleine Örtchen, besuchten Manufakturen und aßen die leckersten Fischspezialitäten. In Arrifana beobachteten wir Surfer, wo ich es mir nicht nehmen ließ, eine kleine Einführung in die Surfkultur und -kunde zu geben und meine Begeisterung dafür zu teilen. Eins stand für mich fest: Ich hatte den besten Job der Welt.

Die Gruppendynamik entwickelte sich von Tag zu Tag besser. Es verging keine Stunde, in der es nichts zu lachen gab. Und je mehr herumgealbert wurde, desto mehr freute es mich und desto dankbarer war ich für diese erste Wandertour-Erfahrung.

Auch wenn ich die Touren bislang nicht selbst gegangen war, fand ich mich gut zurecht, und auch die nicht immer klar gekennzeichneten Wanderwege meisterte ich, ohne alle komplett ins Nirgendwo zu schicken.

Mein Anspruch, alles perfekt zu machen, führte – Fluch oder Segen – dazu, dass ich fast rund um die Uhr arbeitete. Ich recherchierte, wo es nötig war, und überarbeitete meine Vorträge. Auch gab es immer wieder das eine oder andere zu organisieren, Öffnungszeiten nachzuschauen, Pausen einzuplanen und überhaupt die Tagesabläufe anzupassen. Hinzu-kam, dass ich die Corona-Auflagen im Auge behalten musste, sowohl in Deutschland als auch in Portugal. Wo es ging, unterstützte mich die lokale Reiseagentur tatkräftig.

Mit wenig Schlaf auszukommen, permanent ansprechbar und aufmerksam zu sein, war eine neue Erfahrung, der ich mich stellen musste. Das Erstaunliche aber war: Es machte mir nichts aus. Die Natur an meiner Seite und jeden Tag mittendrin zu sein, blies den Stress hinfort wie der Wind meine ausgebreiteten Unterlagen. Anstatt genervt oder überfordert zu sein, fühlte ich mich ausgeglichen und energiegeladen. So konnte ich die Tage gut gelaunt meistern und das Draußen- und Aktivsein mit der Gruppe genießen. Eine nicht unwesentliche Rolle spielte dabei die unterhaltsame Gruppe sowie das tolle Team – angefangen bei der Reiseleiterkoordinatorin über den Projektmanager, dem lokalen Reiseagent, den Fahrern bis hin zum Hotelpersonal.

Wanderungen an der Algarve-Küste

Unser Busfahrer brachte uns am fünften Tag in die Algarve-Hauptstadt Lagos. Von einem gemütlichen Landhaus ging es in ein großes Hotel, bei dem alle Zimmer weit auseinander lagen. Die persönliche Note ging dadurch etwas verloren, doch dafür hatte ich etwas mehr Zeit für mich. Das lag aber vermutlich auch an der mittlerweile eingekehrten Routine.

Wir erkundeten die hübsche und direkt am Meer liegende Stadt sowie die sehenswerte Umgebung. Die Wanderungen waren anders als die der ersten Tage: Während wir im Alentejo die Weite und Einsamkeit erfahren hatten, war es an der Algarve lebhafter und bebauter. Dadurch aber keinesfalls weniger schön.

Von Land und auch vom Wasser aus näherten wir uns beeindruckenden Felsformationen und -höhlen, die der Titanic oder einer Elefantenherde glichen. Wir durchstreiften Dörfer und rasteten meist dort, wo es köstlichen „Galao“ (portugiesischer Milchkaffee) zu trinken gab.

Am Praia Marinha, einer der zehn schönsten Strände Europas, ließen wir es uns nicht nehmen, den Strand zu belagern und baden zu gehen. In Silves erlebten wir hautnah die maurische Kultur und in Lagos machten wir uns auf Spurensuche nach den Eroberern und Entdeckern der damaligen Zeit.

Am südwestlichsten Punkt Europas herrschte eine besondere Atmosphäre. Bis zu der Zeit von Kolumbus hatte man noch geglaubt, dass sich hier das Ende der Welt befinden würde. Dass wir heute schlauer sind, beweist ein Wurststand mit der „letzten Bratwurst vor Amerika“. Ein Hoch auf den zivilisatorischen Fortschritt!

Das Abschiedsabendessen in Lagos werde ich nie vergessen. Bei mir machte sich tatsächlich gehörig Abschiedsschmerz bemerkbar. Umso mehr, da es wieder sehr viel zu lachen gab. Ich genoss jeden Moment und stellte wie schon all die Tage vorher fest, wie fröhlich ich doch war. Dass der mittlerweile so gewohnte Tagesablauf mit der Gruppe von jetzt auf gleich enden würde, kam mir seltsam vor. Dennoch freute ich mich auch darauf, wieder mehr Zeit für mich zu haben und noch einige Wochen in Portugal und mit Surfen verbringen zu können.

Was ich lernte

Nachdem die neun Tage ohne eine Minute für mich und dem ständigen Tun und Organisieren zu Ende gegangen waren und das völlig ohne anschließendes Erschöpfungstief, wusste ich: Das ist mein Ding!

Ich konnte den ganzen Tag draußen sein, umgeben von beeindruckenden Landschaften und kraftvoller Natur. Ich durfte wandern und aktiv sein und das meinen Job nennen, mit dem tollsten Team, das ich mir vorstellen konnte. Entscheidungen durfte ich alleine treffen und Verantwortung für eine ganze Gruppe tragen. Es wurde nicht zu schnell gereist und man hatte Zeit, anzukommen.

Was ich aus der Erfahrung der letzten Wochen und Monate mitnahm: Kaum, dass ich meine Komfortzone verlassen hatte, war ich zu neuem Leben erwacht. „Immer der Angst nach und im Einklang mit der Natur sein“, hatte sich für mich ausgezahlt.

Der Sprung ins kalte Wasser war für mich eine große Herausforderung gewesen. Dass ich immer alles perfekt machen möchte, ist vermutlich mein größter Stolperstein, mit dem ich mir mein Leben oftmals etwas schwerer als nötig mache. Auf der anderen Seite hat es mich dorthin gebracht, wo ich jetzt bin.

Nichtsdestotrotz durfte ich während der Tour lernen, dass ich mir noch mehr vertrauen darf und eine natürliche, begeisterungsfähige Art mindestens genauso wertvoll ist wie eine „perfekte" Planung. Und wenn es in einer Rückmeldung heißt: „Uns hat besonders ihre fröhliche und freundliche Art gefallen", dann weiß ich, dass ich durchaus einiges richtig gemacht habe.

Die größte Lehre aber, die ich während der letzten eineinhalb Jahre machen durfte, war keine andere, als der Natur mein Herz zu schenken, um mein eigenes (wieder)zu finden.

Seitdem die Natur mich daran erinnert hat, wer ich bin und was ich kann, hat sich mir eine neue Welt eröffnet. Eine, aus der ich nicht mehr zurückkehren möchte.

........................Mein Fazit für dich........................

Mein größtes Learning auf der Tour:

Es wagen, vertrauen und das tun und leben, was ich liebe und mich begeistert.

Deshalb war die Tour so wichtig für mich:

Sie hat mir gezeigt, dass ein aktives und naturverbundenes Leben möglich ist und dass das nicht auf vereinzelte Urlaube oder Auszeiten limitiert sein muss.

Diese Fähigkeiten habe ich gelernt oder gestärkt:

(Selbst-)Vertrauen, Verantwortung, Organisation, Flexibilität und überschwängliche Lebensfreude.

Das durfte ich über mich lernen:

Es ist in Ordnung, nicht alles perfekt zu machen oder zu wissen.

Das konnte ich über die Natur lernen:

Sie ist immer für mich da und schenkt mir die nötige Ruhe, Leichtigkeit und Erfüllung, wenn ich mich überfordert fühle.

Das kann ich dir mitgeben:

Folge deinem Gefühl und deiner inneren Stimme, geh raus und nimm die Natur mit all deinen Sinnen wahr, um im Jetzt und bei dir anzukommen. Mach den Schritt durch deine Angst hindurch und lass dich überraschen, was das Leben dahinter an besonderen Erfahrungen und erwachten Gefühlen bereithält.

Valeska von Karpowitz

Bereits als Kind war Valeska von der Schönheit der Natur fasziniert und mag nichts mehr, als draußen unterwegs zu sein. Ihr Geografiestudium war der Startschuss zu zahlreichen Reisen rund um die Welt. Valeska liebt mitreißende Landschaften, Kulturen, Geschichten und die pure Lebensfreude, die sie am liebsten mit anderen teilt. Entweder als Wanderreiseleiterin oder Texterin und freie Journalistin.

Seit 2020 lebt Valeska im wunderschönen Oberallgäu, wo sie die überwältigend schöne Natur rund um die Uhr genießt. Sportlich tobt sie sich besonders gerne beim Wandern, Klettern oder Biken aus. Was ihr im Allgäu außerdem sehr gefällt: Die herzliche, offene, fröhliche und naturverbundene Art der Menschen, die ihr bisher begegnet sind.

www.welt-entdeckerin.de

www.vvk-photography.com

Nächtliche Grenzerfahrung

Bergsteigertour, Georgien, August 2019

von Melanie Lenz

„Melli, Georgien ist eines der schönsten Länder, die ich jemals bereist habe. Du musst dorthin!"

So beendet mein viel gereister Cousin an Weihnachten 2018 den kurzen Reisebericht seines 10-tägigen Georgien-Urlaubs und weckt damit mal wieder mein Fernweh – ein sowieso schon ständiger Begleiter in meinem Leben.

Georgien? Wo liegt das eigentlich? Bisher habe ich nur vereinzelt von Reisenden gehört, die schon dort gewesen sind. Eine Freundin war in Georgien zum Skifahren, mein Cousin war überwiegend für die Kultur und zum Wandern dort. Das heißt, es musste zumindest ein paar Berge geben.

Zurück zu Hause in Ludwigsburg erzähle ich meinem Freund Alex von dem Reisebericht. Ein kleines Funkeln ist in seinen Augen zu erkennen, als er sagt: „Georgien liegt direkt am Kaukasus und mittendrin der über 5.000 Meter hohe Kasbek."

Jetzt funkelt es auch in meinen Augen. Seit wir uns vor drei Jahren kennengelernt haben, verbindet uns die Leidenschaft für das Bergsteigen, und ich glaube, wir haben uns noch nie so schnell auf das nächste Gipfelziel geeinigt wie in diesem Moment.

Als erstes der Blick auf die Karte: Georgien liegt oberhalb von Armenien und der Türkei, grenzt im Westen an das Schwarze Meer und im Osten an Aserbaidschan. Die Grenze zu Russland im Norden verläuft quer durch das Kaukasusgebirge. Es leben ca. 3,7 Millionen Menschen in Georgien, ein Drittel davon in der Hauptstadt Tbilissi. Die ehemalige Sowjetrepublik ist heute eine demokratische Republik mit Präsidialsystem und hat ungefähr die Größe von Bayern.

Soweit, so gut. Was der Reiseführer außerdem verrät: Georgien zählt zu den ältesten Regionen der Welt, in denen Wein kultiviert wird. Wein ist damit auch heute noch ein zentraler Bestandteil der georgischen Kultur.

Darüber hinaus wird die Vielfalt der geschmacklich einzigarten Küche Georgiens beschrieben, die außergewöhnlichen Landschaften und die herzlichen und gastfreundlichen Menschen. Was kann ich mir für eine Reise mehr wünschen, das klingt wunderbar!

Unser Ziel, der Kasbek, ist mit seinen 5.047 Metern der dritthöchste Berg in Georgien und der achthöchste des Kaukasus. Umgeben von Gletschern und sowohl permanenten als auch temporären Schneefeldern, handelt es sich um einen erloschenen Vulkankegel. Auf 2.170 Metern befindet sich die kleine Gergetier Dreifaltigkeitskirche, welche im 14. Jahrhundert erbaut worden und unter anderem als außergewöhnlich schönes Fotomotiv bekannt ist. Sie ist auf einigen georgischen Reiseführern als Titelbild zu finden. Außerdem spielt der Kasbek eine Rolle in der griechischen Mythologie: Prometheus hatte den Göttern unerlaubterweise das Feuer entwendet und den Menschen gegeben. Zur Strafe wurde er an den Gipfel gekettet und ein Adler fraß jeden Tag ein Stück aus seiner immer wieder nachwachsenden Leber, bis er von Herakles gerettet wurde.

Die Geschichte kommt mir bekannt vor, dass es sich dabei um genau diesen Berg handelt, wusste ich bisher jedoch nicht.

Die schwäbische Packliste

Wir planen unsere Reise für August. Besonders im Sommer ist die Wahrscheinlichkeit, ein gutes Wetterfenster zur Besteigung eines so hohen Berges zu erwischen, am höchsten. Zur Vorbereitung auf die große Tour heißt es vor allem: richtig packen. – Möglichst leicht. Möglichst platzsparend. Möglichst sinnvoll. Das bedeutet für uns: Zahnbürsten absägen. – Okay, das ist vielleicht ein bisschen übertrieben, aber schon allein, weil sich sämtliche unserer Freunde und die Familie darüber amüsieren und es ein grandioses Bild unseres Gepäcks abgibt, sägen wir die Zahnbürsten trotzdem ab. Auf Isomatte, Schlafsäcke und Zelt können wir bei der geplanten fünftägigen Bergtour natürlich nicht verzichten. Das Schöne ist, dass in Georgien das Wildcampen überall erlaubt ist – warum also nicht auch mal fernab des Kasbek die Zelte aufschlagen?

Die Kleidung wird auf das Notwendigste reduziert. Zipper-Hose, lange Unterhose, dicke Socken. Für mich mindestens zwei paar dicke Socken. Füße und Hände werden bei mir am schnellsten kalt, und wenn der Zeitpunkt gekommen ist, kann mir das den Spaß am Bergsteigen ziemlich schnell vermiesen.

Sport-BH, Funktionstop, Wechselshirt. Insbesondere das Wechselshirt ist sehr wichtig, da es bei Nässe – z. B. durch Schweiß – schnell zu Unterkühlungen kommen kann. Langarmshirt, Fleecepullover, Daunenjacke, Hardshelljacke, Mütze, Stirnlampe, Stöcke und die dicksten Handschuhe, die ich finden kann. Die Daunenhandschuhe lässt Alex zu Hause. Er schwitzt meistens am Berg, während mir vor Kälte die Knie schlottern. Unsere Bergstiefel haben die Kategorie C und sind damit steigeisenfest. Die Steigeisen werden wir zur Überschreitung des Gletschers auf unserer Tour brauchen. Weitere Ausrüstung wie Seil, Gurte und Eispickel wollen wir in Georgien leihen, um nicht alles von Deutschland aus mitnehmen zu müssen. Hierfür kontaktieren wir vorab per E-Mail verschiedene Tourenanbieter und einige der wenigen vorhandenen Outdoorläden in Tbilissi. Auch Gas für unseren Kocher können wir nicht im Flugzeug transportieren und hoffen, dass wir die richtige Kartusche vor Ort bekommen. Spannend für mich ist auch die Planung des Essens. Für mindestens fünf Tage werden wir Nahrungsmittel im Rucksack mitnehmen und können unsere Vorräte unterwegs nicht auffüllen. Auch hier geht es darum, möglichst leichte und doch viel energiespendende Lebensmittel auszuwählen. Wir packen Zip-Beutel mit Haferflocken für Porridge und decken uns außerdem mit

Curry-, Tomaten- und Waldpilzcremesuppenpulver ein. Um uns nicht nur von Haferflocken und Flüssigkeit zu ernähren, nehmen wir zusätzlich Couscous und eine Dose Thunfisch mit. Das Gericht zählt in diesem Fall schon zu den dekadenteren Speisen am Berg, da die Relation Gewicht zu Kalorien eher gering ausfällt. Kaffeepulver darf auch nicht fehlen, dazu ein paar Nüsse, Müsliriegel und eine Handvoll Magnesiumtütchen gegen den Muskelkater. Für den Aufstieg vor Ort nehmen wir jeder zwei große Wasserflaschen mit. Zusätzlich haben wir einen kleinen Wasserfilter dabei. Damit können wir Gletscherwasser oder Wasser aus einem Fluss durch den Filter in unsere Flaschen pumpen und problemlos trinken. Nur für den Fall landen noch Wasserreinigungstabletten im Gepäck. Auch die Reiseapotheke wird vollumfänglich – aber weiterhin auf das Nötigste reduziert – ausgestattet mit Pflastern, Paracetamol, Reisetabletten, Kohletabletten, Desinfektionsmittel und großen Mengen an Sonnencreme. Zusammen mit Taschenmesser, Campinggeschirr und Kocher kommt alles in unsere jeweils 50 Liter fassenden Rucksäcke.

Der Duft Georgiens

Im Schwabenländle steigen wir ins Flugzeug und betreten vier Stunden später, morgens um fünf Uhr das Land am Fuß des Kaukasus. Zunächst bleiben wir in Tbilissi und lassen es uns ein paar Tage gut gehen. Wir genießen die georgische Küche und den georgischen Wein.

Dann soll es in den Kaukasus, genauer gesagt in den Ort Stepandzminda, gehen. Für die Fahrt dorthin machen wir uns an der Didube Station auf die Suche nach dem richtigen Mashrutka. Mashrutkas sind in Georgien das öffentliche Verkehrsmittel schlechthin. Kleine Minibusse, die über Land sämtliche Orte miteinander verbinden und für die Georgier ein flexibles und meistens sehr zuverlässiges Transportsystem darstellen.

Das weiße Fahrzeug, das uns zum Ziel bringen soll, scheint ein ausrangierter Firmensprinter aus Deutschland zu sein, der nun ein neues Leben als Kleinbus im öffentlichen Verkehrsnetz von Georgien erfährt. Diesen Hinweis gibt mir zumindest das groß darauf gedruckte Logo der *Rohreinigung Müller* aus Unterfranken.

Wie in vielen asiatischen Ländern fährt der Bus erst los, wenn er voll ist. Wir schmeißen unsere Rucksäcke auf die freien Plätze, und da bisher nur zwei weitere Passagiere im Wagen sind, gehen wir also nochmal los, um uns an einem der Marktstände Snacks für die Fahrt zu kaufen. Ich entdecke eine kleine Bäckerei, in der wir Hefeteilchen mit Marmelade und mit Käse gefülltes Hefeteigbrot (Khachapuri) kaufen. Beides ist noch warm und ich kann es kaum abwarten, die Leckereien zu essen. Hefeteig und Käse werden in Georgien ganz groß geschrieben – für mich ist es jetzt schon der Duft Georgiens.

Wir schlendern über den kleinen Markt und überbrücken so die 20 Minuten Wartezeit, bis der Bus voll ist und die Fahrt losgeht. Bis auf zwei französische Backpackerinnen scheinen alle anderen Mitfahrenden georgisch zu sein.

Raus aus der Stadt geht es schnell auf schmalen Serpentinen steil nach oben, mitten ins Gebirge. Die sattgrünen Wiesen und steil aufragenden Berge, die uns umgeben, sind überwältigend. Die Landschaft sieht tatsächlich so aus wie das georgische Gebirgspanorama auf meinem Desktop-Hintergrund, den ich mir zur Vorfreude schon vor Monaten eingerichtet habe. Jetzt sind wir endlich mittendrin.

Auf dem Weg über die georgische Heerstraße passieren wir ein beeindruckendes Steindenkmal, das 1983 zu Ehren der 200-jährigen georgisch-russischen Freundschaft erbaut wurde. Darüber kreisen unzählige Gleitschirmflieger, die vermutlich gerade einen atemberaubenden Blick auf Georgien haben. Der Punkt „Gleitschirmfliegen“, welchen ich schon länger auf meiner gedanklichen Bucket List habe, wird in diesem Moment um ein weiteres Detail ergänzt: Gleitschirmfliegen über dem Kaukasus. Doch die Erfüllung dieses Traums muss warten, jetzt wird erst mal ein 5.000er bestiegen.

Nach zweieinhalb Stunden Fahrt kommen wir in Stepandzminda an. Das kleine Örtchen befindet sich direkt am Fuße des Kasbek. Viele Reisende kommen von Tbilissi für einen Tagesausflug hierher, um sich den Berg und die Umgebung mit Blick von der Dreifaltigkeitskirche anzusehen.

Als wir aus dem Fahrzeug steigen, wird mir beim ersten Blick um mich herum bewusst, dass dieser Ort viel zu magisch ist, um ihn nur an einem kurzen Nachmittag zu erkunden. Die Landschaft erstrahlt in einem unglaublichen Grün. Um uns herum ragt der Kaukasus mit seinem massiven Gebirgskamm und seinen Berggipfeln in die Höhe. Wir haben geplant, eine ganze Woche hier zu verbringen und den Kasbek in vier bis fünf Tagen zu besteigen. Obwohl die Sonne scheint, wird mir jedoch der Blick auf unser Ziel zunächst verwehrt, da der Gipfel des Berges von einer dicken Wolkenschicht umgeben ist.

In Stepandzminda gibt es eine kleine Hauptstraße mit Restaurants und Cafés. Kleine Sträßchen ziehen sich den Hang hinauf. Viele Gebäude sind entweder schon sehr alt oder beginnen zu verfallen. In Kontrast dazu, scheinen viele neue Hotelkomplexe und Gästehäuser gebaut zu werden. Mitten hindurch fließt der Terek. Ein kleiner, aber dennoch wilder Fluss.

Auf den gepflasterten Straßen ist nicht viel los. Nur vereinzelt sehen wir ein paar Reisende, meistens Pärchen mit Wanderrucksäcken. Von der kleinen Bushaltestelle machen wir uns auf in Richtung unserer Unterkunft. Auf dem Weg kommen wir an einem kleinen Tourenanbieter vorbei. Alex hat die Adresse des Ladens bereits vor unserer Reise im Internet recherchiert, da wir dort unsere Ausrüstung für die Hochtour ausleihen können. Das benötigte Equipment hat er bereits per E-Mail angefragt und nun wollen wir checken, ob auch alles vorhanden ist. Die Dame im Büro erklärt uns, dass unsere Ausrüstung gerade noch von einer anderen Gruppe verwendet wird, die auf dem Weg zum Gipfel ist. Auf dem Rückweg wird der Tourguide Gurte, Seil, Steigeisen und Pickel für uns auf der 3.600 Meter hoch gelegenen *Bethlemi Hut* lagern, wo wir die Sachen dann auf unserer Wanderung abholen können. Das klingt gut, dann haben wir zumindest schon die ersten 1.500 Höhenmeter weniger Gewicht zu tragen.

Beruhigt, dass wir die Ausrüstung sicher bekommen, verlassen wir das Büro und laufen weiter. In meine Nase steigt wieder der Duft Georgiens: frisch gebackenes Hefeteigbrot mit Käse. Am Straßenrand steht ein rustikales Steinhäuschen mit einem kleinen Verkaufsfenster. Eine winzige Bäckerei mit Steinofen. Das trifft sich gut, denn es ist Mittagessenzeit.

Unsere erste Unterkunft in Stepandzminda ist ein gemütliches, privat geführtes Gästehaus. Nono, die Tochter der Gastgeberfamilie, empfängt uns herzlich. Wir trinken Kaffee und sie erzählt uns von ihrem Studium in Tbilissi. In den Semesterferien hilft sie ihren Eltern bei der Organisation des Gästehauses, kümmert sich um die Zimmer und die Gäste. Sie bietet an, für uns zu kochen und wir nehmen dankend an. Zuerst machen wir noch einen kleinen Nachmittagsspaziergang. Die Luft ist kühl und klar. Vom Kasbek ist nach wie vor nicht viel zu sehen. Auch die Dreifaltigkeitskirche am gegenüberliegenden Berghang liegt in Nebelschwaden. Ein älterer, etwas dicklicher Georgier mit Glatze, ausgewaschenem Karohemd und Jeans, der gerade seinen Zaun repariert, fragt uns in gebrochenem Englisch, wo wir herkommen. Mit den Händen und in Zeichensprache möchte er uns zum „Cha Cha Trinken“ einladen – so zumindest unsere Interpretation. „Cha Cha“ ist in Georgien das Wort für Schnaps. Stark und scharf soll er sein. Bisher haben wir Cha Cha noch nicht probiert, da wir aber morgen sehr früh loswollen, lehnen wir die nette Gelegenheit für heute dankend ab. Ich bin mir nicht sicher, inwieweit in der georgischen Kultur eine Ablehnung auf eine Einladung als unhöflich angesehen wird, wie es in einigen anderen asiatischen oder arabischen Ländern der Fall ist. Der freundliche Georgier lacht aber nur und widmet sich weiter seinem Zaun.

Zum Abendessen bekocht uns Nono mit leckeren georgischen Spezialitäten. Es gibt Rindfleischeintopf mit Tomaten und Walnüssen, dazu einen Gurken-Tomaten-Salat und natürlich Brot aus Hefeteig.

Für unsere Tour morgen werden wir einen Teil unseres Gepäcks hier in Stepandzminda lassen. Neben dem Sommerkleid unter anderem auch die Turnschuhe. Ab morgen werden wir vier Tage in unseren Bergstiefeln unterwegs sein. Ich bin gespannt, wie lange meine Füße das mitmachen werden.

Ein bisschen Luxus am Berg

Am nächsten Morgen steige ich aus dem Bett, ausgeschlafen und motiviert. Ich ziehe den Vorhang auf und starre etwas erschrocken aus dem Fenster. Dicke Regentropfen prasseln auf die Fensterbank. Es regnet in Strömen. Der Himmel ist grau und neblig. Nicht gerade die besten Wetterbedingungen, um die nächsten fünf Tage auf einem Berg zu verbringen, nur im Zelt und ohne Dusche.

Doch nach einem großen Frühstück, ausreichend für mindestens vier anstatt zwei Personen – Nono hat es sehr gut gemeint – ist die Stimmung wieder etwas besser. Es hilft ja nichts, wir haben uns den Start der Tour für heute vorgenommen und wollen uns bestimmt nicht vom Wetter abhalten lassen. Unsere Recherchen in verschiedenen Wetter-Apps haben ergeben, dass es in den kommenden Tagen ein super Wetterfenster für eine Gipfelbesteigung am Kasbek geben könnte. Diese Chance wollen wir nutzen. Außerdem kann es bekanntlich kein schlechtes Wetter geben, sondern nur die falsche Kleidung. Zum Glück sind wir mit Regenjacken und wasserdichten Bergstiefeln ausgestattet. Wenn dann noch das Zelt dicht ist (es ist schon etwas älter), dann sollte hoffentlich nichts mehr schief gehen.

Wir starten in Stepandzminda auf ca. 1.800 Metern. Tagesziel für heute: Die *Alti Hut* auf 3.014 Metern. Wir haben also einen sportlichen Aufstieg von knapp 1.200 Höhenmetern vor uns. Wir kommen nicht drumherum, uns noch mit einem leckeren Khachapuri to go, natürlich gefüllt mit Käse, auszustatten. Das entspricht in diesem Fall zwar so gar nicht unserem Plan, mit möglichst leichtem und vor allem platzsparendem Gepäck (das gilt wie gesagt auch für das Essen) zu wandern, aber das müssen wir uns einfach gönnen, Gewicht hin oder her.

Vorbei an den letzten Häuschen von Stepandzminda laufen wir in Richtung der Dreifaltigkeitskirche. Uns haben sich zwei Straßenhunde angeschlossen, die uns ein Stück begleiten. Weiterhin sind einige Wanderer unterwegs, doch mit unseren riesigen Rucksäcken ist es offensichtlich, dass die Kirche nicht unser finales Ziel sein wird. Als die Straße endet, geht es auf einem felsigen Pfad weiter. Rings um uns ragen steile Steinwände empor. Wie durch eine Schneise geht es weiter steinig nach oben. Ein Blick zurück zeigt leider nur eine diesige Sicht auf unseren Startpunkt im Tal.

Auf Höhe der Kirche sehen wir einige touristische Reisegruppen, die sich mit großen Reisebussen den halbstündigen Spaziergang von Stepandzminda gespart haben. Weiter führt der Weg über eine Wiese, neben uns stehen Pferde und Schafe, doch sie scheinen keine Notiz von uns zu nehmen. Es regnet nach wie vor und unser Ziel, den Kasbek, sehen wir immer noch nicht, da er sich weiterhin hinter einer dunklen Wolkenschicht versteckt.

Je höher wir kommen desto mehr Wanderer mit großen Rucksäcken treffen wir. Und manche mit sehr, sehr großen Rucksäcken. Dennoch haben nicht alle Bergsteiger vor, den Gipfel zu besteigen. Einige verbringen eine Nacht auf der *Alti Hut* oder gehen noch ein bisschen höher und steigen am nächsten Tag wieder ab.

Ein kleiner Bach fließt den Weg hinunter ins Tal. Wieder läuft ein kleiner Hund mit hellem Fell, spitzer Schnauze, Schlappohren und wedelndem Schwanz neben uns her. Ein Berghund müsste man wohl sein, immer draußen, frei und glücklich. Was für eine großartige Vorstellung! Dass er glücklich ist, diesen Eindruck habe ich von unserem kleinen Weggefährten. So aufgeweckt und munter, wie er vor uns herspringt. Auf einem großen Felsen macht er Halt, gibt zum Abschied ein kleines „Wuff" von sich und kehrt bergabwärts den Weg nach unten zurück.

Die *Alti Hut* ist in Sicht. Eine kleine, noch recht neu aussehende Hütte aus hellem Holz und mit einem dunklen Dach mit spitzem Giebel. So eine Hütte könnte auch in Österreich in den Alpen stehen. Die Fensterläden sind dekorativ bemalt und der georgischen Flagge mit weißem Hintergrund und einem roten Kreuz nachempfunden. Bevor wir sie erreichen, müssen wir jedoch erst wieder ein paar Höhenmeter nach unten laufen auf eine Hochebene. Eine, im Vergleich zum bisherigen felsigen Weg durch die massiven Berge hindurch, flache Weite, die von einem großen Fluss durchzogen wird. Vor uns kreuzt eine Reihe von aneinandergeseilten Pferden gerade die wackelige Holzbrücke, um auf die andere Seite des Wassers zu kommen. Auf ihrem Rücken tragen sie das Gepäck von Wandergruppen. Bei der Kasbek-Besteigung kann im Rahmen einer geführten Tour der Gepäcktransport via Pferd gleich mitgebucht werden. Wir verzichten auf diese Option, da wir zum einen die Flexibilität genießen und uns der Kitzel des „Auf-eigene-Faust-Unterwegsseins" reizt. Zum anderen hilft uns das, den Gepäckumfang von Reise zu Reise weiter zu optimieren und anzupassen, sollten wir merken, dass es dieses Mal zu viel war.

Vom Fluss aus sind es noch ca. 100 Höhenmeter zur *Alti Hut* nach oben. Der Regen wird wieder stärker und als wir nach ungefähr fünf Stunden Aufstieg die Hütte endlich erreichen, fegt ein heftiger Regenschauer über uns hinweg. Wir „retten" uns in die Hütte. Im Innern ist sie ebenfalls sehr modern, mit gemütlichen Holztischen und Bänken ausgestattet. Durch das Panoramafenster wäre es bei schönem Wetter sicherlich möglich, ins Tal runterzuschauen. Wir können uns ein bisschen aufwärmen, bestellen Kaffee und Tee. Auch einen Blick in die Zimmer kann ich kurz erhaschen. Es gibt mehrere Mehrbettzimmer mit Doppelstockbetten, einen Trockenraum und ein Gemeinschaftsbad. Ich frage nach dem Preis für eine Übernachtung, doch die Antwort von 300 Gel (umgerechnet 100 Euro) überzeugt mich dann doch wieder, besser draußen im Zelt zu schlafen, auch wenn es regnet. Das muss wohl die teuerste Hütte sein, auf der ich jemals gewesen bin.

Als es aufhört zu regnen, machen wir uns auf die Suche nach einem Übernachtungsplatz. Etwas unterhalb der *Alti Hut* befindet sich eine Zeltwiese. Mit ungefähr fünfzehn Zelten ist schon einiges los, also entscheiden wir uns dazu, einfach ein Stückchen weiter nach oben zu gehen und dort unser Lager aufzuschlagen. Hier sind wir ungestört. Wir haben Blick auf die Hütte und können sehen, was weiter unten passiert. Da es nicht mehr regnet, kommen mehr und mehr Leute aus ihren Zelten, hängen ihre Kleidung auf und kochen. Unser Abendessen besteht aus Currysuppe und dem besten Khachapuri der Welt. Was für ein Luxus! Das Hochtragen hat sich gelohnt. Müde kriechen wir nach dem Essen in unsere Schlafsäcke und sind gespannt auf den nächsten Tag.

Auf der Suche nach Ausrüstung

Verschlafen krabble ich ins Freie. Es ist auf einmal so hell. Die Sonnenstrahlen blenden mich und ich kneife die Augen zusammen. Ich drehe mich um und bekomme Gänsehaut. Da steht er endlich vor mir: der Gipfel des Kasbek im Sonnenschein. Schneebedeckt, gewaltig und mit einer Ausstrahlung an Ruhe, die schwer in Worte zu fassen ist. Dieser wunderschöne Berg, dessen Gipfel nicht bedrohlich spitz zuläuft, sondern einem gemütlichen, gerundeten Hügel ähnelt.

Ich ziehe Alex aus dem Zelt. Auch er ist überwältigt von dem Anblick um uns herum. Der Himmel ist strahlend blau und wir genießen die unendliche Weite, in die wir von hier aus blicken können.

Ich koche Wasser für Kaffee und Porridge. Der Morgen ist perfekt. Wir frühstücken auf der Wiese und genießen die Wärme, mit Blick auf diesen wundervollen Berg – unserem Ziel.

Nach dem Frühstück wird das Zelt eingepackt, die Stöcke ausgepackt. Unser nächster Stop ist die *Bethlemi Hut* auf 3.600 Metern. Für viele Kasbek-Besteigende dient die ehemalige Wetterstation mit ihren 60 Betten als Übernachtungsmöglichkeit auf dem Berg. Auch hier kann draußen vor der Hütte gecampt werden. Abgesehen davon, dass die Betten in der Hütte bereits vor unserer Reise ausgebucht waren, haben Alex und ich uns vorab schon entschieden, zur Übernachtung noch weiter aufzusteigen, auf das 3.800 Meter gelegene *ABC* (Advanced Base Camp). Von hier aus ist der Weg zum Gipfel kürzer. Dennoch machen wir Halt an der *Bethlemi Hut,* um hier, wie vereinbart, unsere Ausrüstung zur Gipfelbesteigung abzuholen. Die Hütte ist deutlich größer und älter als die *Alti Hut*. Ein langes, aus Backsteinen gebautes Gebäude mit flachem, abgerundetem Blechdach, dessen Fassade auf der Talseite außergewöhnlich buntgemustert und in leuchtenden Farben bemalt ist. An den seitlichen

Mauern vollgesprayt mit georgischen Graffiti, gibt die Station ein für mich ungewöhnliches Bild, in der sie umgebenden Berglandschaft ab. Als wir bei der Hütte ankommen, bereue ich keine Sekunde, dass wir hier nicht schlafen werden. Die Hütte selbst erscheint sehr heruntergekommen. Draußen zwischen den unzähligen Zelten stapelt sich der Müll. Es stinkt nach Urin. Die Infrastruktur scheint hier leider nicht so weit ausgebaut wie auf der dagegen schon luxuriös wirkenden *Alti Hut*, 400 Höhenmeter weiter unten. Im Innern sieht es auch nicht viel besser aus. Die Zimmer sind düster, es mieft überall.

Wir schauen in das „Büro" des Managers und fragen nach unserer Ausrüstung. Er weiß von nichts. Er führt uns in einen kleinen, verrauchten Raum, in dem fünf georgische Männer sitzen und auf einen kleinen Fernsehapparat mit Antenne blicken. Es scheint keiner zu wissen, was wir eigentlich wollen. Wir versuchen dem Manager zu erklären, dass unsere Ausrüstung von einem Tourguide hier abgegeben werden sollte. Der Manager schaut kurz in einem großen Regal mit allerlei Ausrüstung nach, findet aber nichts, was nach den für uns hinterlegten Gegenständen aussieht. Wir rufen in Stepandzminda, im Büro des Tourenveranstalters an. Die Frau am Telefon ist sich sicher, dass die Ausrüstung hier abgegeben wurde. Alex gibt das Handy weiter und es beginnt eine hitzige georgische Diskussion, zumindest hört es sich für uns so an. Es stimmt übrigens nicht, wie ich anfangs dachte, dass die georgische Sprache vom Russischen abstammt. Auch wenn es sich im ersten Moment ähnlich anhört und der Großteil der Georgier ebenfalls Russisch spricht, so zählt die georgische Sprache zu der südkaukasischen bzw. kartwelischen Sprachgruppe. Hingegen werden Russisch und Deutsch der indogermanischen Sprachgruppe zugeordnet. Im Reiseführer lese ich, dass die Georgier auch als Urbewohner des Kaukasus vermutet werden und es Hinweise auf das Bestehen der georgischen Sprache bereits im

5.-4. Jahrtausend vor Chr. gibt. Georgisch wäre damit eine der ältesten Kultursprachen. Die kartwelische Sprachgruppe besteht heute nur noch aus den Sprachen Georgisch, Mengrelisch-Lasisch und Swanisch, und alle diese drei Sprachen werden innerhalb Georgiens gesprochen.

Zurück zu unserer Ausrüstung. Der Manager der *Bethlemi Hut* hat mittlerweile das Gespräch beendet. Er drückt uns zwei Klettergurte in die Hand. Irgendwo im Schrank kramt er Steigeisen hervor. Im Regal liegt auch ein Seil, welches er an Alex weiterreicht. Die Eispickel muss er noch aus einem anderen Raum holen. Wir sind uns nicht sicher, ob das tatsächlich das Equipment ist, das der Tourguide erst vor Kurzem hier abgegeben haben soll. Die Dame vom Tourenanbieter muss Druck gemacht haben, dass uns der Manager Ausrüstung bereitstellt. Egal wem das Equipment gehört, wir sind froh, dass wir jetzt endlich für unsere Hochtour ausgestattet sind und machen uns schnell weiter in Richtung des *ABC*.

Mittlerweile haben wir die Baumgrenze schon weit hinter uns gelassen und die Umgebung hat sich von grünen Wiesen in eine felsige, schroffe

Landschaft verwandelt. So weit oben war ich bisher noch nie auf einer Bergtour. Am *ABC* stehen bereits drei aufgebaute Zelte. Eine Gruppe russischer Bergsteigender sitzt im Kreis, es duftet nach Kaffee und sie grüßen uns freundlich. Wir schlagen unser Zelt in einem bestehenden kleinen Kreis aus Felsbrocken auf und kochen Waldpilzcremesuppe sowie Couscous und Thunfisch. Es ist drei Uhr nachmittags und wir liegen schon im Zelt. Heute Nacht wollen wir versuchen, den Gipfel zu erreichen. Ursprünglich hatten wir geplant, am kommenden Tag vorab noch eine Akklimatisationstour einzulegen, was in solch einer Höhe immer zu empfehlen ist, um sich an die Höhe zu gewöhnen. Da wir uns jedoch beide recht fit fühlen und das Wetter für heute Nacht als relativ gut vorhergesagt ist, haben wir uns dazu entschieden, die Chance zu nutzen. Den Porridge zum Energietanken für heute Nacht habe ich schon vorgekocht.

Summit Push auf vier Pfoten

Der Wecker klingelt um 1:45 Uhr in der Nacht. Geschlafen habe ich kaum. Auch wenn wir mittlerweile sehr gut mit Outdoorausrüstung ausgestattet sind und ich gefühlt den wärmsten Schlafsack sowie die vermutlich bequemste Isomatte der Welt besitze, habe ich mich doch die wenigen Stunden meistens nur hin und her gedreht. Jede Position war irgendwie unbequem. Den Muskelkater des bisherigen Aufstiegs spüre ich deutlich. Hinzu kommt die Aufregung. Auch wenn ich großen Respekt vor der Höhe habe, kann ich es kaum erwarten.

Ich öffne den Reißverschluss des Zelts einen Spaltbreit und stecke die Nase nach draußen. Es ist eine sternenklare Nacht. Kein Wölkchen am Himmel. Kein Wind. Die Bedingungen sehen perfekt aus. Bei den anderen Zelten regt es sich ebenfalls. Die russische Gruppe, ein paar Meter von uns entfernt, steht schon vor ihrem Zelt in voller Montur.

Schnell werfe ich mir meine zurechtgelegten Schichten Kleidung über. Die lange Unterhose habe ich sowieso schon an, darüber die dicke Wanderhose. Langärmliges Sportshirt, Fleecepullover und die wind- und regendichte Jacke. Bandana, Mütze, die dicken Wandersocken.

Alex liegt wach neben mir. Auch er hat kaum geschlafen. Während ich ein bisschen Porridge und Nüsse esse, ist es Alex vermutlich wegen der Höhe ein bisschen flau im Magen und er bekommt nichts runter. Wir krabbeln aus dem Zelt und schlüpfen in unsere Bergstiefel. Nicht weit von uns sehe ich einige Lichter. Eine Gruppe hat sich schon auf den Weg in Richtung Gipfel gemacht. Sie scheinen von der *Bethlemi Hut* zu kommen. Ihre Stirnlampen leuchten in der Nacht.

Schnell wird der Rucksack gepackt. Wasserflaschen, ein paar Müsliriegel rein, die Eispickel angesteckt und das Seil oben drauf. Die Klettergurte ziehen wir direkt an, um später, wenn wir uns am Gletscher anseilen müssen, so wenig Zeit wie möglich zu benötigen. Stirnlampen auf die Köpfe und los geht's.

Wir folgen den kleinen Lichtern der Gruppe vor uns. Auch hinter uns macht sich die russische Gruppe auf den Weg. Dass wir mitten in der Nacht, in der Dunkelheit loslaufen, hat den Grund, dass wir einen Gletscher zum Gipfel überschreiten müssen. So wunderschön und faszinierend ein Gletscher auch ist, es ist nicht ungefährlich, einfach darüber zu marschieren. Viele Gletscher sind mit tiefen und oft auch sehr breiten Gletscherspalten durchzogen. Wenn Schnee darauf liegt, sind diese Spalten meistens nicht sichtbar. Solange die Schneebrücken gefroren und hart sind, ist es tendenziell sicherer über eine Gletscherspalte zu laufen. Natürlich ist das aber keine Garantie dafür, nicht doch einzubrechen. Sobald sich die ersten Sonnenstrahlen zeigen und der Schnee weicher wird, steigt mit jedem Grad an Temperatur das Risiko, in eine ungesehene

Gletscherspalte zu stürzen. Jedes Jahr kommt es immer wieder zu solchen Unfällen und nicht selten endet ein Sturz tödlich.

Um im Falle eines Sturzes zu reagieren bzw. auch vorab bereits Sicherheits-vorkehrungen zu treffen, gibt es unterschiedliche Vorgehensweisen. Zunächst ist es unabdingbar, in einer sogenannten „Seilschaft“ über den Gletscher zu laufen. Das bedeutet, wir hängen uns mit unseren Gurten im Seil ein und damit aneinander. Es kann sinnvoll sein, dass die leichteste Person vorne läuft, sodass im Falle eines Sturzes die hinteren Mitglieder der Seilschaft die gestürzte Person am Seil halten und sichern können. Wichtig ist, dass eine schnelle Reaktion erfolgt und die hinten Gehenden ihre Eispickel in den Schnee rammen, um nicht selbst hinabgezogen zu werden. Gegebenenfalls kann die gestürzte Person einfach hochgezogen werden. Ist das nicht möglich, gibt es verschiedene Techniken, wie jemand – z. B. in der Art eines Flaschenzuges – hochgezogen werden kann, bis hin dazu, dass die gestürzte Person sich selbst aus der Spalte nach oben zieht. Natürlich ist so eine Aktion aber auch immer abhängig vom Verletzungsgrad.

Wie lange der Weg vom *ABC* bis zum Anfang des Gletschers dauert, kann ich nicht sagen. Sobald wir die ersten Meter laufen, stellt sich bei mir eine Art Flow-Zustand ein. Müdigkeit gepaart mit Adrenalin und Anstrengung lassen mich wie in Trance einen Fuß vor den anderen setzen.

Alex läuft vor mir. Er hat ein Talent, auch in Dunkelheit weitestgehend nicht die Orientierung zu verlieren. „Weitestgehend“ trifft es. Die Lichter der Gruppe vor uns sind nicht mehr sichtbar. Vor uns liegt ein Felsenmeer oder eher ein Felsbrockenmeer und mit den gut ausgeschilderten Routen in den Alpen, hat der Weg nicht viel zu tun. Es geht auf und ab, linksrum um Felsbrocken, rechtsrum um Felsbrocken und oben drüber. Ob wir noch richtig sind, weiß ich schon längst nicht mehr.

Alex läuft langsamer, auch er scheint sich nicht ganz sicher zu sein, ob wir noch auf dem schnellsten bzw. richtigen Weg sind, prüft aber immer wieder die GPS-Karte auf seinem Handy.

Ganz plötzlich tapst vor uns etwas großes, felliges hinter einem Felsen hervor. Ein kaukasischer Owtscharka. Ich habe schon in meinem Reiseführer von diesen georgischen Berghunden, die auch als Hüte- bzw. Treibhunde eingesetzt werden, gelesen. Wir haben auf unserer Reise bis jetzt schon einige Hunde kennengelernt, aber auf dieser Höhe hatte ich das nicht erwartet.

Der Hund vor uns ist groß. Die eingeklappten Ohren reichen mir bis über die Hüfte. Er hat dickes, flauschiges, beigebraunes Fell und scheint perfekt für die Kälte und die Umgebung gemacht. Er bleibt ruhig vor uns stehen und scheint uns mit seinen dunklen Augen zu beobachten. Owtscharkas wird ein ruhiges Gemüt mit Beschützerinstinkt zugeschrieben. Auch wenn ich große Hundeliebhaberin bin und generell auch keine Angst vor Hunden habe, habe ich in diesem Moment doch großen Respekt und verhalte mich ganz ruhig.

Der Hund kommt näher, beschnüffelt uns mit seiner dunklen Schnauze, wedelt mit dem buschigen Schwanz, dreht sich um und stapft los in die Richtung, von welcher wir ebenfalls vermuten, dass es die richtige ist. Alex und ich setzen uns in Bewegung. Der Hund ist flink, bleibt jedoch alle paar Meter stehen und dreht sich um. Nun sind wir also zu dritt unterwegs. Irgendwann sehen wir wieder ein paar Lichter in der Ferne flackern.

Fixiert darauf, weiter mit dem Hund Schritt zu halten, habe ich jegliches Distanz- und Zeitgefühl verloren. Auf einmal hören wir Stimmen und treffen ganz plötzlich auf die Gruppe vor uns. Es sind fünf polnische Bergsteiger. Sie sind gerade dabei, sich die Gurte anzulegen und im Seil einzubinden. Wir sind am Gletscher angekommen. Bis hierhin ging es über einen steinigen, kurvigen Pfad durch Felsen und Steine. Nun liegen keine Felsbrocken mehr vor uns, sondern eine unendlich weite, eisige Fläche. Alles ist weiß.

Nur in Bergstiefeln lässt es sich nicht gut über einen Gletscher gehen. Hierzu sind Steigeisen mit spitzen Zacken notwendig. Diese werden an die Schuhe geschnallt und geben Sicherheit auf dem vereisten Untergrund. Bevor wir diese anlegen, machen wir erst einmal eine Trinkpause. Normalerweise ist eine Flüssigkeitsaufnahme von mindestens 0,5 Litern pro gelaufener Stunde wichtig, vor allem in Höhen über 3.000 Metern sollte es mehr sein. Zu wenig Flüssigkeit kann zu Dehydratation führen, was fatale Folgen haben und neben einer Verringerung der Leistungsfähigkeit und Konzentration bis hin zu Kreislaufkollaps und Bewusstlosigkeit führen kann. Was hier hilft, ist eine Trinkblase im Rucksack. Getrunken wird direkt über einen Schlauch, der vorne am Riemen des Rucksacks befestigt wird. So können während des Laufens immer wieder ein paar Schlucke genommen werden, ohne dass ein Stehenbleiben notwendig ist, um die Trinkflasche rauszuholen.

Auf der Überholspur

Wir schnallen die Steigeisen an und binden uns ins Seil ein. Erst jetzt bemerke ich, wie neblig es geworden ist. Vom sternenklaren Himmel ist nichts mehr zu sehen. Der Nieselregen hat sich mittlerweile in dicke Schneeflocken verwandelt.

Die polnische Gruppe ist schon startklar. Ich schaue mich um. In dem diesigen, grauen Nebel – es ist nach wie vor dunkel – kann ich den Owtscharka nicht mehr sehen. Vielleicht ist er umgekehrt.

Alex geht vor mir. Vor uns mit einigem Abstand die polnische Gruppe.

Wir stapfen über das Eis, die Steigeisen geben uns Halt. Den Eispickel halte ich fest in der Hand. Wenn es steiler wird, hilft er, um sich abzustützen.

Im Gleichschritt trotten wir vorwärts. Ich frage mich, wann es endlich heller wird. Zwar sieht es so aus, als ob sich die Helligkeit langsam vorarbeitet, aber durch den dicken Nebel und im Schnee erscheint alles um mich herum wie eine undurchsichtige beige Brühe. Die Sicht ist schlecht. Der Wind hat zugenommen und bläst mir den nassen, kalten Schnee ins Gesicht. Es ist unangenehm, aber mir ist weder kalt noch habe ich das Gefühl, dass mir die Höhe zu schaffen macht. Ich marschiere einfach vor mich hin.

Plötzlich bleibt Alex stehen. Ich kann nicht genau erkennen, was los ist, aber die polnische Gruppe vor uns hat abrupt angehalten. Sie fangen an zu diskutieren, die Stimmen werden lauter. Zwar spreche ich kein Polnisch, aber das wilde Hin und Her und Wedeln mit den Armen lässt mich vermuten, dass sie sich nicht ganz einig sind über den richtigen Weg. Wir sind immer noch auf dem Gletscher und sollten keine Zeit verlieren.

Etwas genervt dreht sich Alex zu mir um: „Wir sollten weitergehen."

Kennt er den Weg noch? In Vorbereitung auf unsere Reise haben wir einige Videos von Bergsteigern durchforstet, die ihre Tour zum Gipfel des Kasbek gefilmt haben. Im besten Fall orientieren wir uns dann an prägnanten Wegpunkten wie beispielsweise Anfang und Ende des Gletschers, einem Plateau, einem auffälligen Felsen oder ähnliches. Auch die Route auf der GPS-Karte haben wir uns vorab viele Male angeschaut und diese auf dem Handy gespeichert. Anhaltspunkte wie „den Gletscher in Richtung Norden möglichst links am Steilhang queren", sind jedoch bei einem solchen Nebel und schlechter Sicht gar nicht mehr so einfach zu überblicken.

Auf einmal ruft es von vorne: „You go! You go!"

Einer der polnischen Bergsteigenden winkt hektisch und deutet uns, dass wir vorbeigehen sollen. Wir stapfen an ihnen vorüber und sind jetzt ganz vorne. Mittlerweile sind auch andere Gruppen hinter uns. Alex geht zügig vorweg. Wir wollen vorankommen und nehmen dennoch in diesem Moment ein Risiko in Kauf. Durch den Neuschnee, der fällt, sind keine Spuren mehr von vorherigen Gruppen sichtbar. Hinzu kommt die schlechte Sicht, die es umso schwieriger macht, Gletscherspalten zu erkennen. Die Suche nach dem Weg raubt viel Zeit und Kraft.

Im Schnee taucht der Owtscharka wieder auf und läuft neben mir her. Ich bin erleichtert und froh, dass wir nicht allein sind. Ihm scheint der Schneesturm, der über den Gletscher fegt, nichts auszumachen. Auch wenn es mittlerweile hell sein sollte, beschränkt sich die Sicht durch den Nebel und den Schnee auf wenige Meter. Die Hoffnung auf einen aufreißenden, strahlend blauen Himmel und die Wärme der Sonne habe ich mittlerweile aufgegeben.

Ich befinde mich wieder in meiner Lauf-Trance und marschiere einfach weiter und weiter, Schritt für Schritt. Eine Gruppe von Bergsteigern kommt uns entgegen. Waren sie schon auf dem Gipfel? Vermutlich haben sie ihr Camp noch weiter oberhalb von uns aufgeschlagen, vielleicht auf dem Gletscher. Sie laufen stumm ein paar Meter entfernt an uns vorbei. Irgendwann drehe ich mich um und sehe, dass auch die polnische Gruppe nicht mehr da ist. Waren wir so schnell unterwegs? Hinter uns ist niemand mehr.

Wir laufen an einem Steilhang entlang. Das muss das letzte Stück zum Gipfel sein. Ich sehe aufgrund des Schneesturms nicht viel, aber erinnere mich daran, dass der finale Abschnitt sich im 45 Grad-Winkel nach oben neigt. Das heißt, wir befinden uns noch ca. 150 Höhenmeter unter dem Gipfel. Mein Herz pocht. Ich fühle mich nicht müde. Ich fühle mich stark, als könnte ich ewig diesen Steilhang hochlaufen.

Fast wäre ich über den Hund gestolpert. Er liegt auf einmal vor mir, mitten auf der Spur. Ich stocke und wanke mit einem großen Schritt über das Fellknäuel. Er steht auf, läuft neben mich. Auf einmal wirft er sich wieder vor meine Füße. Was soll das? Wieso muss er sich genau jetzt in meinen Weg legen? Es kann nicht mehr weit sein. Wir müssen vorankommen, um beim Abstieg möglichst schnell den Gletscher wieder zu erreichen.

Etwas genervt steige ich erneut über ihn drüber. Er steht auf, sieht mich an und bleibt stehen. Macht keinen Schritt mehr vorwärts. Alex schaut mich fragend an. Ich zucke nur mit den Schultern und gebe ihm zu verstehen, dass wir weiterlaufen sollten.

In einem Schneesturm in Russland

Der Hund läuft nicht mit uns weiter. Kurz drehe ich mich um, kann ihn aber nirgends sehen.

Ich weiß nicht, wie lange wir uns am Steilhang entlangkämpfen. Plötzlich bleibt Alex stehen und ruft mir etwas zu, aber ich kann ihn nicht verstehen. Ich mache ein paar Schritte nach vorne. Er schaut mich mit schmerzverzerrtem Gesicht an. Seine Handschuhe sind an seinem Eispickel festgefroren. Er versucht, sie loszureißen und einige Stofffetzen bleiben am Pickel hängen. Die Handschuhe haben Löcher. Er ruft, er kann seine Hände nicht mehr spüren.

Mir wird schlagartig bewusst, dass wir uns mitten in diesem Schneesturm befinden und dass das Wetter alles andere als geeignet ist für eine Gipfelbesteigung. In meiner Lauf-Trance habe ich das alles völlig ausgeblendet. Wieso haben wir nicht reagiert? Deswegen kam die Gruppe vor uns zurück, sie sind umgedreht, sie waren nicht am Gipfel. Auch die

Gruppen hinter uns müssen umgekehrt sein. Sie alle scheinen das Risiko richtig eingeschätzt zu haben. Wie konnte uns das passieren?

Ich merke, wie sich mein Magen zusammenzieht. Panik steigt in mir auf. Ich schaue mich um. Um uns herum ist alles weiß und grau. Kein Mensch, keine Sicht, kein Hund.

Ich packe Alex' Hände und versuche, sie zwischen meinen Handschuhen zu reiben, damit sie warm werden. Es hilft nichts. Er ruft mir zu: „Wir müssen umdrehen! Dreh um!"

In dem Sturm sehe ich nichts. Nicht mal unsere eigenen Spuren im Tiefschnee. Auf jeder unserer gemeinsamen Bergtouren habe ich immer blind darauf vertraut, dass Alex in risikoreichen Situationen schon wissen wird, was zu tun ist. Jetzt sehe ich ihn, wie er in diesem Sturm steht. Zitternd mit Schmerzen.

Eine große Angst überkommt mich. Er darf nicht erfrieren!

Wir stehen hier auf fast 5.000 Metern, irgendwo im Nirgendwo. Genauer gesagt und laut GPS-Karte in Russland, da die Grenze zwischen Georgien und Russland über die Berggipfel des Kaukasus verläuft.

Wo ist der Weg? Wo soll ich hinlaufen? Ich sehe keine Spur, keinen Weg.

Nichts.

Angst haben, um das eigene Leben, um das Leben von der Person, die ich liebe. Dieses Gefühl kannte ich bisher so nicht. Jetzt war sie da, diese Angst.

Ich schreie so laut ich kann um Hilfe. Der Sturm verschluckt jeden Ton, der aus mir herauskommt.

Niemand wird uns hier jemals finden. Niemand kann uns helfen. Wer soll uns hier oben hören können?

Tränen laufen mir über die Wangen.

Es hilft nichts. Also setze ich einen Schritt vor den anderen. Eine andere Möglichkeit haben wir nicht.

Ich weiß nicht wohin. Einfach irgendwie zurück aus der Richtung, aus der wir gekommen sind.

Erst jetzt wird mir auch klar, wie steil dieser „Steilhang" tatsächlich ist. Meine Knie zittern. Meine Beine, die vorhin noch so stark waren, fühlen sich auf einmal an wie weichgekochte Spaghetti.

Ich setze mich in den Schnee, rutsche einige Meter nach unten, weil ich den Weg nicht finde.

Noch mehr Angst.

Mit den Füßen kann ich bremsen. Den Pickel haue ich in die Wand. Aufstehen, weitergehen, wir müssen hier runter, und zwar so schnell es geht.

Ich laufe und laufe. Laufe durch den tiefen Schnee. Angst treibt mich. Auch jetzt kann ich nicht sagen, wie lange wir laufen. Die Wahrnehmung für Zeit habe ich scheinbar im Tal gelassen.

Der Nebel lichtet sich ein wenig. Wir erreichen den Gletscher. Ein Moment der Erleichterung.

Wir rennen den Gletscher hinunter. Zumindest ich setze keine Energie mehr in die Rücksichtnahme auf Gletscherspalten. Ich will gerade nur raus aus dem Schneesturm, runter von diesem Gletscher und mich in Sicherheit fühlen.

Nach einiger Zeit werden wir langsamer. Der Schnee und der Wind haben nachgelassen. Es ist alles ungewohnt still. Wir scheinen den Weg, welchen wir über den Gletscher hinaufgekommen sind, gefunden zu haben.

Weiter geht es bergab. Ich kann Umrisse von Menschen erkennen.

Unser felliger Begleiter kommt uns entgegengerannt. Wir haben es geschafft, wir sind am Gletscherfuß angekommen.

Die polnische Gruppe sitzt auf ihren Thermokissen, sie essen und packen ihre Ausrüstung in die Rucksäcke.

Sie seien umgedreht, nachdem das Wetter immer schlechter wurde und der Schneesturm eingesetzt hatte, sagen sie. Auch die Gruppen hinter uns sind wohl alle bereits umgedreht.

Ob wir es zum Gipfel geschafft hätten?

Haben wir nicht. Aber wir sind in Sicherheit.

Ich bin von oben bis unten eingeeist. Kalt ist mir nicht, aber die Eiskristalle kleben an meinen Wimpern, an meiner Jacke, an der Mütze. Alex wärmt sich die Hände unter dem Pulli auf. Auch wenn die Hände rot sind und schmerzen, scheint er keine Erfrierungen zu haben.

In diesem Moment bin ich unglaublich dankbar, dass uns nichts passiert ist. Ich streichle unseren wuscheligen großen Freund. Als einziger von uns dreien hat er die Situation am Berg richtig eingeschätzt. Hat uns versucht zu warnen und mit seiner kleinen Wegbarrikade versucht, uns zum Umdrehen zu bewegen. Hätten wir nur schon früher auf ihn gehört.

Wir schnallen die Steigeisen ab, packen die Gurte in den Rucksack. Das Seil wickle ich nur halbherzig auf und hänge es mir um.

Wir laufen weiter abwärts, den Pfad, den wir durch das Felsenmeer gekommen sind, zurück. Der Schnee verwandelt sich in Regen.

Als wir im *ABC* an unserem Zelt ankommen, sind wir bis auf die Knochen durchnässt. Es ist neun Uhr morgens. Wir ziehen die Sachen aus, zum Glück habe ich das Wechselshirt eingepackt. An Trocknen der Kleider ist bei dem Wetter nicht zu denken. Wir legen uns in die dicken Daunenschlafsäcke. Ein seltsames Gefühl, wenn ich daran denke, was wir in den letzten sieben Stunden erlebt haben. Der Flow, die Aufregung, die Anstrengung, das Adrenalin, die Angst und die Erleichterung, dass nichts Schlimmeres passiert ist.

Ich fühle keine Enttäuschung darüber, dass wir es nicht auf den Gipfel geschafft haben. Die Natur wollte es heute nicht und das ist irgendwie in Ordnung. Später werden wir vielleicht sogar darüber lachen und sagen: „Das war der Tag, als wir mitten in einem Schneesturm in Russland standen."

Und trotz des ganzen emotionalen Auf und Abs und der Angst, die ich dort oben gespürt habe, merke ich, wie ich mich innerlich auf den nächsten Versuch vorbereite, ja sogar freue. Zwar bin ich müde, erschöpft, es ist kalt, aber es brennt in mir, in der nächsten Nacht – bei hoffentlich besserem Wetter – den nächsten Versuch zu starten.

Fliegende Heringe

Ich versuche zu schlafen, döse aber nur vor mich hin. Draußen regnet und windet es. Nein, es stürmt. Dazu prasseln immer wieder kleine Hagelkörner auf das Zeltdach. Der Wind tobt und wird immer stärker.

Die Zeit vergeht und den Kocher für eine warme Suppe auszupacken, ist bei dem Wetter sinnlos.

Der Wind bläst über unser Lager hinweg.

Ich liege da und schaue nach oben. Ich frage mich, wie lange das Zelt dem Sturm wohl standhält.

Plötzlich reißt es die erste Schnur aus dem Boden. Alex springt raus und versucht, den Hering mit einem großen Stein im Boden zu fixieren. Der nächste Hering fliegt aus der Erde. Ich sitze drinnen und merke, wie die Plane über mir zur Hälfte zusammenklappt.

So ein Mistwetter!

Mit tropfend nassen Haaren krabbelt Alex zurück ins Zelt. Die russischen Bergsteigenden haben ihre Zelte bereits abgebaut und den Abstieg angetreten. Uns beiden ist klar, dass es so bis heute Nacht ziemlich ungemütlich werden wird. Unsere Kleider, unser Rucksack, unsere Ausrüstung, alles ist nass. Wir können kein warmes Wasser kochen und die Wahrscheinlichkeit, dass uns das Zelt um die Ohren fliegt oder reißt, ist ziemlich hoch. Es ist wohl wenig sinnvoll, hierzubleiben und darauf zu hoffen, dass wir in der kommenden Nacht ein gutes Wetterfenster erwischen. Auch unsere drei installierten Wetter-Apps bringen hier keine aussagekräftigen Erkenntnisse.

Wir treffen eine Entscheidung: Rückzug!

Jede Erfahrung prägt uns

Im Expressverfahren schmeißen wir alles, was wir dabeihaben, in unsere Rucksäcke. Smartes Packen ist jetzt nicht mehr angesagt. Hauptsache der Sturm bläst nicht alles weg. Das pitschnasse Zelt wird eingerollt und die Stöcke ausgefahren.

Los geht's, abwärts durch den Regen.

Hätte ich in diesem Moment bewusst darüber nachgedacht, dass vor uns 2.000 Höhenmeter, sprich sechs bis sieben Stunden Abstieg liegen, hätte ich mir das Ganze wahrscheinlich nochmal überlegt, mich in meinen Schlafsack gemümmelt und den drohenden Zelteinbruch durch das Unwetter draußen vielleicht doch in Kauf genommen. Dafür war es jetzt zu spät.

Der Abstieg ist quälend. Wer schon mal eine „normale" Wanderung oder Bergtour gemacht hat, kann vermutlich nachvollziehen, dass Bergablaufen – so unanstrengend es sich im ersten Moment auch anhört – meistens viel herausfordernder ist als das Bergauflaufen. Jeder Schritt schmerzt und der Rucksack ist gefühlt doppelt so schwer.

Die Bergstiefel würde ich am liebsten den Hang hinunterschmeißen. Zwischendurch ausziehen ist aber auch keine Option, weil die Füße dann erst recht weh tun und ich die Schuhe vermutlich nie wieder anziehen würde.

Nach sechs Stunden erreichen wir die Dreifaltigkeitskirche. Der Regen hat endlich aufgehört. Stepandzminda liegt im Nebel.

Ich will keinen Schritt mehr gehen. Tränen strömen mir übers Gesicht. Die Beine schmerzen und ich bin erschöpft.

Eine halbe Stunde geht es noch bergab, aber wir haben es geschafft. Wir sind zurück in dem kleinen Dorf.

Vor unserem kleinen Hotel, das wir uns für die nächsten Tage gebucht haben, lasse ich den Rucksack fallen. Vor über 14 Stunden sind wir mit unserer Gipfelbesteigung im *ABC* gestartet. Haben über den Gletscher die Grenze zu Russland überquert und kamen bis auf 4.900 Meter. Wir sind fast 2.000 Höhenmeter wieder hinuntergestiegen. Jetzt sitzen wir auf dem Bordstein. Bewegung ist nicht mehr möglich und dennoch fühle ich mich als stolze, starke Bergsteigerin, auch wenn mir das in diesem Moment keiner ansieht.

Dass das Zimmer im dritten Stock liegt, hat uns vorher keiner gesagt. Es muss für die Dame am Empfang und die anderen Gäste ziemlich lustig aussehen, wie wir uns gequält und unter Schmerzen in den Beinen am Geländer die Treppen hochziehen. Im Schlepptau die Rucksäcke. Endlich oben.

Raus aus den Klamotten und ab unter die heiße Dusche. Ich habe keine Blasen an den Füßen – meine Bergstiefel haben mich nicht im Stich gelassen – trotz temporärer Wut auf sie. Dafür habe ich üble Blasen an den Hüften vom Rucksack.

Frisch geduscht falle ich ins Bett und schlafe sofort ein.

Zum Abendessen gehen wir in ein winziges Restaurant mit dem Namen *Beba Bari*. Das Restaurant hat nur vier Tische und es fühlt sich an, als säßen wir im Wohnzimmer der kleinen, älteren Dame, die die Besitzerin zu sein scheint. Sie kocht wunderbare georgische Gerichte und bei einem Gläschen georgischen Rotwein stoßen Alex und ich auf unser Bergabenteuer an. Auch wenn wir es nicht auf den Gipfel des Kasbek geschafft haben, haben wir in den letzten Tagen, und vor allem in der letzten Nacht, spektakuläre, einmalige und einprägsame Erfahrungen gemacht, an die wir uns sicherlich unser gesamtes Leben erinnern und die uns prägen werden. Ich bin unglaublich dankbar, stolz und glücklich für dieses Abenteuer.

Gedanklich schreibe ich auf meine Bucket List: „Besteigung des Kasbek – 2. Versuch" und frage mich, ob unser felliger Freund wohl schon die nächsten Bergsteiger begleitet.

……………………Mein Fazit für dich……………………

Mein größtes Learning auf der Tour:

Beim Bergsteigen sind eine gute Planung und die richtige Ausrüstung sehr wichtig. Mindestens genauso wichtig ist es, die Natur um uns herum bewusst wahrzunehmen und ein waches Auge für das Risiko zu haben.

Deshalb war die Tour so wichtig für mich:

Der Mut und die Neugierde, eine Herausforderung anzunehmen, der ich mich vorher so noch nicht gestellt und vor der ich großen Respekt hatte, haben mir unvergessliche Erfahrungen gebracht.

Diese Fähigkeiten habe ich gelernt oder gestärkt:

Durchatmen in schwierigen Momenten. Vertrauen in mich selbst.

Das durfte ich über mich lernen:

Angst kann auch etwas Gutes sein, denn sie hilft in Situationen, in denen wir an unsere Grenzen stoßen, intuitiv die richtige Entscheidung zu treffen.

Das konnte ich über die Natur lernen:

Der Natur sind Vorhersagen – auch in der besten Wetter-App – völlig egal.

Das kann ich dir mitgeben:

Auch wenn du ein Ziel mal nicht erreichst, kannst du doch so viel aus dem Versuch, es zu erreichen lernen.

Melanie Lenz

Melanie liebt es, auf Berggipfeln zu stehen und die Welt von ganz weit oben zu betrachten. Hier fühlt sie sich frei, voller Glück und voller Ruhe. Die sportliche Herausforderung zieht sie immer wieder in die Berge und in die Natur. Es gibt ihr unglaublich viel Kraft, sich auf neue Wege zu begeben, an Grenzen zu gehen und das Vertrauen in sich selbst und in die Menschen, die mit ihr unterwegs sind, zu haben. Für die vielen unvergesslichen Momente ist sie sehr dankbar.

Melanie lebt im gemütlichen Ludwigsburg im Schwabenländle. Hier arbeitet und wohnt sie mit ihrem Freund zusammen. Auch wenn die Weinberge am Neckar rundherum nicht ganz so hoch wie die Gipfel in den Bergen sind, hat sie sich trotzdem in diese verliebt. Jede Gelegenheit wird genutzt, um das Leben in vollen Zügen zu genießen.

Von den kleinen großen Momenten

Entdeckungstour, Deutschland/Pfälzerwald, 2018 – 2020

von Patricia Seither

Ich schlüpfe zum gefühlt fünfhundertsten Mal in meine geliebten Wanderschuhe, zurre sie fest und grinse breit. Da kommen mir plötzlich die Kommentare meiner Familie in den Sinn.

„Auf einmal geht sie freiwillig wandern!“, höre ich sie mit sarkastischem Unterton sagen, und sie haben absolut recht damit, darüber die Augen zu verdrehen.

Früher musste man mich zu Wanderungen zerren. Meine Freundin und ich hatten als Kinder im heimischen Wald mal eine Senke gefunden und waren der vollen Überzeugung, dass es ein Bombenloch sein musste. Wir kannten genau die Anzahl der Schritte, die man von einem gewissen Punkt aus in eine bestimmte Richtung gehen musste, um das Loch zu finden. Aber wenn man mir nicht gerade so ein hochgradig spannendes Abenteuer bieten konnte, lockte mich der sonntägliche Spaziergang eigentlich nicht nach draußen.

Ich bin in der Südpfalz aufgewachsen und das bedeutet vor allem, neben einer Vorliebe für Wein, dass ich einen Großteil meiner Kindheit im Pfälzerwald verbracht habe. Das ist es, was man sonntags macht: Die Kinder auf Burgen jagen, durch den Wald tapsen lassen, um tütenweise Esskastanien zu sammeln, vorzugsweise mit Einkehr in einer der vielen Hütten.

Der Pfälzerwald ist übrigens das größte zusammenhängende Waldgebiet Deutschlands und bietet tatsächlich nicht wenige Burgen, die als Abenteuerspielplatz herhalten können. Und selbst wenn ein Berg mal nicht mit einer Burgruine aufwarten kann, gibt es dort die tollsten Felswände zum Verstecken und Erklettern – also ist die Gegend eigentlich ein kleines Paradies.

Ich hatte allerdings den Gameboy für mich entdeckt und fand alles andere reichlich bescheuert. Wenn ich die Wahl hatte zwischen der Gelben

Edition von *Pokémon* und diesen Ausflügen, wusste ich ziemlich genau, wo meine Prioritäten lagen.

Gut fand ich den Wald ja trotzdem noch und ein bisschen neidisch beobachtete ich mit elf oder zwölf Jahren, wie ein gewisser Hobbit einfach drauflosstiefelte und die Landschaften um ihn herum mit jedem Tag schöner wurden.

Aber spätestens als meine Idee, mit einem Zelt ins Blaue hinein aufbrechen zu wollen, abgelehnt wurde (ich gebe zu, die Idee war unausgegoren und ich eben erst elf oder zwölf Jahre alt), vergrub ich diesen Wunsch tief und widmete mich wieder meinen anderen Beschäftigungen.

Nicht vergessen hatte ich aber den ebenfalls vorerst tief im Hinterkopf vergrabenen Wunsch, einfach loszulaufen und draußen zu schlafen, immer schön mit der Nase im Wind. Landschaft, so weit das Auge reicht. Wald hatte ich schon immer gemocht. Natur hatte ich schon immer geliebt. Und eine ausgeprägte Leidenschaft dafür, diese Dinge zu fotografieren.

Ich grinse noch ein bisschen breiter und schüttle über mich selbst den Kopf, während ich mich Hank zuwende. Hank ist mein gewaltiger Rucksack für Trekkingreisen und er liegt schwer bepackt auf dem Boden meines Wohnzimmers. Es ist Freitagnachmittag, Ende Oktober und ich läute gerade feierlich das Wochenende ein.

Bestimmt ist Hank etwas überdimensioniert für die geplante Nacht auf einem der Trekkingplätze im Pfälzerwald, aber das kümmert mich nicht weiter. Für eine Flasche Glühwein finde ich immerhin auch noch ein Plätzchen.

Der Grund, warum ich aussehe, als hätte ich vor, die nächsten drei Monate durch Deutschland zu wandern, ist einfach: Wir, meine Reisebegleitung Anna und ich, hatten zwei Monate zuvor den *Skye Trail* in Schottland beendet und eindeutig noch nicht die Schnauze voll vom Trekking.

Außerdem hatte Anna versehentlich meine Zeltstangen und meinen Kocher mit nach Hause genommen, als wir uns am Flughafen trennten.

„Müssen wir halt nochmal wandern gehen", war die simple Schlussfolgerung, nachdem ich die vergangenen Wochen ohnehin nur damit zugebracht hatte, mich sehnsüchtig in die Highlands zurückzuträumen.

Es sind nicht die sportlichen Herausforderungen, die ich so liebe, sondern die besonderen Momente. Ob ich mit meinem morgendlichen Tee auf einem heimischen Felsen sitze und den Sonnenaufgang betrachte. Ob ich in einer einsamen Bucht in Schottland abends vom Zelt aus völlig hingerissen Hirschkühe beobachte, die in der Dämmerung an den Strand gekommen waren. Oder ob ich an einer Steilküste stehe, mir den Regen volle Breitseite ins Gesicht schlagen lasse und mich lebendig fühle.

Irgendetwas ist jedenfalls passiert, zwischen „Och, nicht schon wieder in den Wald!" und der Umbenennung meines Instagram-Accounts in „Patwandert", weil ich mit dem Überschuss an Naturbildern irgendwo hinmusste.

Ich kann nicht den Finger drauflegen, nicht mit Bestimmtheit sagen, was es war. Aber ich weiß, dass mir eine Zeit lang etwas ganz Entscheidendes gefehlt hatte. Und ich glaube, das wollte ich wiederfinden, als ich an jenem Tag den ersten Schritt zur Tür hinausgegangen war.

Tag X

Es war die Natur, die mir zwischenzeitlich so gefehlt hatte, so viel wusste ich schon. In letzter Zeit war ich ab und an mit Freunden wandern gegangen und stellte jedes Mal fest, wie sehr ich es genoss, wieder draußen zu sein.

Auch wusste ich, dass ich Abenteuergeschichten liebte. Bücher, Filme, Erzählungen – einsame Pfade in der Wildnis, bitte reich bebildert.

Gebt mir ein Foto von einem Zelt im Sonnenaufgang irgendeiner kargen nordischen Landschaft und schon habt ihr mich!

Ich musste halt nur noch irgendwo mit irgendwas anfangen. Und das tat ich dann auch.

Ich würde ja gerne behaupten, dass ich überhaupt keine Angst hatte, alleine wandern zu gehen, dabei kaum unter Verfolgungswahn litt und es keine trotzige Kurzschlussreaktion war, es dennoch zu tun, sondern die pure Überzeugung. Das wäre leider ziemlich gelogen, denn mein Start diesbezüglich war eher holprig.

Wenn man als junge Frau alleine wandern gehen will, oder auch nur ansatzweise darüber nachdenkt, ist die größte Herausforderung, sich nicht von seinen Mitmenschen davon abbringen zu lassen. Und ich rede nicht von bösen Mitmenschen, die mit Äxten bewaffnet hinter Felsen lauern. Ich rede von Mitmenschen, die *denken*, Leute würden mit Äxten bewaffnet hinter Felsen lauern. Ein Umstand, der zum Glück auf Wanderwegen nicht häufiger vorkommt als an jedem anderen Ort auch.

Es war ein goldener Herbsttag Ende Oktober wie aus einem Bilderbuch und ich war ein bisschen frustriert. Ich hatte große Lust, in den Wald zu fahren, meine neue Kamera wollte ausgetestet werden, aber gerade hatte niemand Zeit oder Lust, mit mir einen Ausflug auf die Beine zu stellen. An diesem Morgen saß ich am Tisch mit meinem Kaffee zwischen den Händen und starrte in richtiger Jetzt-erst-recht-Trotzstimmung aus dem Fenster. Die Scheibe musste dringend mal geputzt werden, doch durch den Staub brachen sich die Strahlen der tiefstehenden Sonne noch viel besser und brachten meine Küche regelrecht zum Glitzern.

Und da saß ich. Und tat … nichts, weil gerade niemand mitwollte?

Das Wetter war wirklich zu gut und ich hatte schlichtweg keine Lust mehr, das nicht bestmöglich auszunutzen. Wieso sollte ich zu Hause sitzen bleiben?

Ich packte plötzlich in einem Anflug von Mut und Abenteuerlust (ich hatte bis dato nahezu nichts alleine gemacht) meinen Rucksack, entschied mich im Internet noch schnell für eine kurze Tour, bevor ich es mir anders überlegen konnte, und saß schon im Auto, ehe ich überhaupt wusste, was ich da tat. Leicht verblüfft und ohne die geringste Ahnung, wie das jetzt passieren konnte.

„Challenge accepted", sagte mein Hirn und ich dachte – „Ja, wieso denn auch nicht?"

Erstaunlich entschlossen parkte ich mein Auto und zögerte dann doch, während ich mich ein bisschen paranoid umschaute. Es standen noch weitere Autos dort, obwohl ich mich bewusst für eine Tour entschieden hatte, die etwas abseits der vielbesuchten Hütten und Burgen lag.

Noch war meine Autotür geschlossen, noch war alles cool.

Mehr als eine Person hatte mir eingeredet, dass man als Frau nicht alleine wandern gehen sollte. Und obwohl mir der gesunde Menschenverstand sagte, dass das kaum gefährlicher sein konnte, als irgendwo sonst alleine hinzugehen, steckten Reste davon noch in meinem Hinterkopf fest. Aber jetzt wieder umzudrehen, wäre halt auch bescheuert, und warum überhaupt?

Da war immer noch diese trotzige kleine Stimme in meinem Kopf. Ich hatte wirklich keine Lust mehr, mir einreden zu lassen, was ich alles *nicht* tun konnte!

Ich zog also meinen Rucksack an mich, stieg aus und ging direkt auf die große Wanderkarte am Ende des unbefestigten Parkplatzes zu. Die Tour war zwar extrem gut beschildert, aber da stiegen gerade noch andere Leute aus ihrem Auto und ich wollte auf gar keinen Fall zeigen, wie planlos ich trotzdem war. Statt mich also auf der Suche nach dem Einstieg, verwirrt um die eigene Achse zu drehen, stiefelte ich lieber zielstrebig auf die Karte zu. Dort orientierte ich mich kurz, ging dann los und tat dabei so, als beherrschte ich mein Handwerk.

Sofort stieg mir der wunderbare Geruch von Wald in die Nase. Die Sonne stand so tief, dass sie durch die oberen Blätterkronen der Bäume blinzelte, und das Laub war an so vielen Stellen noch immer saftig grün. Dazwischen aber leuchteten die Farben des Herbstes und ich wusste, dass ich das einzig Richtige tat, auf der Suche nach dem, was ich in den letzten Jahren verloren hatte.

Ein kleiner Pfad führte gleich nach oben in den Wald und ich machte erst einmal Meter. Schon bald war ich ziemlich außer Puste und schnappte nach der kalten Luft. Aber ich wollte Abstand zwischen mich und die anderen Leute bringen, weil ... na, das musste ja keinen Sinn ergeben. Ich war eben noch in der Testphase und übertrieben wachsam.

Ich drehte mich viel öfter um als nötig und beäugte jede Begegnung sehr misstrauisch. Aber, was für eine Überraschung: Ich begegnete keinem verrückten Axtmörder, der eigens dafür tagelang hinter einem Felsen ausgeharrt hatte. Ich stürzte von keiner Klippe (wobei da eine Wanderbegleitung auch nicht hilfreich gewesen wäre) und wurde auch nicht von wilden Tieren gefressen. Und weil bei sämtlichen Begegnungen jeder einzelne Mensch in extrem netter Plauderlaune war, fing ich an, das alles wirklich zu genießen.

Schließlich setzte es ein, das Gefühl, auf das ich die ganze Zeit gewartet hatte, ohne es zu wissen. Die Nase im Wind schnupperte ich Freiheit!

Ständig blieb ich stehen, um Fotos zu machen. Diese Herbstfarben, Blätter und krummen Bäume. Lichtstrahlen, die wie Bühnenspots schräg ins Bild fielen und knorrige Äste erstrahlen ließen. Sonnenüberflutete Lichtungen. Düstere, im Dunkeln liegende Kiefernwälder. Aussichten mit bewaldeten Hügeln bis zum Horizont.

Ich fing an, mich über jede einzelne Begegnung zu freuen, entdeckte durch mein stummes Umherschleichen viel mehr Tiere als sonst und blieb sogar geschlagene zehn Minuten lang stehen, um ein neugieriges Eichhörnchen zu filmen, das mich um einen Baumstamm herum beobachtete.

In einer etwas einseitigen Unterhaltung erklärte ich ihm, dass ich selbst etwas nervös unterwegs war und dass es vor mir sicher nichts zu befürchten hatte, was es aufmerksam zur Kenntnis nahm. Wir rümpften auch in stummer Einigkeit die Nase, als wir einige Wanderer schon von Weitem laut quasseln hörten, und gingen schließlich wieder unserer Wege.

Nur gegen Ende begegnete mir noch eine Gruppe Wanderer und eine Frau starrte mich erstaunt an.

„Das ist aber ganz schön mutig, hier alleine herumzulaufen!", sagte sie und es klang aus ihrem Mund gar nicht nach einem Kompliment. Eher empört und ganz so, als ob dieses „hier" sogar ein ganz besonders gefährlicher Ort wäre, um den sich Legenden rankten und von dem noch nie jemand zurückgekehrt war.

Ich beschloss, es trotzdem als solches zu nehmen, bedankte mich artig und ging weiter. Mein Tag im Wald war wunderschön und das wollte ich mir nicht vermiesen lassen.

Ein letztes Mal zögerte ich ganz zum Schluss, als ich noch nicht wieder zwischen den Bäumen auftauchen wollte. Verdutzt stellte ich fest, dass ich mich im Wald so sicher gefühlt hatte, dass es mir schwerfiel, die Straße zu betreten.

Wann war das denn passiert?

Ich schüttelte den Kopf, verabschiedete mich vom letzten Baumstamm mit einem freundlichen Tätscheln und ging schließlich zurück zu meinem Auto. Wohlwissend, dass ich da etwas gefunden hatte, das irgendwie verloren gegangen war. Was, das wusste ich selbst noch nicht so genau, aber ich war auf einem ziemlich guten Weg, dieses Rätsel zu lösen!

Verloren und wiedergefunden

Es war Ende Dezember, als ich mir eines Morgens ein Herz fasste und beschloss, die Sache zu wiederholen. Dieser Tag hätte in Sachen Wetter und Ambiente keinen größeren Kontrast zu Tag X darstellen können und es gab schlicht keinen vernünftigen Grund, das Haus zu verlassen.

Ich saß wieder mit meiner Tasse Kaffee zwischen den Händen am Tisch und betrachtete die Welt vor meinem Fenster. Vom goldenen Herbsttag war nichts übriggeblieben, dieses Mal konnte ich nicht einmal bis zur nächsten Baumreihe blicken. Alles war furchtbar trüb und die Welt in so dichten Nebel gehüllt, dass kaum Licht durchkam. Es hätte ebenso gut schon Abend sein können und ich konnte beim besten Willen nicht ausmachen, wo die Sonne im Augenblick überhaupt stehen sollte. Aber ich hatte schon immer ein Faible für dramatisches Wetter – und ich liebe in Nebel getauchte Landschaften. Mehr geheimnisvolle Atmosphäre geht doch eigentlich kaum!

Ich dachte also nicht weiter darüber nach, ob es wohl besonders toll werden würde, stundenlang einsam durch diesen Nebel zu stapfen, sondern folgte einem Impuls und packte meinen Wanderrucksack. Ich wollte immer noch herausfinden, wonach ich denn eigentlich auf der Suche war. Die früheren sonntäglichen Ausflüge waren jedenfalls kein Vergleich zu diesem Tag. Gegen den Sommer und Herbst, wenn sich die Menschen zwischen Weinfestbesuchen und Kastaniensammeln auf den Parkplätzen gegenseitig den Wanderschuh in die Hand drückten, hatte ich mich schließlich sehr gewehrt.

Ich fuhr mit dem Auto wieder in Richtung Pfälzerwald und hatte richtig Lust auf mein Abenteuer. Da waren auch keinerlei Bedenken mehr, so wie bei meinem ersten Alleingang.

Und kaum, dass ich die Weinberge hinter mir gelassen hatte und mich dem Mittelgebirge näherte, lichtete sich plötzlich der Nebel. Für einen kurzen Augenblick überlegte ich, ob ich anhalten und das irgendwie festhalten konnte – Video, Foto, egal! Aber mein zweiter Gedanke galt dann der Tatsache, dass das auf der Autobahn eine ziemlich dumme Idee wäre. Ich grinste also einfach nur breit, bedauerte aber ein bisschen, keine Dashcam zu besitzen.

Und noch während ich mich über das Licht freute, riss die Wolkendecke über mir plötzlich richtig auf und die Sonne brachte die Nebelschwaden zum Leuchten.

Wenn ich bis dahin nicht ohnehin schon davon überzeugt gewesen wäre, das Richtige zu tun, spätestens in diesem Augenblick wäre der leiseste Zweifel weggewischt worden. Und wenn das nicht die Belohnung dafür war, dass ich an einem trüben Tag nach draußen ging, dann wusste ich auch nicht!

Ich freute mich tierisch, als ich meinen Rucksack schulterte und tief einatmend zwischen die Bäume trat.

Die Luft war eiskalt, doch Schnee lag nicht. Als faire Entschädigung dafür war der bunte Laubboden gefroren, ebenso wie die Spinnweben, die zwischen ein paar Sträuchern hingen. Die Sonnenstrahlen fielen schräg durch das Blätterdach über mir und brachten den gesamten Wald zum Glitzern. Mit jedem knirschenden Schritt fühlte ich mich noch glücklicher und traf überdies kaum Leute.

Irgendwann zog ich meine Jacke aus und breitete sie auf dem Boden aus, damit ich mich mit verschränkten Beinen draufsetzen konnte. Der Boden war zwar kalt, aber die Jacke isolierte ganz gut, zumindest für eine Weile. Und von oben fielen angenehme Sonnenstrahlen durch die kahlen Bäume.

Ich lehnte mich mit dem Rücken gegen einen breiten Baumstamm, packte meine Thermoskanne mit heißem Tee aus und fühlte mich einfach nur pudelwohl.

So dort sitzend, traf ich auf die ersten Wanderer, die mich mit einem anerkennenden „Oh, du lässt es dir aber gut gehen!“ grüßten. Wir plauderten kurz darüber, wo sie sonst so wandern gingen und ob ich öfter unterwegs sei, und sie zogen wieder ihrer Wege.

Ich hingegen nutzte die Zeit ohne Zuschauer und machte mit dem Selbstauslöser ein paar Fotos von mir und meinem Rastplatz. Denn das fünfhundertste Bild von einem Baum im Dezember schien mir irgendwann doch ein etwas zu eintöniges Motiv zu sein.

Früher konnte ich nie knipsen, was ich wollte – sechsunddreißig Fotos auf einem Film, der Geld kostete, um ihn entwickeln zu lassen, waren keine optimale Voraussetzung, um fünfzig Fotos vom gleichen Stück

Wald zu machen. Die Erfindung der Speicherkarte war jedenfalls ein echter Segen für mich; vielleicht ist das der Grund dafür, dass ich eskaliere, wann immer man mich mit einer Kamera auf den Wald loslässt.

Der Weg führte in schmalen Pfaden über Bergrücken, vorbei an den bizarrsten Felsformationen aus rotem Sandstein, der so typisch für diese Region ist. Hin und wieder öffnete sich der Wald über einem exponierten Felsen und ich konnte den Blick schweifen lassen. Über Wald und Berge, so weit das Auge reichte.

Ich konnte gar nicht anders, ich musste auch noch das sechshundertste Foto von besagten Bäumen im Dezember machen: Von der Felswand mit einem Sockel, so schmal, dass ich beide Seiten der natürlichen Mauer gleichzeitig mit meinen Händen berühren konnte. Und von den Sonnenstrahlen, die sich ihren Weg durch die Lücken zwischen den Baumstämmen suchten oder durch die überhängenden Felsen blinzelten. Das alles wirkte so magisch auf mich.

Ganz oben auf einem beliebten Aussichtsfelsen traf ich schließlich noch mehr Menschen. Sie saßen dort in der Sonne und genossen die Aussicht.

Ich spielte kurz mit dem Gedanken, es mir irgendwo gemütlich zu machen. Ich hatte große Lust, eine (nicht vorhandene) Strandmatte auszubreiten und mich einfach in die Sonne zu legen. Unten in den Tälern hing immer noch der Nebel und überall erhoben sich die grün und gelb bewaldeten Berge aus den weißen Schwaden.

Tatsächlich wollte ich der kleinen Versammlung aber viel lieber wieder entkommen. Eine Frau war noch so nett, ein Bild von mir zu machen. Sie hatte es angeboten, als sie mich mit der Kamera um den Hals gesehen hatte, und dann zog ich weiter. Immerhin hatte ich erst die Hälfte meines auserkorenen Wanderwegs hinter mich gebracht.

Lange musste ich gar nicht gehen, bis ich wieder alleine war, die Wege fernab dieses sonnenbeschienenen Felsens waren wie ausgestorben. Es war Ende Dezember und ich genoss jede Minute.

Hätte ich nicht so viel Zeit damit verbracht, Sonne zu tanken und Bilder zu machen (Sonne und Nebel und Glitzer, wer könnte da widerstehen?), wäre mir vielleicht schon eher aufgefallen, dass ich irgendwie bei meiner Begeisterung für all das die Zeit vergessen hatte. Und es war eben, wie ich schon mehrmals an diesem Tag ungläubig festgestellt hatte, Ende Dezember.

Eigentlich brauchte es dafür kein Genie, doch als ich über den nächsten Bergrücken stapfte, traf mich meine Erkenntnis des Tages: Auch neun Tage nach der Wintersonnenwende setzte die Dämmerung offenbar noch vor dem Abendessen ein.

Die anderen wussten das wohl, denn auch einzelne Zufallsbegegnungen blieben nun aus. Ich wusste das ja auch – theoretisch.

Ein bisschen sarkastisch beglückwünschte ich mich selbst, während ich wieder nervös dazu überging, mich häufiger umzudrehen. Es war seltsam still geworden. So still, dass meine Schritte im Laub schon fast unangenehm laut durch den Wald raschelten. Erst jetzt fiel mir auf, wie viele Geräusche ich zuvor wahrgenommen hatte: Vögel, der Wind in den Ästen und hier und da ein paar Wanderer. Jetzt war da nur noch ich. Kein Vogel und auch sonst niemand. Und der Nebel zog wieder auf und schwappte langsam über den Bergrücken.

Ich blieb stehen, hin- und hergerissen zwischen Unsicherheit und Faszination. Meine Fantasie ging ein bisschen mit mir durch und spielte mir ein kleines „Best of" aller Gruselfilme vor.

Schließlich obsiegte aber die Faszination. Die große Tafel Schokolade, die ich mir in weiser Voraussicht eingepackt hatte, trug wohl auch ihren

Teil dazu bei, und ich setzte mich noch einmal hin, um ein kurzes Video vom Nebel zu drehen und den Rest der Tafel zu verputzen.

Wie ein goldener Bühnenstrahler schien die Sonne noch durch den Nebel, knapp über der Bergkuppe, und ich beschloss, dass es langsam Zeit wurde, einen Zahn zuzulegen.

Es dauerte nicht mehr lange und weit kam ich auch nicht, bis die Sonne schließlich hinter dem Berg verschwand. Der Nebel nahm ohne diese letzte Lichtquelle einen dunkelblauen Farbton an und vermittelte mir endgültig das Gefühl, nicht auf einer netten Wanderung im Pfälzerwald zu sein, sondern stattdessen in der verdammt guten Filmkulisse des „Verbotenen Waldes" aus *Harry Potter*.

Ich schaffte es zurück zum Auto, bevor es stockfinster wurde, und musste auch nicht auf die Notfallstirnlampe in meinem Rucksack zurückgreifen. Froh war ich dann trotzdem, als ich endlich die Tür hinter mir zuknallen konnte.

Bevor ich den Rückweg antrat, versuchte ich, aufgeregt und glücklich, wieder etwas Gefühl in meine tauben Finger zu hauchen. Ich fror, es war dunkel und ich strahlte bis über beide Ohren. Endlich wusste ich, wonach ich genau suchen wollte! Nicht nach Wanderungen oder nach sportlichen Zielen, nicht nach dem Erreichen von Höhenmetern. Ich wollte Momente wie diese!

Ein Stück Wald, so mystisch, als wäre es geradewegs einem Film entsprungen. Nebel in verschiedensten Farben, quer einfallende Sonnenstrahlen, glitzernde Eiskristalle. Einsame Pfade und einen Moment im Laub, mit dem Rücken an einen Baumstamm gelehnt und einer dampfenden Tasse Tee in der Hand.

Es sind die kleinen Dinge

Ich glaube, es war ungefähr zu diesem Zeitpunkt, als ich Instagram wirklich für mich entdeckte. Ich hatte so unglaublich viele Bilder mit nach Hause gebracht, mit denen ich absolut nichts anzufangen wusste – außer sie mir immer wieder anzusehen. Was hätte ich damit schon machen sollen? Sie löschen? Andere damit zu belästigen, erschien mir da die viel bessere Lösung.

Ich benannte meinen Account kurzerhand in *Patwandert* um, weil Wandern irgendwie der Schlüssel zu dieser ganzen Magie war, und räumte meinen Rucksack gar nicht erst in irgendeinen Schrank zurück.

Meine kleinen Momente, meine Wohlfühlaugenblicke fand ich mittlerweile regelmäßig. Zu Hause im Wald oder unterwegs, ich hatte immer Augen für die kleinen Dinge.

Ob es nun der entgegenkommende Fremde war, mit dem ich auf dem South West Coast Path im Süden Großbritanniens auf Distanz über das sonnige Wetter plauderte, weil wir beide nicht den Vogel stören wollten, der gerade in einer Pfütze mitten auf dem Pfad badete. Oder die Ponys in Dartmoor, die sich aus dem Nebel schälten, während ich bis auf die Haut durchnässt und überglücklich das kleine Fohlen anhimmelte, das sie bei sich hatten. Oder ob ich weiterhin im Pfälzerwald den Sonnenstrahlen nachjagte, Wege ausprobierte und mich einfach auf irgendeine Burgmauer setzte, um den Tag zu genießen. Und ja, sogar wenn es in Strömen regnete, liebte ich jeden Augenblick.

Der nächste Schritt war dann irgendwie naheliegend. Ich hatte erkannt, wie viel schöner ich Orte fand, wenn die Sonne tief stand – wusste das eigentlich schon seit meiner magischen Wanderung im Nebel in jenem Dezember. Und wenn die tiefstehende Sonne alles verzauberte, wie musste das erst bei Sonnenaufgang wirken?

So schmiedete ich den vagen Plan, die nächste Wanderung bei Sonnenaufgang zu einer Burgruine anzutreten. Oder nein, besser: Ich wollte bei Sonnenaufgang schon oben sein, zusehen wie dort der Tag anbricht, die absolute Stille mit einer atemberaubenden Aussicht genießen.

Die Wegelnburg schien mir dafür perfekt: Die höchstgelegene Burganlage der Pfalz. Der Balkon, von dem aus ich den Pfälzerwald überblicken würde.

Die Idee war großartig – die Umsetzung eher nicht so.

Schon als ich mich am frühen Herbstmorgen mit meinem Wanderrucksack ins Auto schwang und es allmählich dämmerte, ahnte ich, dass da womöglich ein kleiner Fehler vorlag. Es war zwar ganz angenehm, dass die Nacht nicht mehr stockfinster war, während ich auf kurvigen Straßen tiefer in den Pfälzerwald fuhr. Doch als ich schließlich mein Auto abstellte und das goldene Licht über den nächsten Hügel lugte, als mir sogar unten auf dem Parkplatz ein Fotograf mit geschultertem Stativ entgegenkam, der auf dem Rückweg zu seinem Auto war, da dämmerte es mir, dass das mit dem Sonnenaufgang so nichts werden würde.

Dennoch machte ich mich an den Aufstieg und die Enttäuschung hielt auch gar nicht lange an. Es war okay. Ich wusste, dass ich ohnehin spät dran gewesen war. Dass ich zu Hause eine Menge Zeit mit der Schlummertaste meines Weckers verschwendet und komplett unterschätzt hatte, wie lange ich noch gehen musste, um irgendeinen Aussichtspunkt zu erreichen – von der höchstgelegenen Burganlage der Pfalz ganz zu schweigen!

Alle anderen Ziele hatte ich jedoch gut getroffen: Bunte Herbstblätter rieselten wie in Zeitlupe zu Boden, ich stolperte praktisch über ein paar prächtige Esskastanien, die den Weg in meine Tasche fanden, und die Sonne strahlte golden. Außerdem hatte ich zufällig eine perfekte Zeit erwischt: Zu spät für Fotografen, die auf den Sonnenaufgang aus waren, aber zu früh für normale Wanderer, hatte ich den Wald praktisch für mich alleine.

Ich begegnete an diesem Morgen zwei Rehen, etlichen Vögeln und einer kleinen Maus. Punkt. Abgesehen von dem Fotografen mit seinem Stativ traf ich keine anderen Menschen.

Und so erreichte ich außer Puste, aber bei bester Laune, endlich die Burg. Wie ein Schiffsbug ragte die oberste Ebene heraus und ich überblickte den gesamten Pfälzerwald, in dessen Tälern noch sanfte Nebel hingen.

Ich suchte mir einen Platz ganz oben, setzte mich dort auf die Reste der Burgmauer und sah mich einfach nur um. Es war wunderbar friedlich und ich konnte kaum fassen, dass ich diese Welt für mich alleine hatte. Ich blieb dort so lange sitzen, bis ich schließlich Stimmen hörte: Andere Wanderer waren auf dem Weg die Steintreppe hinauf und diese kleine stille Ewigkeit fand ein Ende.

Gut. Ich hatte, was ich brauchte und tätschelte den roten Sandstein unter mir. Ein paar tiefe Atemzüge mit der Nase im Wind, ein paar Fotos auf der Kamera, die ich mir später auf der Couch in Ruhe ansehen würde, und das Gefühl von tiefer Zufriedenheit und Freiheit im Herzen.

Ich begrüßte die Ankömmlinge grinsend und räumte meinen Platz, während ich überlegte, dass ich das mit dem Sonnenaufgang ja wirklich mal angehen könnte. Aber fürs Erste war doch der frühe Morgen auch eine unglaublich tolle Sache! Und einen Vorteil hatte das: Ich musste wenigstens nicht in völliger Finsternis durch den Wald stolpern, so mitten in der Nacht. Denn ich hatte mich mit diesem Gedanken zwar nicht allzu lange aufgehalten, aber scharf war ich darauf nicht gerade gewesen, musste ich mir selbst eingestehen. Möglicherweise hatte ich ja deshalb mehr getrödelt, als an diesem Morgen nötig gewesen wäre. Irgendwann könnte ich es ja noch einmal probieren.

Vielleicht, überlegte ich noch auf dem Weg zurück zu meinem Auto, vielleicht würde mir ja eine Verabredung helfen, meinen inneren Schweinehund zu überwinden.

Und die Sonne wird umso heller scheinen

„Hey, lass uns doch mal den Sonnenaufgang gucken gehen!“ – so oder so ähnlich klang der euphorische Spontaneinfall, den eine Freundin und ich Anfang Juli hatten. Der Gedanke an Sonnenaufgänge im Pfälzerwald hatte mich seit meinem Versuch auf der Wegelnburg nicht mehr losgelassen, und allmählich fand ich auch, die Zeit war reif für einen zweiten.

Generell ist der Sommer natürlich toll; man weiß ja, dass man im Grunde nie allzu sehr friert und das Wetter vermutlich bombastisch wird. Bei Sonnenaufgangstouren allerdings, wer hätte es geahnt, kommt ein Faktor hinzu, der das alles gar nicht mehr so optimal macht. Was ich schon bei meiner Winterwanderung festgestellt hatte, als ich um vier Uhr nachmittags mit der einsetzenden Dunkelheit kollidierte, gilt im Sommer in umgekehrter Hinsicht: Man muss schon verdammt früh los!

Ich stellte mir also den Wecker auf 3:43 Uhr, auf die Minute ausgerechnet, nicht zu früh und nicht zu spät! Ein Frühstück plante ich nicht ein, um Zeit zu sparen, und setzte all meine Hoffnungen auf einen Müsliriegel im Rucksack, eine Banane und meinen in aller Eile inhalierten Kaffee.

Wie kann man nur so dumm sein? Das war so ziemlich der erste Gedanke, der mir in den Kopf schoss, als mich der Wecker schließlich im Stockdunkeln aus dem Tiefschlaf riss. Wieso in aller Welt kommt man auf die bescheuerte Idee, freiwillig mitten in der Nacht aufzustehen? Hätte ich nicht einfach meine Klappe halten können?

Vielleicht hätte ich ernsthaft darüber nachgedacht, zu kneifen – aber ich hatte ja eine Verabredung! Julia wartete auf mich. Da konnte ich es mir nicht einfach so anders überlegen, oder?

Genervt und zweifelnd hievte ich mich aus dem Bett und wandelte erst einmal Richtung Kaffeemaschine. Während ich wartete und das Allheilmittel in meine Tasse floss, ging ich gedanklich nochmal den Zeitplan durch: 05:28 Uhr Sonnenaufgang, das hieß, 05:00 Uhr oben sein, um die blaue Stunde und das Leuchten am Horizont zu sehen. Angeblich 40 Minuten bergauf zu dem kleinen Aussichtsturm, der unser Ziel sein sollte. 35 Minuten Anfahrt. Also sollten wir spätestens um 04:00 Uhr im Auto sitzen. Eigentlich vorher, aber ein bisschen weniger blaue Stunde und ein bisschen mehr Leuchten am Horizont war sicher auch ganz okay.

Mein Kopf leistete mir immer noch Widerstand, als ich schon angezogen war und nur noch meine Wasserflasche in den Rucksack packen musste. Ich kannte das Gefühl von der unangenehmen Erfahrung, sehr früh zur Arbeit zu gehen, doch freiwillig?! – Nä!

Erst als ich meinen Rucksack schulterte, um das Haus zu verlassen, kam mir noch ein anderer Gedanke: Ein bisschen fühlte es sich auch an, wie in den Urlaub fahren. Wenn man mitten in der Nacht aufstehen muss, um frühmorgens am Flughafen zu sein, aber das gerne tut, weil man sich drauf freut. Die Vorstellung gefiel mir schon viel besser!

Julia wartete schon draußen auf mich und wir kurvten im Dunkeln zum auserwählten Wanderparkplatz. Mit einem leicht mulmigen Gefühl beim Gedanken an Wildschweine und Finsternis statteten wir uns mit unseren Lampen aus und marschierten schließlich los. Ich stopfte mir noch eilig meinen Müsliriegel in den Mund, um nicht schon an den ersten Höhenmetern wegen Kreislauf zu scheitern.

Es war zwar nicht kalt, aber die Luft recht frisch. Wahnsinnig wohltuend nach der Hitze der vergangenen Tage. Es roch nach Wald und beim Gehen hörten wir nur unsere Schritte im Laub. Der Kegel meiner Stirnfunzel beleuchtete meine Umgebung nur schwach, doch es reichte aus, um den Weg zu finden, der in sanftem Bogen bergauf führte.

„Oh, wir sind ein bisschen spät, aber guck mal!", war die freudige Erkenntnis, als wir bemerkten, dass es mit der Dunkelheit bald ein Ende haben würde.

Wir konnten durch die Baumstämme hindurch ein zartes, rosafarbenes Leuchten erkennen. Der Himmel, den wir zwischen den raschelnden Bäumen über uns sehen konnten, war dunkelblau geworden und die ersten Vögel fingen an, den Morgen lautstark zu begrüßen.

Meine Stirnlampe war mittlerweile überflüssig geworden. Über uns stand noch der Mond, abnehmend zwischen Voll- und Halbmond, und tauchte den Wald in silbernes Licht. Ich ließ sie trotzdem auf dem Kopf und endlich erreichten wir die bewaldete Bergkuppe – mit etwas über 570 Metern einer der höheren Berge der Umgebung.

Ziemlich außer Puste, weil ich solche Kraftanstrengungen um diese Uhrzeit beim besten Willen nicht gewohnt war, blieb ich stehen. Direkt vor mir erhob sich der Rehbergturm: Ein alter, 14 Meter hoher Turm aus dem typischen Sandstein des Pfälzerwaldes. Ein perfektes kleines, achteckiges Rapunzel-Türmchen.

Mein anfängliches inneres Fluchen hatte sich schon beim ersten Schritt vom Auto weg in Luft aufgelöst und seit einer Weile trug ich ein entzücktes Dauergrinsen zur Schau, das bei diesem Anblick noch breiter wurde.

Ein paar Steinstufen führten zu einer spitzbogigen Türöffnung und ich war ganz froh darum, die Stirnlampe noch zu haben, denn im Turm war es natürlich stockfinster.

Innen war lediglich eine steinerne Wendeltreppe, die genau 49 Stufen hoch in die Dunkelheit führte. Ich bückte mich ein wenig und stieg drauf los, bevor ich allzu tiefgründig darüber nachsinnen konnte, welche Art von Spinnen hier wohl leben mochten. Keine, beschloss ich grimmig. Die hatten schließlich den ganzen Wald, sicher gab es da bessere Orte zum Leben. Zur Sicherheit hielt ich mir dennoch den Arm vors Gesicht, ich würde so oder so die Krise kriegen, doch geradewegs mit der Nase voraus in ein Spinnennetz zu laufen, wäre vermutlich der Overkill. Spinnen und ich, wir mögen uns nicht besonders.

Wir schafften es ohne achtbeinige Zwischenfälle nach oben und kletterten schließlich von der Wendeltreppe auf die winzige Plattform, die einmal ringsum führt. Sofort fegte mir ein erfrischender Wind durch die Haare und ich atmete tief ein.

Am Horizont leuchtete ein schmaler Wolkenstreifen in blassem Rosa, ging über in ein nebliges Hellblau und verdunkelte sich schließlich bis zu dem Stück Nachthimmel über unseren Köpfen, wo noch immer der Mond hell glänzte.

Mein Blick fiel zuerst auf die Rheinebene zu meiner Rechten – Osten, wo das helle Band am Himmel leuchtete. Dort, auf der anderen Seite der Ebene, konnte ich die Ausläufer des Odenwalds sehen und ein Stück weiter den nordöstlichen Teil des Schwarzwaldes. Und wenn ich mich umdrehte, sah ich nichts als bewaldete Hügel, die über die Entfernung im zarten Dunst des Morgens immer blasser wurden, bis sie am Horizont kaum noch zu erkennen waren.

Irgendwo dort lag Frankreich, irgendwo hinter den deutlich erkennbaren Bergen ging der Pfälzerwald nahtlos über in die Nordvogesen. Einmal hatte ich mir dort eine Rundwanderung ausgesucht und mich plötzlich gewundert, auf der zweiten und dritten Burgruine nur noch mit „Bonjour“ angesprochen zu werden. Ein Blick auf die Karte hätte mir meine verdutzte Reaktion erspart, doch so war es mein Handy, das mich schließlich mit einer SMS („Willkommen in Frankreich! In Ihrem Tarif zahlen Sie für Gespräche ...“) aufklärte. Grenzen existieren eben manchmal doch nur in unseren Köpfen.

Ich ging langsam die Brüstung entlang, testete die Weitsicht Richtung Norden und vollendete den Kreis, indem ich mich langsam wieder der Rheinebene zuwandte. Mein Blick wurde wie magisch angezogen von den drei gleichmäßigen Hügeln nebenan, die alle jeweils eine Burgruine tragen. Ein Türmchen ganz rechts, in der Mitte ein Felsen, kaum noch als Burg zu erkennen, und links schließlich die herrliche ehemalige Reichsburg Trifels mit ihrem schiffsbugartigen Felsen, der an den König der Löwen erinnert. Irgendwann um 1193 hatte man hier den englischen König Richard Löwenherz gefangen gehalten.

Ganz hingerissen hielt ich meine Kamera mindestens einmal in jede Himmelsrichtung und widmete meine Aufmerksamkeit anschließend dem Sonnenaufgang. Der Streifen am Horizont war mittlerweile kräftiger geworden und ein Stück davon leuchtete nun in sattem Orange.

Wir blieben still stehen und beobachteten, wie die Sonne langsam aus der dunkelgrauen Umgebung auftauchte. Erst nur ein schmaler Spalt, dann eine halbe Kugel und schließlich strömten ihre Strahlen bis zu uns hinüber. Es war, als hätte jemand Wärme und Sättigung in der Bildbearbeitung hochgedreht: Die Bäume um uns herum leuchteten unter einem orangenen Lichtkranz in saftigem Grün und alles wurde lebendig. Es war unmöglich, dort oben zu stehen und nicht genussvoll die Augen zu schließen, um die Sonnenstrahlen in vollen Zügen auszukosten.

Nachdem die Sonne hoch am Himmel stand, traten wir den Rückweg an. Ich war überglücklich und hätte nicht einmal einen negativen Gedanken formulieren können, wenn ich gewollt hätte. Alles, einfach alles war nur schön! Der hochgewachsene Fingerhut am Wegesrand; die Sonne, die sternförmige Strahlen durch die Blätter warf; sogar die Weinberge auf dem Heimweg, die in das goldene Licht des Morgens getaucht waren. Die tiefe Zufriedenheit, die ich empfand, hielt noch ganz schön lange an.

Ich kann nicht sagen, wie viele Fotos ich auf meiner Speicherkarte mit nach Hause genommen hatte. „Take nothing but pictures“ ist ein Motto, das ich mir sehr zu Herzen nehme, nicht nur im Hinblick darauf, was man nicht tun sollte. Ich konnte gar nicht aufhören zu fotografieren, alles doppelt und dreifach und hundertfach!

Mittlerweile habe ich mir angewöhnt, die Kamera wegzupacken, nachdem ich das Nötigste fotografiert habe, und den Sonnenaufgang einfach nur in vollen Zügen zu genießen. Doch da ich mir auch angewöhnt habe, vorzugsweise im Herbst oder Winter solche Touren zu machen, ist es auch eher die Thermoskanne, die ich in den eisigen Fingern halten möchte, statt

Kamera oder Handy. Trotzdem muss ich die Momente einfach festhalten. Nicht, weil es sich nett auf Instagram macht (und das tut es natürlich), sondern weil ich noch Tage später in Erinnerungen schwelge und mir alles noch einmal ansehe, so oft ich kann.

Der harte Kampf am Morgen ist jedes Mal wieder für den Rest des Tages vergessen. Selbst wenn ich noch vor der Arbeit zum Sonnenaufgang losgezogen bin und eigentlich eindeutig unter Schlafmangel leiden müsste, waren das die erholsamsten Tage. Die besten Tage von allen. Weil ich sie mit einem Gefühl von Frieden und Freiheit begonnen hatte, irgendwo hoch oben, auf einem Felsen oder einer Burg, mit einem verträumten Blick über endlose Wälder.

Vor der Haustür

Anna hat mich mittlerweile abgeholt. Wir freuen uns total, so kurz nach unserer Tour schon wieder das Zelt im Gepäck zu haben und denken dankbar an unsere Schottland-Tour zurück. Und als wir schließlich mit dem gewaltigen Gewicht auf dem Rücken in den Wald stapfen, kann ich wieder einmal mein Glück kaum fassen.

Nebenbei bleibt mir etwas Zeit zu bereuen, dass ich den Inhalt meines Rucksacks dieses Mal nicht wie sonst üblich gewogen habe: Von wegen „nur ein bisschen Pfälzerwald", das ändert schließlich nichts an der Tatsache, dass ich Hank den ganzen Tag tragen muss und es durchaus ein paar Höhenmeter zu bewältigen gibt. Doch trotz unnötiger Luxusgüter im Gepäck schaffen wir den Anstieg und erreichen unser Ziel, bevor die frühe Dunkelheit einsetzt: Den Trekkingplatz, der für eine Nacht unser neues Zuhause sein soll.

Mit jeweils einer dampfenden Tasse Glühwein in der Hand sitzen wir schließlich bibbernd in der Nähe unseres Zeltes und lauschen den hunderten von nächtlichen Geräuschen um uns herum. Ich erkenne beim Großteil der Rufe nicht einmal die Tierart und beschließe, dass ich da wirklich noch Nachholbedarf habe.

Eine kleine Campinglampe spendet uns etwas Licht; eines der Dinge, die es nie auf meine durchgewogene Trekkingliste geschafft hätten, von denen ich aber dachte, für das bisschen Pfälzerwald kommt es auf die paar Gramm mehr nicht an. In Schottland hatte ich sie definitiv nicht dabei und auch hier fällt sie eher in die Rubrik „nett fürs Ambiente, aber dämlich".

Wir sind auch nicht alleine, hinter uns leuchten noch mehr Stirnlampen. Drei Campinghängematten sind in den Bäumen gespannt, doch sonst ist niemand so verrückt, noch im Wald zu sein. Zumindest denken wir das, bis sich plötzlich eine weitere Gestalt aus dem Nebel zwischen den Bäumen schält und auf uns zustapft.

Wie sich herausstellt, ist es der zuständige Förster, der seine abendliche Runde dreht und nach dem Rechten sehen will.

„Ihr haltet's aber aus, das sind ja Bedingungen wie in Schottland hier!", begrüßt er uns fröhlich und bringt uns damit zum Lachen.

Er kann ja nicht wissen, dass dies tatsächlich die Abschiedsparty unserer Schottlandreise ist – bei perfekten Bedingungen: kalt, nass und neblig.

Er erzählt uns von seinen eigenen Touren im Norden und wir ein bisschen von Schottland. Schließlich wünscht er uns noch viel Spaß, grüßt unsere Nachbarn und zieht von dannen.

„Was für ein Abend", denke ich und kann kaum fassen, dass ich erst vor wenigen Stunden Feierabend gemacht und mich ins Wochenende verabschiedet habe. Erst vor ein paar Tagen war ich sogar vor der Arbeit mit einer heißen Tasse Tee zum Sonnenaufgang in die Felder vor meiner Haustür spaziert, einfach nur kurz. Daran denke ich mit einem ähnlichen Lächeln im Gesicht zurück wie an meine größeren Reisen. Zwischen Nebel und Schafen und Klippen und Meer, mein Zelt aufzuschlagen und vollbepackt durch ein paar Sümpfe zu waten, macht mich glücklich. An einer fernen Küste zu stehen, in Irland oder am Pazifik in Kalifornien oder im Roten Meer, bunten Fischchen nachzuschwimmen, ist ebenfalls wunderschön. Und ich würde nie eine Gelegenheit versäumen wollen, Europas Norden zu sehen.

Aber die Wunder, die fangen irgendwie schon vor der eigenen Haustür an. Das Glück liegt so oft in den kleinen Dingen – und wenn es nur der Sonnenaufgang und die dampfende Tasse Tee sind.

Und an jenem goldenen Oktobermorgen nach draußen zu gehen und das herauszufinden, war die beste Entscheidung, die ich treffen konnte.

„Du betrittst die Straße und wenn du nicht auf deine Füße aufpasst, kann man nicht wissen, wohin sie dich tragen.“

Der Herr der Ringe, J.R.R. Tolkien

……………………Mein Fazit für dich……………………

Mein größtes Learning auf der Tour:

Wie wunderbar es sein kann, einfach rauszugehen, einfach zu machen und dem Weg zu folgen – weil das Glück oft in den kleinen Dingen liegt.

Deshalb war die Tour so wichtig für mich:

Ich brauchte diese Touren, um die Natur für mich wiederzuentdecken und zu erkennen, wonach ich unterwegs verstärkt Ausschau halten möchte.

Diese Fähigkeiten habe ich gelernt oder gestärkt:

Ich habe gelernt, meinen eigenen Fähigkeiten und meinem eigenen Urteilsvermögen zu vertrauen, dass ich mehr schaffen kann, als ich mir zu Beginn zutraue. Und vor allem bin ich besser darin geworden, meine Umgebung bewusst wahrzunehmen und zu genießen.

Das durfte ich über mich lernen:

Zwei Dinge durfte ich über mich selbst lernen: Man kann, man muss einfach nur machen – und dass ich auch wunderbar mit mir alleine sein kann.

Das konnte ich über die Natur lernen:

Über die Natur habe ich gelernt, dass sie magisch ist und dass alles besser ist im richtigen (Sonnenaufgangs-)Licht!

Das kann ich dir mitgeben:

Du musst nicht ans Ende der Welt reisen, ein Jahr Urlaub nehmen oder dich monatelang in Vorbereitungen stürzen, um wunderbare Momente zu erleben. Das Glück liegt oft in den kleinen Dingen – und wenn es nur der Sonnenaufgang und die Tasse Tee sind.

Patricia Seither

Patricia hat ihre Liebe zur Natur erst nach und nach wiederentdeckt und dabei für sich gemerkt, dass es oft die kleinen Momente sind, auf die es ankommt. Dass man für einen magischen Augenblick nicht um den halben Globus fliegen muss, sondern nur einen Fuß zur Tür hinauszusetzen braucht. Ob man nun mit dem morgendlichen Tee auf einem Felsen sitzt und den Sonnenaufgang beobachtet oder aus dem Zelt in den Highlands gegen den Sturm blinzelt oder einfach nur im dichten Nebel durch den heimischen Wald stapft – die magischen Momente kann man überall finden.

www.instagram.com/patwandert

Das Glück des Wanderns – ein Nachwort

Vielleicht geht es dir wie mir und die Füße kribbeln nach dieser gedanklichen Weltreise von Island über Guatemala, Irland, die Alpen nach Südafrika, dem Fichtelgebirge, Schottland, Portugal, Georgien bis in den Pfälzerwald. Ich hoffe, das Buch hat dir viele neue Impulse gegeben, dich zum Wegträumen gebracht und den Funken überspringen lassen. Den Funken und die Idee, den Rucksack zu packen, die Wanderschuhe anzuziehen und einen Schritt vor den anderen zu setzen.

Wandern bedeutet, sich auf den Weg zu machen und Unbekanntes zu entdecken. Unbekannte Gebiete, Landschaften und Winkel dieser Erde. Doch auch das Unbekannte, das in uns selbst liegt. Denn durch jede Wanderung kommen wir mit jedem Schritt auch uns selbst ein Stück näher. Dieser Weg der persönlichen Weiterentwicklung ist unglaublich spannend. Am Anfang sind wir voller Vorfreude und beflügelt, obwohl das Ziel noch in unendlicher Ferne liegt. Es gibt Tage, da läuft es leicht und unbeschwert und andere Tage, da ist es steinig und anstrengend. Insbesondere dann, wenn das Gepäck, das getragen wird, voller sinnloser und unnützer Dinge ist. Beim Wandern zählt jedes Gramm. Unnötiger Ballast wird verflucht und bei der nächstbesten Möglichkeit abgegeben.

Warum nicht also auch mal das emotionale Gepäck, das wir täglich mit uns tragen – belastende Gedanken, Muster und Verhaltensweisen, die uns bremsen und uns das Leben schwer machen – bewusst aussortieren. Das Schöne ist, dass wir zu jeder Zeit diese Entscheidung treffen können. Die Geschichten haben dir einen Einblick gegeben, welches Gepäck und welche Gedanken unterschiedliche Frauen so mit sich tragen. Dass es

Momente gibt, in denen wir zweifeln, uns Sorgen machen und Ängste aufkommen. Gerade in der Natur, wenn wir körperlich und mental an Grenzen stoßen, zeigt sich, worauf es wirklich ankommt: Die Fähigkeit, sich selbst zu vertrauen und an sich selbst zu glauben.

Wenn es eine Sache gibt, die mich das Wandern gelehrt hat, dann die, dass das Vertrauen in uns selbst der Schlüssel für so viele schöne und erfüllende Momente ist. Durch das Vertrauen in uns selbst stärken wir die Fähigkeit, auf unser Bauchgefühl und unsere Intuition zu hören. Eine Fähigkeit, die in unserer Höher-Schneller-Weiter-Indoor-Welt mehr und mehr verloren geht. Wir jagen Zielen hinterher, nur um festzustellen, dass sie uns doch nicht glücklich machen. Solange, bis wir ausbrennen, stets getrieben von der Frage, was es ist, das uns wirklich glücklich macht.

Ich für meinen Teil kann sagen, dass ich mein Glück beim Wandern gefunden habe. Wandern ist ein komplettes Gegenmodell zur Leistungsgesellschaft, in der wir leben. Beim Wandern geht es nicht nur ums Ankommen, denn wenn das so wäre, könnte man auch direkt einen Bus bis ans Ende nehmen. Es geht darum, die kleinen und großen Wunder wahrzunehmen, die Geschwindigkeit rauszunehmen, um genauer hinzuschauen, die Schönheit und Vielfalt zu sehen und Umwege dafür zu machen. Genau deshalb ist es wichtig, immer mal wieder frischen Wind in bekannte Muster zu bringen und hin und wieder aus dem Alltag auszubrechen und den Rucksack zu packen.

Mit jedem Schritt außerhalb der Komfortzone wirst du wachsen. Jeder Schritt, den du bewusst gehst, wird dich deinem Selbst näherbringen. Mit jedem Schritt wirst du Antworten und gleichzeitig auch neue Fragen finden. Denn das ist es doch, was das Wandern und Unterwegssein mit sich bringt: Fragen, Antworten und Geschichten, die unser Lebensbuch füllen.

Genau das sind die Geschichten, die wir am Ende unseres Lebens erzählen werden. Es sind nicht die Momente aus dem Büro oder Fitnessstudio, es sind die Momente, wo wir mutig waren und uns in Unbekanntes gestürzt haben. Wo wir Ängste angenommen und dennoch einfach mal gemacht haben. Die Momente, wo wir uns selbst und unserer Intuition gefolgt sind und dabei die Natur und die kleinen und großen Wunder in und mit ihr zugelassen haben. Denn hier liegt das wahre Glück. Und um diese Wunder zu finden, lädt uns die Natur ein, sie zu entdecken.

In diesem Sinne wünsche ich dir eine wundervolle (Lebens-)Reise und ganz viel Faszination und Begeisterung beim Unterwegssein. Mögest du viele kleine und große Wunder auf deinen nächsten Wanderabenteuern finden.

PS: Wenn Lust bekommen hast, dich auf den Weg zu machen und kleine und große Abenteuer zu erleben, dann fang direkt mit kleinen Schritten an. Inspiration fürs Unterwegssein und für deinen Alltag kannst du dir unter www.pfade-finden.de/unterwegs-sein herunterladen oder einfach den QR-Code scannen.

DANKE an alle, die mich unterstützt haben!

Jeder einzelne von uns ist aus der Liebe zweier Menschen entstanden. Nur diese Liebe hat uns auf die Erde gebracht und uns diese Lebensreise geschenkt. Deshalb möchte ich als allererstes meinen Eltern danken. Danke, dass ihr mich in jeglicher Weise unterstützt und mir diese Begeisterung des Unterwegsseins in die Wiege gelegt habt.

Wohin die Reise des Lebens genau geht, das weiß ich nicht. Doch was ich weiß ist, dass es sich lohnt, unterwegs zu sein, um die vielen leeren Seiten meines Lebensbuchs mit Geschichten zu füllen. Geschichten, die durch wundervolle Begegnungen und Erfahrungen entstanden sind.

Ich möchte mich ganz herzlich bei meinem Pfadfinderstamm bedanken, durch den ich die Liebe zur Natur entdecken durfte und der mich maßgeblich beim Unterwegssein geprägt hat.

Danke an meine Ausbilder Stephan Landsiedel, Marco Plass, Alexander Hartman und Yvonne Schönau. Ihre Methoden haben mich wachsen und zum Outdoor-Coach reifen lassen.

Danke an Beate Tschirch und Leah Suggerman, durch deren Yogalehre ich unter anderem die Magie von Yoga und Spiritualität für mich entdeckt habe.

Als begeisterte Schülerin des Lebens möchte ich allen Lehrmeister:innen danken, die mich auf diesen Pfad geführt haben, insbesondere Conni Biesalski, Timo Eckhardt, Sascha Boampong, John Strelecky, Laura Malina Seiler, Tobias Beck, Dr. Joe Dispenza, der Dalai Lama und Mutter Natur.

Danke an Lisa Volkamer, dass deine Worte am Frankfurter Flughafen mich wachgerüttelt haben und wir gemeinsam den Kindern vom

Slumkidsprojekt *Hope4KatangaKids* in Uganda Hoffnung geben. Du bist es, die mich in den Momenten der Überforderung in all dem Elend im Slum stark gemacht hat, um für die Kinder da und für sie ein Sprachrohr zu sein.

Ich danke Caroline Leifeld für ihre Bereicherung und Unterstützung auf jeglichen Wegen. Durch dich durfte ich lernen, was wahre Freundschaft bedeutet.

Danke an Hannes und Maike Schmitt für eure Treue und die *eine* Frage, die alles verändert hat. Und natürlich auch den beiden Knödelbacken Lotta und Klara für ihre kindliche Neugierde, Freude und dafür, dass ich eure Patentante sein darf.

Danke an Thomas Klotzowski und Stefanie Kern, fürs Mitfiebern, Dabeisein und euren Support in jeglicher Weise, der mir sehr viel bedeuet.

Ein besonderer Dank gilt meiner Mastermindgruppe: Lea Giltjes, Klaudia Wichmann, Iris Winkenbach und Nadine Weinhold. Ohne ihre Inspiration, Motivation und ihren aufrichtigen Glauben an mich und meine Projekte wäre dieses Buch sicher nicht entstanden.

Ich danke meiner Lektorin Romy Schneider, die mich einiges über das Autorendasein und das Buchschreiben gelehrt und so viel Struktur und Fürsorge in dieses Buch gebracht hat.

Danke an Nina Engert, meine Buchexpertin, die mir jegliche Fragen dazu beantwortet hat. Danke an Melanie Danner für die tolle Cover Illustration.

Ich danke meinen Coachees und den Teilnehmer:innen meiner Outdoor-Coaching-Reisen für ihr Vertrauen, ihren Mut und ihre Offenheit, mehr über sich selbst zu erfahren und die Natur zu entdecken. Ihr seid der Grund, warum ich mich mit *Pfade Finden* auf diese Reise begeben habe.

Euer Strahlen begeistert und motiviert mich, weiterhin mit meiner Mission **„die Welt naturverbundener und abenteuerreicher“** zu machen, unterwegs zu sein.

Mein größter Dank geht an meine Co-Autorinnen: Anne Abendroth, Andrea Ernst, Aline Pfeil, Beate Tschirch, Melanie Lenz, Michela König, Romy Schneider, Patricia Seither, Valeska von Karpowitz. Danke für eure Unterstützung, eure Inspiration, euren Mut und eure Begeisterung für die Natur, das Wandern und dieses Buchprojekt.

Zu guter Letzt möchte ich dir danken. Danke, dass du dieses Buch in den Händen hältst, es gelesen und dich damit auf eine wunderbare (Wander-) Reise begeben hast.

Wenn es dir gefallen hat, würde ich mich freuen, wenn du es weiterempfiehlst, jemandem eine Freude damit machst und/oder mir eine Rezension auf Amazon schreibst. Damit hilfst du, dass auch andere das Buch finden und sich von den 10 Wandergeschichten ermutigen und inspirieren lassen.
Ich danke dir jetzt schon sehr dafür!

Alles Liebe und Gut Pfad,
Deine Laura

Printed in Germany
by Amazon Distribution
GmbH, Leipzig

26044100R00182